नैतिकता के नए सवाल

नैतिकता के नए सवाल

प्रेमपाल शर्मा अरुण कुमार त्रिपाठी विभांशु दिव्या शंभुनाथ
किशन पटनायक राजकिशोर प्रफुल्ल कोलख्यान ज्ञान पाठ
मस्तराम कपूर आनंद प्रधान प्रज्ञा रमेश उपाध्याय मैत्रेयी पुष्पा
सविता सिंह अनामिका

आज के प्रश्न

इस पुस्तक शृंखला का लक्ष्य–समकालीन राजनीति, आर्थिक और सामाजिक दृश्यपट की प्रखर, विस्तृत और वस्तुपरक पड़ताल। कम मूल्य पर विचारपूर्ण सामग्री देने की इस योजना के तहत चार महीने के अन्तराल पर दो ऐसी पुस्तकें प्रकाशित की जा रही हैं, जो किसी महत्त्वपूर्ण घटना, मुद्दे या समस्या से जुड़ी हों। शृंखला के सम्पादक हैं– प्रसिद्ध लेखक और पत्रकार राजकिशोर।

'आज के प्रश्न' शृंखला में अब तक प्रकाशित पुस्तकें :

1. **अयोध्या और उससे आगे**
2. **भारतीय मुसलमान : मिथक और यथार्थ**
3. **हिन्दू होने का मतलब**
4. **विनाश को निमंत्रण : भारत की नयी अर्थनीति**
5. **कश्मीर का भविष्य**
6. **हरिजन से दलित**
7. **स्त्री के लिए जगह**
8. **भारत का राजनीतिक संकट**
9. **भ्रष्टाचार की चुनौती**
10. **मानव अधिकारों का संघर्ष**
11. **हिन्दुत्व की राजनीति**
12. **अश्लीलता का हमला**
13. **जाति का जहर**
14. **स्त्री, परंपरा और आधुनिकता**
15. **बच्चे और हम**
16. **हिंसा की सभ्यता**
17. **मुस्लिम आतंकवाद बनाम अमेरिका**
18. **दलित राजनीति की समस्याएँ**
19. **नैतिकता के नए सवाल**

वाणी प्रकाशन

21-ए, दरियागंज, नई दिल्ली-110002

फोन : 011-23273167, 23275710, 51562622

फैक्स : 011-23275710

e-mail : vani_prakashan@yahoo.com

नैतिकता के नए सवाल

संपादक

राजकिशोर

वाणी प्रकाशन

वाणी प्रकाशन का 'लोगो'
विख्यात चित्रकार मक़बूल फ़िदा हुसेन की
कूची से

ISBN : 81-8143-452-8

वाणी प्रकाशन
21-ए, दरियागंज, नयी दिल्ली-110002
द्वारा प्रकाशित

फोन : 0091#11#23273167, 23275710
फैक्स : 0091#11#23275710
ई-मेल : vaniprakashan@gmail.com
vani_prakashan@yahoo.com
वेबसाइट : www.vaniprakashan.com
प्रथम संस्करण : 2006
द्वितीय आवृत्ति संस्करण : 2009

आर. टेक ऑफसेट प्रिंटर्स, दिलशाद गार्डन
दिल्ली-95 द्वारा मुद्रित

मूल्य : 200.00

NAITIKTA KE NAYE SAWAAL
by : Raj Kishore

अनुक्रम

संपादक की बात

हमारे समय की नैतिकता

ऐसे लोगों की संख्या बढ़ती जाती है, जिनका मानना है कि यह नैतिक होने का समय नहीं है। उनके अनुसार नैतिकता, आदर्श, ईमानदारी आदि गुजरे जमाने की चीज हो चुके हैं। लेकिन क्या सचमुच? अतीत में किस समाज में अनैतिकता नहीं थी या धर्म का, प्रकट या छिपकर उल्लंघन नहीं होता था? आज के समाज में जब लोकतन्त्र की हत्या होने पर शोर मचाया जाता है, मानव अधिकारों का उल्लंघन होने पर अनेक संस्थाएँ सक्रिय हो जाती हैं, स्त्री की अवमानना रोकने के लिए तमाम तरह की व्यवस्थाएँ बनाई जा रही हैं, स्त्री-पुरुष सम्बन्धों में बराबरी और साझेदारी की माँग बढ़ती जा रही है, तो कौन कह सकता है कि नैतिकता अब एक खोटा सिक्का है? यह जरूर है कि नैतिकता के प्रतिमान बदल रहे हैं।

पुरानी नैतिकता अब काफी क्यों नहीं है? नई नैतिकता के मुख्य आधार क्या हैं? नैतिकता का वैश्वीकरण की प्रक्रिया से क्या रिश्ता है? क्या नैतिक लोकतन्त्र स्थापित किए बगैर वर्तमान समय की चुनौतियों का सामना किया जा सकता है? आर्थिक नैतिकता की कौन-सी माँगें हैं? और स्त्री अधिकारों का प्रश्न? क्या मानव सम्बन्धों में एक बारीक नैतिक व्यवस्था बनाए बगैर स्त्री-पुरुष सम्बन्धों में क्या वास्तविक रस पैदा हो सकता है? ये और इस तरह के अनेक प्रश्नों पर इस पुस्तक के लेखकों ने गम्भीरता से विचार किया है। इस दृष्टि से यह पुस्तक वर्तमान समय की पड़ताल भी है और नैतिकता के स्रोतों को समझने की कोशिश भी। इन विचारपूर्ण और विचारोत्तेजक लेखों को पढ़ते हुए हम इस विचार के करीब आते जाते हैं कि नैतिकता सिर्फ व्यक्तिगत आदर्शवाद नहीं है, बल्कि एक व्यवस्थागत प्रश्न भी है। यह भी कम महत्वपूर्ण नहीं है कि जब अनैतिकता का दबाव बढ़ रहा हो, तब नैतिक होने की प्रेरणा कहाँ से लाएँ?

–राजकिशोर

मध्य वर्ग की नैतिकता : कुछ छवियाँ

प्रेमपाल शर्मा

मेरे लिए क्या?

हिंदी पट्टी के ज्यादातर लोग एक हक की भावना से सोचते हैं कि आप अपने विभाग का कौन-सा टुकड़ा तोड़ कर उन तक पहुँचा सकते हैं। पूरा विभाग पहुँचा दें, तो आप जैसा युगों तक कोई नहीं। पता नहीं यह कौन-सी जीन है जो प्रत्यक्ष-अप्रत्यक्ष बार-बार यह कुरेद-कुरेद कर पूछता रहता है कि 'मेरे लिए क्या?' आप यदि किसी सरकारी विभाग में हैं, तो ये आपसे यह अपेक्षा की ही जाएगी। आमोद सरकारी सेवा में है। डॉक्टर है। मेरे बचपन का सहपाठी। उसके पिता एस. डी.एम. थे हमारे इलाके में उन दिनों। दस वर्ष के बाद मिला–'यार! तुम रेलवे में हो, कुछ पास नहीं दिला सकते? तुम्हारे यहाँ इतनी कमेटियाँ होती हैं। हमारे कई लोगों के पास ऑल इंडिया रेलवे कार्ड हैं। तुम कुछ करना ही नहीं चाहते किसी के लिए!' एक झटके में उसने अपनी मानसिकता उगल डाली। दूसरा मित्र बोला, 'मैं मुंबई जा रहा हूँ। एल.टी.सी. खत्म हो रही है। मुंबई में मेरे लिए रेस्ट हाउस बुक करा दो।' मैंने बताया कि रेस्ट हाउस तो केवल रेल कर्मचारियों को ही मिलता है, तो वे नाराज हो गए। यार? सब हो जाता है। तुम हर समय धर्मात्मा बने फिरते हो। फिर धमकी भरे अंदाज में बोले–'देखना, मैं रेल मंत्री से कह कर रेलवे के रेस्ट हाउस में ही रहूँगा।' एक रिश्तेदार बोले, 'तुम्हारे यहाँ सामान की नीलामी तो होती होगी। मेज, कुर्सी, कार, कालीन। हमें भी दिलवा दो न। कहते हैं बिलकुल फोकट में पड़ जाती है।' न ये लोग गलत हैं, न इनकी उम्मीदें, क्योंकि इस तंत्र से छन कर ही ये बातें इन तक पहुँचती हैं। सरकारी विभाग मानों एक हैंडपंप है–आओ, बाल्टी भर कर सुविधाएँ अपने-अपनों को दे डालो। खाली होगा तो सरकारी तालाब और उसकी चिंता है किसे? गलत हैं तो मेरे जैसे, जो उनकी नजरों में इसमें मदद नहीं करते। इसीलिए धीरे-धीरे मुझसे मेरे सभी वे दूर हो गए हैं जो 'मेरे लिए क्या' की उम्मीद में थे।

पता नहीं कौन-सी शिक्षा या साँचा हमें व्यक्तिगत संबंधों से आगे कभी सोचने की मुहलत देगा। यह राष्ट्रव्यापी सोच है। प्रधान मंत्री उर्वरक कारखाना लगाएगा तो अपने क्षेत्र में—भले ही वहाँ कोई कारखाना पहले से मौजूद हो। नागरिक उड्डयन मंत्री रहनेवाला भले रेगिस्तान का हो, लेकिन पायलट प्रशिक्षण की इंस्टीट्यूट वहीं खुलेगी। इधर के कई राजनेता भी दिल खोल कर यह कहते हैं कि पंडित जी मुख्य मंत्री बने, तो ब्राह्मणों के ठाठ हो गए हैं। स्कूल-कॉलेज में हर तीसरी भर्ती ब्राह्मणों की। प्रतिभा तो उन्हीं में होती है न! भारतीय इतिहास में जब यादव वंश आया, तो सारे सिपाही और कांस्टेबल यादव। ठीक भी है। अपनों ने जिताया है तो 'उनके लिए भी कुछ।'

एक मित्र बैंक में हिंदी अधिकारी हैं। हिंदी का काम जो देश में हो रहा है, वह तो आपके सामने है, लेकिन इन्हें इतना वक्त जरूर मिल जाता है कि सभी तरह की तिकड़में कर लें। दिल्ली पहुँचते ही उन्होंने एक अकादमी से पुरस्कार झटक लिया। एक दिन फोन आया। दुआ-सलाम खत्म भी नहीं हुई थी कि वे असली काम पर आ गए—'आप करते क्या हैं?' मैंने गोल-मोल बताया और यह उन्हें साहित्य, संस्कृति की दुनिया की तरफ ठेलने लगा जिसके लिए उन्होंने अभी-अभी पुरस्कार झटका था। लेकिन वे खोद-खोद कर पूछने लगे—हमारे लिए क्या कर सकते हो? कोई पास दिलवा दो रेलवे का। रेस्ट हाउस करा दो। और नहीं तो रिजर्वेशन तो करा दोगे न?

मुझे बचपन के दिन याद आते हैं। हमारे गाँव के एक चाचा दिल्ली में थे। टेलीफोन विभाग में। यह उन दिनों की बात है जब टेलीफोन के तार बिछते तो थे, पर टेलीफोन सौ-सौ कोस तक नहीं होता था। उनकी प्रतिभा देखिए कि उन्होंने दिल्ली में भी भैंसें पाली हुई थीं और गाँव में भी। खैर, मैं असली मुद्दे पर आता हूँ। जहाँ हमारे सोने के लिए छप्पर टपकता था, उनकी भैंसें मोटी तिरपालों की छाँव में जुगाली करती थीं। कभी लोहे की साँकलें आ रही हैं, तो कभी टेलीफोन के खंबे। वे संवेदनशील थे। उन्होंने तुरंत अपने भाई-भतीजों की आवाज सुन ली—मेरे लिए क्या? तो वे दफ्तर की एक-एक चीज उनके लिए मुहैया कराने लगे।

हिंदी पट्टी में तो यह सहज मान ली गई प्रवृत्ति है। अस्पताल में आप काम करते हैं तो पट्टी, गोली, मरहम अपने लिए ही नहीं, दूर-दूर तक के रिश्तेदारों तक को बाँट दो। असली मरीज को मिले या न मिले। या, अस्पताल में अपने-अपने रिश्तेदारों की परवरिश में लगे होते हैं, यह भूल कर कि दूसरे मरीज भी आपके इसी देश के नागरिक हैं और वे भी आपसे उतनी ही मानवीय अपेक्षा रखते हैं।

इसके ऐतिहासिक कारण भी खोजे जा सकते हैं। देश जब आजाद हुआ, तो सत्ता कांग्रेस के पास आई। आनी ही थी, क्योंकि लड़ाई उसी के मुकुट के नीचे लड़ी गई थी। सत्ता आते ही खेल शुरू हुआ—मैं अपने क्षेत्र, अपनी भाषा, जाति

या अपने भाई-भतीजों के लिए क्या कर सकता हूँ? जैसे-जैसे राष्ट्र ओझल होता गया, वैसे-वैसे आसपास के लोग कटोरा ले कर आगे बढ़ते गए--मेरे लिए क्या? नतीजा। आज अपनों के आगे किसी को कुछ दिखाई ही नहीं देता।

राजधानी की भूख

मेरा यकीन है कि भारतीय रेल की राजधानी और शताब्दी रेलों में भूखे लोग तो नहीं ही चलते होंगे। वे चलते हैं जिन्हें यह एहसास हुए भी वर्षों हो गए होंगे कि भूख में कैसी मरोड़ उठती है या खाना देखते ही भूखा आदमी मुँह से ही नहीं खाता, आँखों से भी खाने की कोशिश करता है। फिर इनको इतना खाना परोसा क्यों जाता है? जूस, नाश्ता, चाय, कॉफी, सूप, वेज, नॉनवेज, दही, आइसक्रीम, मिठाई और फिर सौंफ। और सुबह होने से पहले ही अगली सुबह के ऑर्डर। ज्यादातर ये वे लोग हैं जिनके पेट भले न भूखे हों, दिमाग हर समय भूखा और सूखा बना रहता है और इसीलिए इन्हें किसी भी देश की 'राजधानी' तृप्त नहीं कर सकती।

कई तरह के अनुभव हैं इस खाने और खिलाने की व्यवस्था को ले कर। कुछ खाते कम हैं, बिगाड़ते ज्यादा हैं। उन्हें डॉक्टर ने पनीर खाने को मना किया है, लेकिन शताब्दी का क्यों छोड़ें! पूरे पैसे जो दिए हैं। बिलकुल ठीक। लेकिन खाएँ तो! चख कर जूठा करके क्यों छोड़ दिया? पराँठा मना है, लेकिन उसे भी ऐसी-तैसी करके आधा ही खाया। आइसक्रीम भी मना नहीं की। रखी-रखी पिघल गई। लेकिन उनके चेहरे पर संतोष है कि पूरे पैसे वसूलना उनका हक है। एक और सज्जन को घर पर मांस-मुर्गा खाना मना है, अतः यहाँ बार-बार ऑर्डर देते हैं--'भुना हुआ मुर्गा चाहिए--तरीवाला नहीं। खाना बाद में तरी मछली के साथ खाऊँगा।' अरे भाई। इतना बड़ा भुना हुआ मुर्गा खाने के बाद खाने को पेट कहाँ से लाओगे? आप देखते जाइए। टेबुल पर उन्होंने सब कुछ मँगवा लिया है। वेज, नॉनवेज सभी। जब डकार ली, तो पूरा केबिन अमोनिया की भभक से भर गया। लेकिन अभी धैर्य से देखते रहिए। खाना खत्म कर उन्होंने फर्स्ट-एड-नुमा मेडिकल बॉक्स निकाला। शायद इंसुलिन का इंजेक्शन होगा। दोनों मोटी जाँघों में लंबी-लंबी सुइयाँ घुसेड़ीं और चित हो कर सो गए। जितना खाना इनका शरीर बर्दाश्त नहीं करता, उससे कई गुना ज्यादा ये दवाइयों के बूते खाते हैं। पता नहीं जीभ के चटकारे की खातिर या खाने के पैसे वसूलने के लिए। मुझे हाल ही में पढ़ी एक बात याद आ रही है, जिसमें एक उभरती नायिका का कहना था कि 'मैं खाती तो खूब हूँ, पर गले में उँगली डाल कर उसे उलटी कर देती हूँ। जीभ को स्वाद मिल जाता है और शरीर भी ठीक बना रहता है।' कितना बीभत्स दृश्य है!

ऐसी ही एक यात्रा में आसपास कुछ जापानी बैठे थे। पहला नाश्ता--जूस तो उन्होंने खुशी-खुशी लिया और पैर पसार कर झपकी लेने लगे। लेकिन झपकी

तो तब लें जब बेयरे लेने दें। खाने की ट्रॉली आधा घंटे बाद फिर हाजिर थी। खाना? सभी ने एक-दूसरे की तरफ देखा, फिर व्यंग्य से मुस्कराने लगे। उनकी बातचीत का निष्कर्ष यह था—इतना कैसे खाया जा सकता है कि इतना खाने के बाद तो दो दिन तक नहीं खाया जाएगा। जो उन्होंने नहीं कहा, वह यह था कि वाकई भारत भुक्खड़ों का देश है। काश! मोटे पेटवाले मेरे हिंदुस्तानी दोस्त भी सुन-समझ पाते यह सब। प्रश्न उठता है कि इतनी खुराक का मानदंड किस सर्वे से और किनके पेट के आयतन से निर्धारित किया गया है और यदि इसमें से अमूमन बरबाद होनेवाला तीस-चालीस प्रतिशत खाना कम कर के उतने ही पैसे टिकट में कम कर दिए जाएँ, तो क्या यह राष्ट्रीय हित में नहीं होगा। कम-से-कम अन्न का अपमान तो नहीं होगा। यहाँ तक कि मेडिकल मानदंडों से भी कम खाना यात्रियों के हित में रहेगा। यह सारा वर्ग जरूरत से ज्यादा खाने की वजह से तरह-तरह की बीमारियों का शिकार है।

एक पक्ष और। ऐसी गाड़ियाँ जहाँ भी रुकती हैं, छोटे-छोटे बच्चे भूखी आँखों से दौड़ते हैं। उन्हें पता है कि इन ट्रेनों के यात्री इतना खा ही नहीं सकते। उनकी जूठी प्लेटों से इन गरीबों का पूरा दिन कट सकता है। लेकिन यह भी नहीं। उस बचे हुए खाने को भी उन्हें नहीं लेने देंगे। शताब्दी की रौनक तो बिगड़ेगी ही, चोरी का डर भी है। यदि ये यात्री उस बचे हुए खाने को घर ले जाएँ, तो भी कोई बुराई नहीं है, लेकिन यह करना इस 'चोर वर्ग' के आत्मसम्मान के खिलाफ है। ऐसे उदाहरण हमारे समाज में और भी हैं जो खाने की थाली में कुछ सब्जी, दाल, रोटी जानबूझ कर छोड़ देते हैं। एक ऐसे ही मित्र को टोकने पर उनका टका-सा जवाब मिला—'थाली को पूरी तरह साफ करना भुक्खड़पने की निशानी है।'

पता नहीं हम कौन-सा मनुष्य बना रहे हैं। अंग्रेजी बोलते, नथुए फुलाते, बोरी-सा पेट और इतना कुछ खाने के बावजूद बेयरों पर चिल्लाते; उन्हें बात-बात पर शऊर सिखाते। इन्हें देख कर लगता है ये यात्रा के लिए कम, खाने और कोशिकाओं में बची सामंतशाही के प्रदर्शन के लिए राजधानी एक्सप्रेस में सफर करते हैं। शऊर और शिक्षा का मतलब पूरी तरह खाने का उपयोग करना है या उसे किसी अंधविश्वास के तहत जूठा छोड़ना?

शायद इन्हीं के लिए आचार्य रामचंद्र शुक्ल ने कहा है कि मोटे लोगो! यदि तुम कुछ पतले हो जाते, कम खाते, तो न जाने कितनी ठठरियों पर मांस चढ़ जाता!

दफ्तर में धर्म

रोज-रोज ऐसे अनुभवों से गुजरता हूँ कि न चाहते हुए भी धर्म के खिलाफ बोलने के लिए मजबूर हूँ। विशेषकर सरकारी दफ्तरों में तो मुझे उसकी प्रासंगिकता का

एक भी कारण नजर नहीं आता। आजकल सरकार का कोई कक्ष ऐसा नहीं मिलेगा जहाँ कंप्यूटर न रखा हो। एक वक्त में टाइपराइटर से भी ज्यादा। शायद कंप्यूटर न होना ही अब खबर मानी जाए। ठीक भी है। नई तकनीक के साथ तंत्र का तालमेल सबके हित में ही है। रेलगाड़ी, हवाई जहाज में आरक्षण से ले कर अनेकों राष्ट्रीय-अंतरराष्ट्रीय सूचना, ज्ञान, परीक्षा, परिणाम आदि में कंप्यूटर ने विलक्षण योगदान दिया है।

लेकिन इसका एक दूसरा पक्ष लगभग भयभीत करता है। कई अफसरों के कक्ष में सामने कंप्यूटर की स्क्रीन पर तैंतीस करोड़ देवताओं के चित्र बारी-बारी से उतरते रहते हैं। कभी शंकर जी त्रिशूल के साथ, तो कभी कृष्ण जी माखन खाते हुए तो अगले पल बजरंग बली पहाड़ उठाए। जाहिर है, मेरी आँखें भी उधर आती-जाती रहती हैं और मैं जिनके पास आया हूँ, उनकी भी। पहला मौका पाते ही वे श्रद्धा-भक्ति में तैरने, उतराने लगते हैं। मीटिंग के एजेंडा से पहले ही वे शुरू हो गए। यह उड़ीसा के जगन्नाथ मन्दिर का दृश्य है। पहले मेरे पास इस भजन का सिर्फ ओडियो था। अब सीडी बन गई है। अच्छा है न? स्क्रीन पर भक्ति में डूबी सतरंगी नर्तकियाँ थीं। वे बोलते ही गए–यह भूल कर कि मैं एक सरकारी काम की मीटिंग में आया हूँ। उनसे प्रेरणा पा कर वहीं बैठे एक और धर्मपुरुष ने कामाख्या देवी पर प्रवचन शुरू कर दिया। सारी मीटिंग छोटे-से सत्संग में बदल गई। एक और कक्ष में घुसता हूँ। वहाँ भी भजन पार्श्व संगीत की तरह चल रहे हैं। यदि आवाज तेज हुई, तो पीड़ा उसी रफ्तार से बढ़ती जाती है। जाइए, बच कर कहाँ जाएँगे?

ये सभी मेरे मित्र हैं। इनकी सद्भावनाएँ भगवान के साथ हैं और मेरी इनके। इनको भक्ति में डूबने का पूरा हक है, लेकिन अपने-अपने घर में, न कि सरकारी दफ्तरों में और सरकारी कंप्यूटर के बूते। शायद ये सभी लोग खरीद-फरोख्त, शेयर बाजार से ले कर धर्म-कर्म सभी कुछ दफ्तर के समय में ही निपटा देना चाहते हैं जिससे कि निजी समय में कुछ निजी किस्म की फिल्में देख सकें। पिछले दिनों ई-मेल पर लदे धर्म ने और भी भयभीत कर दिया है। महाराष्ट्रवाले गणेश की भक्ति में डूबे ई-मेल पर गणेश के चित्र भेजते हैं, तो मथुरावाले कृष्ण जी के। इन चित्रों के साथ नए वर्ष का संदेश कम होता है, धर्म का संदेश ज्यादा। क्योंकि धर्म अपने अंदर झाँकने या निजी आस्था के बजाय दिखावे की संस्कृति में शामिल हो चुका है, अतः यह भी हो सकता है कि वे यह सब दिखाने के लिए ज्यादा करते हों कि तुम मुझे बेईमान भले ही समझो, मैं हूँ बड़ा धार्मिक आदमी।

लेकिन अंत यही नहीं है। एक वरिष्ठ अधिकारी प्रतिदिन परंपरागत पूजा-पाठ भी दफ्तर में ही करते हैं। गनीमत यही है कि वे यह पूजा-पाठ लंच टाइम में करते हैं। उनका चपरासी पूरी श्रद्धा से सारा सामान, चौकी रख देता है, अगरबत्तियाँ

जला देता है और बाहर से किसी को अंदर न आने देने के लिए चौकीदारी करता रहता है। उनके धर्म का तर्क है कि दफ्तर में रोज-रोज लंच के समय सीनियरिटी, पोस्टिंग, प्रोमोशन की सत्यनारायणी कथा या ताश के पत्ते खेलने से अच्छा तो सचमुच की सत्यनारायण की कथा या नमाज पढ़ना है। बस एक डर है। कभी हवन करते हुए नीचे का महँगा कालीन न जल जाए। ऐसा हो चुका है। एक ऐसे ही धर्मपुरुष बिना हवन के घर से बाहर नहीं निकलते थे। एक मीटिंग के सिलसिले में इन्हें दूसरे शहर में रुकना पड़ा। सुबह वहीं सरकारी आवास में हवन शुरू कर दिया। थोड़ी देर बाद देखा, तो नीचे कालीन जल चुका था। नियमानुसार तो इन्हें जले हुए कालीन के पैसे देने चाहिए थे। लेकिन यह सब कौन करता है, धर्म जो है यह सब माफ करने के लिए।

एक और प्रबंधक हैं दफ्तर में। इनके हाथ से पेन गिर जाए तो ये अपने अधीनस्थ का इंतजार करेंगे। स्टेशनरी का छोटा-मोटा सामान तक लाना सरकारी क्लर्क अपनी तौहीन मानते हैं। लौट-फिर कर अशोक चपरासी ही लाएगा। लेकिन पिछले दिनों कुकुरमुत्ते की तरह उगे अनेकों खंगाशु महाराज के यहाँ, ये बैंक मैनेजर बताते हैं, 'हर रविवार को मैं जूते-चप्पल सँभालने, पोंछने का जिम्मा सँभालता हूँ। फर्श पर पोंछा भी।' एक और मेरे वरिष्ठ आगरा घराना स्थित मठ के सदस्य थे। वे वहाँ चप्पलों को साफ करने के लिए 15-15 दिन रहते थे। लेकिन लौट कर सरकारी ड्यूटी के कुछ कागज प्रस्तुत करके उसका टी.ए. भी वसूलते थे। धर्म ऑन ड्यूटी।

दफ्तर का धर्म इन सबसे परे उन कामों को कार्यकुशलता से पूरा करने का होना चाहिए जिसके लिए ये बने हैं।

शिक्षा का धर्म

मेरी नजर अचानक उस छोटी-सी बच्ची की किताबों पर चली गई। एक पुस्तक के मुखपृष्ठ पर धर्म-शिक्षा लिखा देखा, तो और भी उत्सुकता हुई। पहले ही पृष्ठ पर लिखा था—'दस काम छोड़ कर नहाओ। सौ काम छोड़ कर खाओ। हजार काम छोड़ कर भगवान का भजन करो।' पुस्तक में आगे भी भजन, कीर्तन की महिमा बतानेवाले अध्याय और ऐसे ही प्रश्न-उत्तर थे। अच्छा बालक कौन है? उत्तर : जो सुबह उठते ही परमात्मा का नाम लेता है। आलस छोड़कर कहाँ जाना चाहिए? उत्तर : सत्संग में।

इस बच्ची की उम्र सिर्फ सात साल है। इस पुस्तक को डी.ए.वी. प्रबंधन समिति ने छापा है। डी.ए.वी. संस्थान का शिक्षा के प्रचार-प्रसार में पर्याप्त योगदान रहा है। लेकिन ऐसी पुस्तक के बारे में जान कर अफसोस हुआ। मैंने उस बच्चे से छोटे-छोटे प्रश्न करते हुए समझाने की कोशिश की—'बताओ, यदि तुम्हारी मम्मी

नाश्ता न बना कर सुबह से ही भजन शुरू कर दें, तो लंच में क्या ले जाओगी? मम्मी भजन पर बैठी ही रहेंगी, तो वे भी क्या खाएँगी?' बेटी की समझ में शायद कुछ नहीं आ रहा था। वह बस टुकुर-टुकुर देख रही थी। 'तुम भी यदि स्कूल का काम न करके भजन करने बैठ जाओ, तो मैम की डाँट पड़ेगी न? तो सबसे जरूरी बात काम करना हुआ न? न कि नहाना, खाना, भजन। यदि इनसे समय मिले, तो भजन कर लो। मैं लिख दूँ तुम्हारी किताब में?' मेरे कहते ही उसने किताब छीन ली–'मैम मारेंगी।'

सदियों से यही शिक्षा एक धर्म विशेष दे रहा है। वेद, उपनिषद की दुहाई दे-दे कर पीढ़ी-दर-पीढ़ी एक अकर्मण्यता, मुफ्तखोरी को जन्म देता हुआ। मानों हिंदू धर्म नहाने, खाने और भजन का ही पर्याय हो। जब सोमनाथ पर आक्रमण हुआ था, तब भी इस धर्म की आवाज यही थी–'तुम सिर्फ शंकर जी का भजन करो। वे स्वयं आक्रमणकारी को भस्म कर देंगे।' लेकिन भस्म कौन हुआ? हम सब जानते हैं। एक जाति विशेष ने संस्कृति, धर्म के नाम पर अपनी मुफ्तखोरी के लिए ये वाक्य गढ़े हैं जिन्हें धर्म-शिक्षा या शिक्षा में सुधार के नाम पर आधुनिक पीढ़ी को परोसा जा रहा है। अफसोस इसलिए भी है कि दुनिया भर में बीसवीं सदी विज्ञान की सदी घोषित होने के बावजूद भारत में इक्कीसवीं सदी धर्म के ऐसे पाखंडों का साथ नहीं छोड़ पा रही है। देश भर में कुकुरमुत्ते की तरह बढ़ते मंदिर, मदरसे समाज को आगे ले जाने की बजाय पीछे ले जाने पर तुले हैं। दिल्ली में ही जमुना नदी के किनारे निजामुद्दीन पुल के पास एक भव्य इमारत पर पिछले एक-दो वर्ष से दिन-रात काम चल रहा है। शुरू में मुझे लगा कि जमुना के खादर में पानी का तल ऊँचा होने के कारण किसी विराट जल-संयंत्र की योजना होगी। जमुना पार की पानी की समस्या का समाधान अकेले इस संयंत्र से हो जाएगा। लेकिन मैं गलत था। पता लगा, मंदिर बन रहा है। इतनी प्रमुख जगह और इसका ऐसा प्रतिगामी दुरुपयोग? क्या हासिल होगा इससे हमारी पीढ़ियों को? रोटी, रोजगार? या सिर्फ एक अड्डा, जहाँ ये बच्चे बड़े हो कर 'हजार काम छोड़ कर हजारों की संख्या में' भजन कर सकें!

क्या इन नन्हे-मुन्नों को स्कूल में धर्म की शिक्षा दी भी जानी चाहिए? प्रसिद्ध शिक्षाशास्त्री गीजूभाई बधेका ने शिक्षा पर अपने प्रयोगों की पुस्तक 'दिवास्वप्न' में स्कूलों में दी जानेवाली धर्म शिक्षा का जिक्र किया है। 'एक दिन एक जाने-माने स्वामी जी हैडमास्टर के साथ प्रवचन के लिए पधारे। स्वामी जी के ईश्वर, धर्म, आत्मा परमात्मा के प्रवचनों में बच्चे मजबूरी में बैठे-बैठे उबासियाँ लेते रहते और घंटी बजते ही ऐसे भागे, जैसे कैद से छूटे हों। उनके चेहरों से साफ जाहिर था कि वे कुछ नहीं समझे हैं।' गीजूभाई लिखते हैं, 'इस उम्र में इन अबोध बच्चों का धर्म, दर्शन जैसे गंभीर विषयों से क्या लेना-देना। धर्म, कीर्तन के लिए तो

सारी उम्र पड़ी है। पहले भजन-कीर्तन की थोड़ी-बहुत शिक्षा माँ-बाप दे देते थे। अब क्योंकि उनके पास समय नहीं है, अतः ये काम स्कूल के हवाले करने लगे हैं। लेकिन ऐसी धार्मिक तोतारटंत का कोई अर्थ नहीं, जो न तो बच्चों की समझ आए और न उन्हें कोई नैतिक शिक्षा दे पाए।'

बचपन में हमारे पाठ्यक्रम में एक कहानी थी, जिसमें दो भक्त तीर्थ करने निकलते हैं। रास्ते में उन्हें एक दीन-दुखियारा मिला। पहला तो उसे दुत्कारते हुए आगे बढ़ गया, यह कहते हुए कि ईश्वर के दर्शन को निकला हूँ इसकी सेवा में क्यों वक्त बरबाद करूँ? लेकिन दूसरे को ईश्वर के दर्शन से जरूरी इस दुखियारे की सेवा करना लगा। यहाँ तक कि तब तक पहला ईश्वर की श्रद्धा में पुष्प चढ़ा कर लौट कर भी आ गया। उसने बताया कि उसने ईश्वर के आसपास हर जगह उसे देखा, जिसे वह पीछे उस गरीब की सेवा में छोड़ गया था। धर्म शिक्षा की अवैज्ञानिक, शुष्क पुस्तकों के बजाय यदि ऐसे मूल्यों की सरस कहानी बच्चों को पढ़ाई जाए, तो कितना अच्छा हो।

सपनों में विदेश

खबर है कि हाल के गृह युद्ध में ध्वस्त कोसोवो के पुनर्निर्माण के लिए जानेवालों की लाइन में पदस्थ भारत सरकार के एक हजार उच्च पदस्थ अधिकारी भी शामिल हैं। गौर कीजिए, ये बेरोजगार नहीं हैं जो काम की तलाश में कहीं भी, कुछ भी करने को तैयार हों। ये वे उच्च पदस्थ अधिकारी हैं जो अखिल भारतीय सेवाओं में होने के बावजूद पिछले दसियों सालों से किसी-न-किसी बहाने दिल्ली, मुंबई, कोलकाता जैसे महानगरों में बैठे हुए हैं। इन्हें असम, त्रिपुरा, कश्मीर तो छोड़िए, कहीं भी बाहर जाने के लिए कहो तो ये जमीन-आसमान एक कर देंगे। एक से एक बड़ी बीमारी, विपदाओं के सर्टीफिकेट इन्हें या इनके संबंधियों को घेर लेंगे। बचा हुआ काम इनके आका कर देंगे। हाँ, उतनी ही तत्परता से ये देश की सीमाओं को लाँघने का मौका नहीं चूकेंगे--विशेषकर यूरोप, अमेरिका, जापान। कुछ डीए, कुछ पर्क्स, कुछ विदेश में रहने का रौब।

कभी-कभी इनमें से कुछ भोलेपन में यह भी कहते हैं कि 'यहाँ मिलता ही क्या है? कुछ दिन बाहर रह लेंगे, तो कुछ बचत हो जाएगी।' दरअसल, सुविधाओं, जीवन स्तर की इनकी कल्पना और देश की जमीनी हकीकत में इतना अंतर है कि उसे भारत सरकार अपने को गिरवी रख कर भी पूरा नहीं कर सकती। पाँचवें वेतन आयोग ने यह किया भी है, लेकिन इनके चेहरों पर संतोष अभी भी नहीं है। दो-तीन साल पहले दिल्ली के एक राष्ट्रीय अखबार ने एक सर्वे करके बताया था कि भारत सरकार के संयुक्त सचिव के आसपास तक के अधिकारियों का जीवन स्तर बड़े से बड़े राजनेता से बेहतर है--विदेशी शराबें हों या घर के ठाठबाट या

बच्चों की नियुक्तियाँ, विशेषकर बहुराष्ट्रीय कंपनियों में या विदेशों में लगाने का मामला। राजनेता तो ये सुविधाएँ अपने समर्थकों के साथ मिल-बाँट कर भोगता है, किंतु ये अकेले ही लूटते, डूबते हैं इन सुविधाओं में। ऐसी सुरक्षित ठाठ की जिंदगी में दस-बीस साल बिताने के बाद इन्हें उस देश की हकीकत भी बरदाश्त से बाहर होने लगती है जिसे निपटाने या जिससे निपटने के लिए उन्होंने साक्षात्कार के समय जोर-शोर से शपथ खाई थी।

सभी तो नहीं, लेकिन कई येन-केन प्रकारेण विदेश में कुछ जुगाड़ पाने में सफल हो ही जाते हैं—विश्व बैंक, आईएमएफ, एशियन बैंक, यूएनओ की तमाम संस्थाओं आदि में जो नहीं होते, वे अपने सपनों को अपने बच्चों के सुपुर्द कर देते हैं। रात-दिन यहाँ की अनपढ़ जनता, राजनेता, बढ़ती आबादी को कोसते हुए। घुट्टी जो माँ के दूध से ही पिलाई जा रही है—मेहनत करो, आईआईटी में घुसो और वहाँ से फुर्र से उड़ जाओ। हाल के एक सर्वेक्षण के अनुसार केवल आईआईटी और एआईआईएमएस से उत्तीर्ण छात्रों में 60 प्रतिशत सीधे विदेशों में चले जाते हैं। जो बच जाते हैं, वे देश की सरकार में घुस कर विदेश भागने की जुगत में लग जाते हैं। क्या रखा है इस देश में? हाँ, वहाँ पहुँच कर फिर कुछ दिन बाद ये देश के लिए, उसकी संस्कृति के लिए आँसू बहाएँगे, लेकिन आएँगे फिर भी नहीं। ग्रीन कार्ड की तलाश में इंग्लैंड, ऑस्ट्रेलिया, अमेरिका, कनाडा हर मुल्क में जान देने को तैयार हैं ये देशप्रेमी।

कोई-कोई आना भी चाहे, तो उनके पिता नहीं ये चाहते। उनका बेटा इंग्लैंड में है—इससे नाक ऊँची रहती है। एक पुत्र वापस आए। पिता ने उनके स्वागत में बहुत बड़ी पार्टी आयोजित की। बेटा स्वदेश वापस लौटना चाहता था, लेकिन स्वयं पिता ने उसे मजबूर किया—'बेटा, क्या रखा है यहाँ? तुम्हें हमने यहाँ रहने के लिए इतना पढ़ाया था?' कितना स्पष्ट दर्शन है! ज्यादा पढ़े-लिखे हो, बुद्धिमान हो, तो केवल विदेश के लायक हो।

जिन्होंने भारतीय जनतंत्र के इन सरकारी महाराजाओं को विदेशों में देखा है, वह उनके चरित्र का तो और भी खुलासा करता है। जब इन्हें अपनी जूठी प्लेट स्वयं साफ करनी पड़ती है, बिस्तर स्वयं लगाना होता है, कपड़े भी स्वयं धोने होते हैं, तब इन्हें अपना देश बहुत-बहुत याद आता है। कहाँ दरवाजे पर कदम रखते ही जूते खोलनेवाला बहादुर और कहाँ बहादुर की-सी स्थिति में विदेश में रहना! लेकिन डॉलरों की खातिर इन्हें वह सब मंजूर है। कोसोवो हो, उरूड़ी या बुरूड़ी, बस कश्मीर न जाना पड़े!

अखिल भारतीय जाति महासभा

जब उनका फोन आया, मैं सरकारी कर्मचारी की परिभाषा पर खरा उतरते हुए

बाथरूम में था। पत्नी ने बताया कि वे पंद्रह मिनट में फिर फोन करेंगे। कोई सारस्वत थे। नाम क्या था? सारस्वत था, बता तो रही हूँ। अरे भाग्यवान! यह नाम नहीं, सरनाम है। ब्राह्मणों की हजार गलियों, गोत्रों में से एक। हम आना चाहते हैं, अमुक ने बताया था। मैंने अमुक का नाम सुनते ही बिना और कुछ पूछे हाँ भर दी। समय का वायदा जरूर ले लिया।

समय के वायदे के बावजूद भी वे नियत समय के घंटे भर बाद पहुँचे। चेहरे की मुद्रा से लग रहा था कि ऐसे मिशनरी कामों में विलंब का या समय पालन का कोई महत्व नहीं है। मैं उनकी ओर ताकने लगा कि तुरंत मिलने के कारण से पर्दा उठे। वे भी ताड़ गए—हम आपको 26 अक्तूबर के लिए निमंत्रित करने आए हैं। फिक्की में। दोपहर बाद तीन से छह तक। महाब्राह्मण महर्षि दधीचि का जन्मदिन है और इस बहाने दिल्ली का सारा सारस्वत समाज भी मिल-बैठ कर बात कर लेगा। शायद मेरे चेहरे पर उत्साह की लहर देखने की खातिर वे बारी-बारी से जोड़ते गए। अमुक केंद्रीय मंत्री भी आ रहे हैं। श्री ख ने भी हाँ भर दी है। वे भी हैं तो सारस्वत ही, लेकिन नाम में नहीं लगाते। वे लाहौर के सारस्वत हैं। आप भी क्यों नहीं लगाते अपने नाम में? यह प्रश्न सीधे मेरे लिए था। लेकिन मैंने अपने से संबंधित प्रश्न को थोड़ी देर के लिए शिक्षाशास्त्री कृष्ण कुमार के अंदाज में खूँटी पर टाँग दिया। आहिस्ता-आहिस्ता निपटने, निपटाने के लिए।

मुझे अंदर से लगा कि इस प्रस्ताव का तुरंत भुरता बनाने की जरूरत है। मैंने धीर-गंभीर अंदाज में पहले उन्हें खुद उठ कर चाय दी और फिर मुस्कराते हुए हिम्मत की—मित्र! यह संगठन करता क्या है? इसके उद्देश्य क्या हैं? और अभी तक की उपलब्धियाँ हैं क्या? बिना उनको बोलने का मौका दिए मैंने जोड़ा कि इससे पहले भी नासमझी के चलते या समझ पाने की उम्मीद में ऐसे आग्रहों का आदर करते हुए अखिल भारतीय ब्राह्मण समाज जैसी एकाध मीटिंग में जा चुका हूँ। पत्नी की वजह से कान्यकुब्ज समाज की बैठक में भी और एक रिश्तेदारी के नाते गौड़ ब्राह्मण समाज में भी। अकसर उनमें दो तरह के लोग शिरकत करते हैं। एक वे जिनके बेटे-बेटी शादी लायक हैं, खासकर बेटियों के पिता। और दूसरे, ऐसे संगठन की मार्फत अपने धंधे को बढ़ाने की मार्किटिंग का स्कोप देखनेवाले। और कभी-कभी कुछ लोग इस मंच का उपयोग सांस्कृतिक टच देने के लिए कैबरे, डांस, कविता सुनाने के लिए भी कर लेते हैं। दर्जनों को मंत्री, सचिव, महासचिव, अध्यक्ष जैसे पदाधिकारी होने का गौरव तो ये सभाएँ बखूबी दिलाती ही हैं। इनके अलावा आपकी संस्था का कोई अलग उद्देश्य हो, तो मैं जानना चाहूँगा। स्वाभाविक है कि उन्हें ऐसी उम्मीद नहीं थी, लेकिन उन्होंने हिम्मत नहीं हारी। एक बोला, मैं एंप्लाइमेंट एक्सचेंज अधिकारी का पीए हूँ। मैं इस पद पर रहते हुए सारस्वत समाज की जितनी सेवा हो सकती है, करता हूँ। किसी को नौकरी में मदद, किसी

को सलाह। दूसरे सज्जन ने भी बड़े-बड़े पदों पर बैठे अपने रिश्तेदारों की ऐसी कल्याणकारी बातें बताईं।

बड़ी अच्छी बात है। यदि सब आपकी तरह करें। यह तो बहुत बड़ी सेवा है मानवता की। लेकिन ऐसा करने से पहले, मुझे लगता है आप क्या यह जरूर पूछते होंगे कि आपकी जाति, गोत्र क्या है? और यदि ऐसा पूछ कर ही आप मदद के लिए आगे बढ़ते हैं, तो इससे बड़ा कलंक क्या होगा? आप और हम जो थोड़ा बेहतर पढ़े-लिखे हैं, यदि वे ही जाति, गोत्र, धर्म की गलियों से मुक्त नहीं हो पाए, तो बेचारी अनपढ़ जनता का क्या दोष? क्या अर्थ है हमारे पढ़ने-लिखने का? क्या ये सभा, संस्थाएँ इन्हीं कुप्रवृत्तियों को और मजबूत नहीं कर रही हैं? जिस पश्चिमी उत्तर प्रदेश के मैं और आप हैं, सारे संसाधनों के बावजूद वह क्षेत्र शिक्षा में सबसे पिछड़ा और अपराध में सबसे आगे है। क्या इसे बेहतर बनाने का कोई प्रत्यक्ष या अप्रत्यक्ष मसौदा आपकी संस्था ने बनाया है। गाँव में कोई स्कूल, सड़क, पुस्तकालय? मंदिर जरूर सबसे पहले बनाती हैं ये संस्थाएँ। दिल्ली में संगठन या लंदन में इसकी शाखा का प्रयोजन समाज को किस रूप में बेहतर बनाएगा? या सिर्फ सिफारिश करने-कराने के लिए डायरी में नाम रखना ही इसका प्रमुख उद्‌देश्य है? इक्कीसवीं सदी में तो भारत को मुक्ति दिलाइए इन संकीर्ण सभा-सम्मेलनों से।

उन्होंने हार नहीं मानी। पैंतरा बदला—बाकी जातिवाले भी तो कर रहे हैं। यादवों का तो अखिल भारतीय संगठन है। और तमिलों, गुजरातियों का अंतरराष्ट्रीय। फिर हम क्यों पीछे रहें? हमें भी एक-दूसरे की मदद के लिए आगे आना चाहिए। कायस्थ तो दुनियाभर में मशहूर हैं ही। सिर्फ ब्राह्मण जाति ही धोखेबाज, बेगैरत है। दूसरी जातियोंवाले अपने लोगों को आगे बढ़ाने में जितनी मदद करते हैं, ब्राह्मण नहीं। तभी तो उनकी यह दुर्गति है।

जो बातें आप दूसरी जातिवालों के लिए कह रहे हैं, दूसरे आपके लिए वही परस्पर कहते-फिरते हैं। अपनी-अपनी सभा-संस्था को और मजबूत करने के लिए राजनेता यह कहें, तो उनकी मजबूरी है वोट पाना। हमारी-आपकी क्या मजबूरी है? यह सुनते ही वे उठ खड़े हुए—आप आइए तो। हम आपसे चंदा नहीं माँग रहे। जरूरत में बिरादरी ही काम आती है आदमी के, इसे याद रखना।

काश ये संस्थाएँ, यह देश जाति-बिरादरी के परे भी कुछ सोच पाता।

गांधी का देश

दांडी मार्च की प्लेटिनम जुबली पर देश थोड़ा-थोड़ा गांधी को याद कर रहा है, लेकिन मुझे याद दूसरे कारणों से आ रही है, जिस दफ्तर में मैं काम करता हूँ वहाँ सुबह-सुबह दरवाजे पर खड़े दर्जनों चपरासी अपने साहबों का इंतजार कर रहे होते

हैं। साहब की गाड़ी देखते ही ये उधर की तरफ दौड़ते हैं। किसलिए—साहब का टिफिन, थैला थामने या उनका छोटा-सा ब्रीफकेस लपकने के लिए। मंजर ऐसा होता है कि कहीं साहब ने खुद छू लिया, तो उनकी शामत आ जाएगी। फिर साहब हाथ हिलाते हुए दफ्तर की तरफ कूच करते हैं। यही नजारा शाम को होता है। किसी छोटे-मोटे काम से दिल्ली आए ये अफसर ऐसे मामूली कामों के लिए मातहतों की फौज ले कर चलते हैं। एक छोटी-सी फाइल को उठा कर ले चलने के लिए उनके साथ कई-कई आदमी आते हैं। इन फालतू आदमियों पर सरकारी पैसा खर्च करने में इन्हें कोई अफसोस नहीं होता। फिर भी, जब किसी मीटिंग में इन्हें उस कागज की जरूरत पड़ती है, तो एक दूसरे को तलाशता है। दूसरा तीसरे को।

लेकिन ये इतने मातहतों को ले कर चलते क्यों हैं? केवल फाइल उठाने के लिए ही नहीं चलते। इसका एक अलग रुतबा है। आप स्वयं जा कर किसी सरकारी गेस्ट हाउस के कैंटीन में कहें कि मुझे चाय, खाना चाहिए, तो गेस्ट हाउस का सरकारी कर्मचारी शायद ही सुनेगा। आप सरकारी मुलाजिम की वर्दी पहने खीझ कर अपना पद, नाम आदि बता दें, तो भी बड़े ठंडेपन से चाय लाएगा। आपके साथ यदि इन अरदलियों की फौज है, तो वे आपके बिना कहे ही कैंटीन मैनेजर के पास पहुँच कर आपकी डायरेक्टरी को डायरेक्टर जनरल में बदल कर ऐसा माहौल बना देंगे कि प्रेमचंद की कहानी का 'नशा' आपके ऊपर भी छा जाएगा। आपकी पत्नी मेम साहब हो जाएँगी, बेटा भारत का उत्तराधिकारी युवराज भरत। और तो, और इन अरदलियों की खातिर आपकी बीवी-बच्चे भी आपका रुतबा मानने लगेंगे। स्टाफ कार से अधिकतर जाना होता है। एक समझदार सहयोगी बोले, 'आप अपने मातहत को पहले भेजा करो। जो रौब वह बनाएगा आपका पहले जा कर, आपके बस का नहीं है।' और, ये सब रौब मानते ही ऐसा हैं।

जिन दफ्तरों में हम या ये साहब काम करते हैं, इन फाइलों को भले ही वहाँ के चपरासी लेट, मनमर्जी पहुँचाएँ, शाम की इस हाजिरी में गुस्ताखी हुई तो खैर नहीं। हमारी पीढ़ी ने बचपन में ईश्वरचंद्र विद्यासागर की वह कहानी पढ़ी है जिसमें वे अपने विद्यार्थी का सामान भी कुली के रूप में उठा कर उसे अपना काम स्वयं करने की शिक्षा देते हैं। गांधी के तो जीवन का हर क्षण ही ऐसी घटनाओं से भरा पड़ा है, फिर गांधी के देश का हर सफेदपोश नागरिक उसका शतांश भी करने से बचता क्यों है? कितने घंटे बचा सकते हैं हम—एक दूसरे के, यदि मातहत आ कर अपने सरकारी काम में लगें—बजाए इसके कि साहब के इंतजार में दरवाजे पर खड़े-खड़े सूख रहे हैं। इन पढ़े-लिखे साहबों को सादगी की भाषा और परिभाषा कौन समझाए? इस सरकारी मशीनरी का हर व्यक्ति पूरी तरह से अपने-अपने कामों के उद्देश्यों के प्रति समर्पित रहता, तो क्या ये सरकारी विभाग इस कदर डूबते? कर्म के ऐसे आडंबर का मॉडल हमने आखिर कहाँ से लिया है? या, यह हमारी

अपनी मौलिक ईजाद है?

यही अफसर जब विदेश में जाते हैं, जाते नहीं, भाग कर जाते हैं, तो कैसे पहले दिन से ही बरतन साफ करने, कपड़े धोने से ले कर खाना बनाना भी सीख जाते हैं, जबकि यहाँ स्वयं गिलास से पानी उठा कर पीने में भी इन्हें अपनी तौहीन लगती है। इसे देश का दुर्भाग्य कहिए कि श्रम की महत्तावाली घरेलू सेवाएँ–बरतनवाली, पोंछेवाली, रसोइया आदि–इतनी सस्ती हैं और हर काली करतूतोंवाले 'सफेद कॉलरी' काम में इतने पैसे कि पूरा मध्य वर्ग एक ढकोसले में जीने का आदी बनता जा रहा है। आय की यह असमानता ही इन्हें श्रम से दूर ले जा रही है।

जिस देश की सर्वोच्च नौकरशाही अपने मातहतों पर इतनी परजीवी, आश्रित हो, क्या वे गांधी के देश को सँभालने के हकदार हैं? आपने अकसर देखा होगा, यूरोपीय विदेशी राज्याध्यक्ष आते हैं, तो कितनी छोटी टीम होती हैं उनकी। और हमारी? ओलंपिक में तो और भी हद हो जाती है। 200 की टीम, जिसमें ज्यादातर यही नौकरशाह, नेता और उनके अरदली-खानसामे। और मेडल? शताब्दी में एकाध, सचमुच अंग्रेज चले गए, नाज-नखरे नहीं गए गांधी के देश में।

कूड़ेदान में चुनौती

हमारे समय में भी और आज भी संघ लोक सेवा आयोग का सामना करते वक्त हर नौजवान एक प्रश्न का उत्तर बार-बार रट कर जाता है–आप सिविल सर्विस में क्यों आना चाहते हो? उत्तर : क्योंकि इसमें अपार चुनौतियाँ हैं–समाज सेवा की, निर्णय लेने की, देश को सुधारने की आदि-इत्यादि। मुझे नहीं पता कि उत्तर सुन कर बोर्ड में बैठे बुजुर्ग, विद्वान निर्णायक इस आदर्शवादी उत्तर को सुन कर ज्यादा नंबर देते हैं या व्यंग्य में मन ही मन मुस्कराते हैं, लेकिन हकीकत यह है कि नौकरी शुरू करते ही इन युवकों में से अधिकांश जमीनी स्तर पर यदि सबसे पहले दुम दबा कर भागते हैं, तो इन्हीं चुनौतियों से, न केवल भागते हैं, बल्कि बचने के लिए जो भी दंद-फंद, तिकड़में हो सकती हैं, उसे अपनाते हैं।

चुनौती की पहली जमीन है पोस्टिंग। इन्हें अरुणाचल, सिक्किम या कश्मीर की रिक्तियों की जगह अपना चुनाव ही चाहिए, वहाँ सपने में भी जाना नहीं चाहते। उसी समय उन्हें बूढ़े पिता का इलाज कराना होता है और वह भी ऑल इंडिया इंस्टीट्यूट ऑफ मेडिकल साइंसेज में ही, जो केवल अभी तक तो दिल्ली में ही है। पिता एक, लेकिन उनके लिए असाध्य बीमारियों के दर्जनों प्रमाणपत्र जुटा लेते हैं। पिता भी समझते तो होंगे कि अचानक पितृ-प्रेम किस जुगाड़ के लिए उमड़ पड़ रहा है। यदि किसी वजह से यह पत्ता भी बेकार गया, तो तुरप का पत्ता पत्नी या बच्चों की कोई ऐसी ही वजह खोजी जाती है। फिर उसके ऊपर किसी

राजनीतिक हस्ती का लेटरहेड भी या अन्य सभी तिकड़में। जिसका बच्चा तीसरी में पढ़ता है, वह भी उसी स्वर में रोता है; जिनके बोर्ड की दसवीं, बारहवीं की परीक्षाओं में बैठ रहे हैं या बैठनेवाले हैं। वे कहेंगे कि मुझे साल-दो साल रहने दो, बस। लेकिन प्रशासन को भी पता है कि एक बार दिल्ली पहुँच जाएँ, तो फिर उम्र भर इन्हें कोई हिला नहीं सकता। डेपुटेशन, स्टडी लीव से लेकर नया विभाग तक खुलवाने की सामर्थ्य पैदा कर लेते हैं ये जाँबाज, अमेरिका ही नहीं, कुछ ज्यादा पगार मिले, तो ये इथोपिया से लेकर कोसोवा तक कहीं भी बिना बताए भाग जाएँगे, लेकिन अपने देश के ग्रामीण क्षेत्रों में नहीं। दुर्भाग्य से दिल्ली और कुछ हद तक मुंबई, कोलकाता, चेन्नई में बने रहने की कवायद या षड्यंत्र एक ऐसी कला में बदलती जा रही है जिसे बॉलीवुड की भाषा में यों कहा जा सकता है—'जो जीता, वही सिकंदर।' देश की हर समस्या, चुनौती इनके व्यक्तिगत एजेंडे के आगे पूरी तरह गायब है।

पिछले बीस वर्षों में बड़े-बड़े शहरों में बने रहने की यह प्रवृत्ति भयानक रूप से बढ़ी है। मोटा-मोटी कई कारण हैं—हिंदी पट्टी या दिल्ली केंद्र से देश के बाकी हिस्सों के मुकाबले कहीं ज्यादा उम्मीदवारों का चयन और इसी काल खंड में उत्तर भारत के सभी छोटे-बड़े नगरों, शहरों में व्यवस्थागत गिरावट। यह बिंदु कई सामाजिक अध्ययनों, विश्लेषणों की माँग करता है कि इस व्यवस्थागत ह्रास के किस अनुपात में केंद्रीय सेवाओं में चयनित उम्मीदवारों की संख्या बढ़ती गई है। जैसे-जैसे पटना, कानपुर, भागलपुर, लखनऊ की शिक्षण संस्थाएँ, प्रशासन कमजोर होते गए हैं, वैसे-वैसे दिल्ली की तरफ रफ्तार तेज होती गई है। 'मरता क्या न करता' के अंदाज में इनके अपेक्षाकृत समृद्ध अभिभावकों ने इन्हें दिल्ली दौड़ा दिया कि 'यहाँ कुछ नहीं रखा, सिवाय धर-पकड़, फिरौती, धरना, जलूस, रैली के। जाओ वहीं पढ़ो और संघ लोक सेवा आयोग से चयनित होकर आला अफसर बनो।' जब पीछे मुड़ कर लौटने के पुल भी नहीं बचे हों, तो इन नवयुवकों को लंगोट बाँध के पूरे संघर्ष से तैयारी में जुटना ही है और यही है इन परीक्षाओं के द्वारा साठ-सत्तर प्रतिशत तक हिंदी पट्टी के नौजवानों का पद हासिल करने का राज। कोई इस सफलता के पीछे उत्तर प्रदेश, बिहार के इन नौजवानों में ज्यादा प्रतिभा या अक्लमंदी ढूँढ़े, तो इस बहस को नासमझी मान कर छोड़ना ही ठीक है।

निश्चित रूप से इस राष्ट्रीय परीक्षा की इतनी कठिन चुनौती को पार करने के लिए इन नौजवानों की प्रशंसा की जानी चाहिए, लेकिन क्या आईएएस, आईपीएस, रेलवे, कस्टम की सिविल सेवा के दुर्ग में प्रवेश पाना ही चुनौती का अंत है? नहीं। यह तो चुनौती की शुरुआत है—बल्कि इन बाँकुरों को समझना चाहिए कि वे यदि अपने ही अनुभव का सहारा लें और उस साक्षात्कार के समय दिए गए उत्तर को याद रखें जो इन्होंने आयोग के सामने दोहराए थे, तो इन्हें इन

पिछड़े-ग्रामीण इलाकों में दौड़ कर जाना चाहिए। दौड़ कर न भी जाएँ तो बचने के लिए उन अनैतिक चालों और चापलूसी से तो बचें, जो सरदार पटेल के स्टील फ्रेम को जंग की तरह इतना खा चुकी है कि कभी भी ढह सकती है। ये नेता भी इनकी पैरवी से बचें, तो इन्हें अपने-अपने क्षेत्रों में काम करने का और ज्यादा वक्त मिलेगा। ये सरकारी सेवाएँ अभी भी सबसे सुरक्षित और ठाठ-बाट वाली हैं। यदि ये इन छोटे शहरों, कस्बों की तरफ जाएँगे, तो वहाँ भी इनके दबावों में इन क्षेत्रों में कुछ सुविधाएँ तो बढ़ेंगी ही। स्कूल ठीक होंगे, क्योंकि उनमें इनके बच्चे जाएँगे। सड़कें इतनी टूटी-फूटी नहीं रहेंगी जो वर्षों तक ठीक नहीं हुईं। अस्पताल में कभी-कभी तो डॉक्टर आएगा बजाय इसके कि वहाँ बकरी बँधी मिले, जिसके ब्योरे पी. साईनाथ की किताब 'तीसरी फसल' में भरे पड़े हैं। और यह सब किसी त्याग के लिए नहीं, उस चुनौती का ही विस्तार होगा जो आपकी सेवा-शर्तों का अभिन्न हिस्सा है। नौकरशाही और राजनीतिक गठजोड़ की इतनी बड़ी-बड़ी गाँठों और प्रदूषण से भी दिल्ली बचेगी। दरअसल, इस देश की संस्थाओं को ठीक करने की शुरुआत कहीं से भी हो सकती है बशर्ते कि हम सबने पीढ़ी-दर-पीढ़ी इन चुनौतियों को कूड़ेदान में न डाला होता।

मुझे चाँद चाहिए

एक अच्छे लड़के की तलाश में वे फिर हाजिर थे। उन्होंने स्वयं परिचय दुहराया; बताया कि 'मैं तीन महीने पहले आया था। आपने कुछ लड़कों की लिस्ट दी थी। और तो नहीं होगी?'

'कुछ सफलता मिली?' मेरे पूछते ही वे सुबकने लगे—'क्या बताऊँ, मेरे साथ धोखा हो गया। एक लड़के के साथ रिश्ता पक्का हो गया था। लड़का अमेरिका में था। फिर टूट गया। मैं बरबाद होते-होते रह गया हूँ।' पानी पी कर उन्होंने बात जारी रखी—'लड़का बहुत सुंदर था, पाँच फुट नौ इंच। मेरी लड़की भी, आपको पता ही है, पाँच फुट छह इंच है। लड़का कानपुर में आईआईटी से था। पिता लखनऊ में हैं। कानपुर में कलक्टर भी रहे थे वे। सगाई भी हो गई। फिर पता चला कि उसकी वहीं किसी लड़की से दोस्ती है। लड़का उसी से शादी करना चाहता है, पिता यहाँ की लड़की से। बच गए। बाल-बाल बच गए। मैं एक नेक इनसान हूँ, इसलिए ईश्वर ने बचा लिया। मैं तो जीते जी मर जाता। मेरी चाँद-सी लड़की बरबाद हो जाती।'

बाल-बाल बचे इन सभी पिताओं को तलाश फिर भी ऐसे ही किसी सर्वगुण-संपन्न लड़के की रहती है जो हमेशा इनकी हैसियत से कुछ ज्यादा हो, इक्कीस हो, क्योंकि यह भी उनके पराजित अहं को संतुष्ट करता है। अगला लड़का रेलवे में अफसर था। पूछने लगे, 'घर पर नौकर मिलते हैं? कार भी? देखने में

कैसा है? रंग? पिता क्या है? मैं परिवार को बहुत महत्व देता हूँ। मेरे पुराने संस्कार हैं। मेरी बेटी भी बड़ी संस्कारवाली है। मुझसे जो हो सकेगा करूँगा, चाहे मुझे अपनी जायदाद बेचनी पड़े।' यानी दहेज के बूते सारे चाँद अंटी में। इसी का नतीजा है कि आंध्र प्रदेश में शादी के इन चाँदों की कीमत करोड़ों तक पहुँच गई है। बिहार व अन्य राज्य भी इस मामले में बहुत पीछे नहीं हैं।

ये सभी संस्कारवाले हैं। छोटा, बड़ा, सरकारी, प्राइवेट, कार, नौकर, जाति, उपजाति, आखिर संस्कारों का क्या अर्थ है इनके शब्दकोश में या जीवन-दर्शन में? पहले संस्कारों का दबाव इन्हें अमेरिका तक ले गया। अब वही लड़के से ज्यादा उसके पर्क्स, ठाठबाट की तलाश करा रहा है। एक सीधे-सादे इनसान को क्या इतना असबाब चाहिए? इन तथाकथित संस्कारों की इच्छा समाज को किस दिशा में धकेलेगी?

ऊँचे संस्कारवाले एक और महामहिम की मुश्किल और भी बढ़ी है। बड़ी बेटी के लिए अच्छा अफसर मिल गया, तो छोटी को भी वैसा ही चाहिए, बल्कि इक्कीस। गलत प्रतिमानों के प्रतिस्पर्धावाले समाज में अच्छी बातों के भी आयाम कितने बुरे हो सकते हैं! 'मैं क्या किसी से कम हूँ?' उन्हें भी वैसा ही अफसर चाहिए। वह भी सरकारी। 'प्राइवेट भी कोई नौकरी होती है!' इक्कीस की तलाश में वे कब की इकत्तीस पार कर गई हैं और इस उम्र तक सिविल सर्विस के चाँद भी कहाँ बचे रहते हैं शादी को! लेकिन इन संस्कारों की जकड़न से बाहर नहीं आना चाहतीं। वैसे, बेटी मर्जी से ढूँढ़ने के बारे में सोच भी नहीं सकती, या कहिए ऐसा सोचना भी संस्कार-विरुद्ध है। आरोप-प्रत्यारोपों ने एक सुखी परिवार को संस्कारहीनता की हद तक पहुँचा दिया है।

आइए, अब दूसरे पक्ष पर आते हैं। एक मित्र थे विश्वविद्यालय में। बुद्धिमान, होनहार, सुंदर, सभी कुछ। बैंक में अफसरी भी तुरंत मिल गई। लड़कियाँ उन पर मरतीं और वे उन पर। लेकिन शादी के लिए वर्षों भटकते रहे। सैकड़ों को निराश किया और खुद भी हुए। न केवल वह स्वयं, बल्कि उनका परिवर भी। शादी होते-होते पैंतीस पार हो गए। लड़की, दस वर्ष छोटी, एयर इंडिया की नौकरी में थी। वे चाहते थे कि पत्नी आई.ए.एस. में बैठे और सफल हो—उस परीक्षा में, जिसमें वे स्वयं पराजित हो चुके थे। शादी भी शायद उन्होंने इसी संभावना से की थी। नवविवाहिता पत्नी को जगह-जगह जबरदस्ती सलाह के लिए ले जाते। इतने घंटे पढ़ो, इतने घंटे घर में। साल भर में ही तलाक हो गया। वे फिर किसी चाँद के टुकड़े की तलाश में हैं। दिल्ली के आस-पास की संस्कृति में चाँद की तलाश और भी ज्यादा है, बनिस्बत गुजराती, बंगाली, मराठी, मलयाली के। जो मिल जाए, वही चाँद है इनके लिए। जब रहना जमीन पर है, तो चाँद की तमन्ना क्या!

और वैसे भी क्या शादी चाँद का पर्याय है?

शादी के कार्ड

पिछले दिनों एक माह के अंतर से दो शादियों के निमंत्रण मिले। दोनों में अभूतपूर्व समानता। कार्ड के आकार इतने बड़े थे कि उनको बिना फोल्ड किए केवल छोटे ब्रीफकेस में ही रखा जा सकता था। उतना ही भव्य, मोटा, चिकने गत्ते का लिफाफा जितने कि उसके अंदर दो कार्ड। शादी का अलग, स्वागत समारोह का अलग। रेशमी फुँदनों से बँधे एक कार्ड का वजन 250 ग्राम से कम नहीं होगा। अंदर-बाहर गोल्डन प्रिंटिंग। कार्ड से ही शादी की भव्यता का अनुमान लगाया जा सकता है।

आपकी जानकारी में मैं और मदद करूँगा। दोनों ने अभी-अभी संघ लोक सेवा आयोग द्वारा संचालित परीक्षा पास करके नौकरी शुरू की है। अभी ट्रेनिंग में हैं। लगभग एक-से विवरण। बारात चलने से पहले एक होटल में एकत्र होना, शादी दूसरे में और स्वागत समारोह तीसरे में। होटलों के नामों से लगता है कि तीन सितारा से कोई कम नहीं होगा।

मैं कार्डों को देख कर चौंका जरूर, लेकिन जितना पहली बार चौंका, उतना दूसरी बार नहीं। लेटर बॉक्स में कैसे आया होगा? पोस्टल स्टांप देखी, तो मात्र एक रुपए की ही थी—'बुक पोस्ट' का सदुपयोग करते हुए। कितने कार्ड छपे होंगे? ऐसी शादियों के कार्ड हजार-दो हजार से कम कभी नहीं छपते। एक और अनुभव इस संबंध में। एक अजीज की शादी थी। उनके श्वसुर भी ऐसे ही एक विभाग में थे। मित्र ने आने का अनुरोध किया कि 'चंद' चुने हुए लोगों को ही आमंत्रण दिया है। चंद लोगों में हम भी शामिल हैं, इसलिए पहुँचे और वक्त से पहले पहुँचे। लेकिन 'चंद' में हजारों शामिल थे। सोचा, उनका 'चंद' सर्किल ही इतना बड़ा है! बाद में पता चला कि लड़की के पिता जिस विभाग में थे, उसके सभी कस्टमरों को कार्ड दिए गए थे, और क्योंकि वे सभी व्यवसायी थे, इसलिए न आने का मतलब उन्हें पता था।

इनमें से एक ने सिविल इंजीनियरी की पढ़ाई की है। रुड़की से टॉप किया है, फिर इधर आए हैं। इनके पिता एक छोटे व्यवसायी हैं। पुत्र को सैनिक स्कूल में हॉस्टल में रखकर पढ़ाया है। दूसरे नवयुवक डॉक्टर हैं, मेरठ मेडिकल कॉलिज से। इनके पिता भी डॉक्टर हैं और भाई भी। डॉक्टरी के बाद भारतीय राजस्व सेवा।

दोनों बेहद नम्र, विनयशील, आज्ञाकारी, भद्र, आदर्श बच्चे हैं। आप खुर्दबीन लगा कर भी कोई नुक्स नहीं खोज सकते। मेरे ही पाठ्यक्रम में थे चार महीने तक, जिसे आधारभूत पाठ्यक्रम कहते हैं; हर काम के लिए तत्पर। उन्होंने मुझे सरेआम भलेपन के सर्टीफिकेट दिए और मैंने उन्हें।

मेरे सामने अपने एक रिश्तेदार का चेहरा कौंध रहा है। वह अपने पिता के साथ आए थे। उन्हें सेवाओं का चुनाव करना था। घंटों इस पर जूझते रहे कि किस सर्विस में क्या-क्या सुविधाएँ हैं? कलक्टर और कस्टम-कलक्टर में कौन

पॉवरफुल है? सीबीआई अच्छी है या पुलिस? गाड़ी किसमें मिलती है? बीच-बीच में यह भी दोहराते जाते–नौकरी ऐसी हो, जिसमें आप तुरंत निर्णय लेकर जनता का भला कर सकें। कुछ कर दिखाने का मौका हो। बोले, 'मैं प्राइवेट सेक्टर में हूँ। मैं जानता हूँ प्राइवेट सेक्टर में कितना काम लेते हैं।' प्राइवेट सेक्टर में काम लेते हैं और सरकारी क्षेत्र में ये बिना काम किए जनता की सेवा में कुछ कर दिखाना चाहते हैं। ऐसे ही आदर्श और संस्कारों के घालमेल का प्रमाणपत्र हैं ये शादी के कार्ड–जनता की सेवा शुरू करने से पहले ही व्यभिचार की हद तक का आत्मप्रदर्शन, जिससे वे विशिष्ट नजर आएँ। 'भूतो न भविष्यति'। सेवा से नहीं, ठसके के बूते समाज उनकी इज्जत करे। भव्य बनने, दिखने की यह शुरुआत ही सारे संकटों–भ्रष्टाचार, उपभोक्तावाद आदि की शुरुआत है।

लेकिन गलती कहाँ हुई? पिछले दिनों गांधी जी के पत्रों की नीलामी के सिलसिले में यह रहस्य उद्घाटित हुआ था कि इनमें से अधिकांश पत्र गांधी जी ने उन पुर्जों, लिफाफों के पीछे लिखे थे जो पुर्जे-पत्र आदि उन्हें प्राप्त होते थे। यह इस डूबती सदी की शुरुआत की बातें हैं जब न पर्यावरण को बचाने का शोर था, न मितव्ययता का, न इतनी सरकारी घोषणाओं का। गांधी जी इतने भारी-भरकम डॉक्टर, इंजीनियर भी नहीं थे जो अर्थव्यवस्था के इन प्रश्नों को इतनी गहराई से जानते होंगे जितने कि कंप्यूटर युग में शिक्षित ये नौजवान। जानना एक बात है, उस पर अमल करना दूसरी। क्या हमारी शिक्षा अमल करना सिखाती है?

मेरे सामने संकट है। मैं क्या करूँ? कैसे समझाऊँ? लिखूँ कि शादी के कार्ड केवल एक जरिया है शुभ समाचार देने का, पहुँचाने का; भव्यता के प्रदर्शन का नहीं। हम पढ़े-लिखों की जिम्मेदारी और भी ज्यादा है। यहाँ लेकिन क्या वे तुम्हारे इतने सुझाव से मान जाएँगे? न मानें। यदि हम अपने नजदीकी समाज, मित्र, परिवार को ही बदलने का प्रयास नहीं करेंगे, तो दूर का कोई क्यों सुनेगा और हमें क्या नैतिक अधिकार है, दूर-दराज के लोगों और समाज को उपदेश झाड़ने का? मैंने बधाई भेज दी है। कुछ डरते-डरते ये बातें भी लिख दी हैं, लेकिन मैं अभी भी फ़ैसला नहीं कर पा रहा कि इस शुभ अवसर पर यह मैंने अच्छा किया या बुरा।

ऐसे में नैतिकता कहाँ से लाएँ?

अरुण कुमार त्रिपाठी

देखा जाए तो यह सवाल मानव सभ्यता के हर दौर में रहा है। जिस तरह कोई पर्वतारोही जब ज्यादा ऊँचाई पर जाता है तो ऑक्सीजन की कमी का सामना करना पड़ता है, उसी तरह जब सभ्यता ज्यादा 'भौतिक ऊँचाई' पर चढ़ती है तो उसकी नैतिकता का ऑक्सीजन घटने लगता है। ऐसे में या तो 'ऑक्सीजन' की अतिरिक्त सप्लाई करनी पड़ती है या उसे नीचे उतर आने की सलाह दी जाती है। सभ्यताओं के उत्थान-पतन का चक्र इसी से बनता है। सभ्यता के हर दौर में यह विवाद रहा है कि नैतिकता को परिभाषित कौन करेगा? उसका निर्धारण कौन करेगा? कुछ ज्ञानी और सच्चरित्र व्यक्ति करेंगे या भीड़, उसका नेता या 'जनमत' करेगा? राज्य करेगा, धर्म करेगा या राजनीति करेगी? विज्ञान करेगा या चमत्कार करेगा? हमारे दौर में जब विचारधाराओं को जन्म देनेवाले यूरोप और उसके आधुनिक माई-बाप अमेरिका के दार्शनिकों ने विचारधारा के अंत और इतिहास के अंत की घोषणा कर दी है, तब नैतिकता का सवाल और भी चुनौतीपूर्ण हो गया है। राजनीतिक विचारधाराओं के पछाड़ खा कर गिरने के बाद स्थानीय और अंतरराष्ट्रीय नैतिकता की स्थिति और भी कमजोर हो चली है। अब सभ्यताएँ या तो टकरा रही हैं या वैश्वीकरण के बहाने एक-दूसरे का शोषण कर रही हैं। दूसरे को दबाने या नष्ट करने का सिद्धांत ही संयुक्त राष्ट्र संघ का अलिखित चार्टर बनता जा रहा है और इसी सिद्धांत के तहत एक बिलकुल नकारा हो चुकी अंतरराष्ट्रीय संस्था सुरक्षा परिषद में सुधार करने की जद्दोजहद चल रही है। ऐसे में यूरोप से ले कर अमेरिका, अरब देश और एशिया तक धर्मों का पुनरुत्थान हुआ है। वेटिकन में कट्टर पोप का आगमन हो रहा है। अमेरिकी राष्ट्रपति जॉर्ज बुश सार्वजनिक तौर पर बार-बार ईसाई धर्म और निजी तौर पर एक गुप्त पंथ की शरण ले रहे हैं। भारत में इस्लाम उदार बन नहीं पा रहा और दूसरी तरफ हिंदू धर्म भी अनुदारता की राह पर चल निकला है। विचार को तिरस्कृत कर दिए जाने के बाद अब नैतिकता का ठेका या तो धर्म के पास वापस चला गया है या प्रौद्योगिकी के तेज़ी

से बदलते साइबर स्पेस या कारों में बढ़ते लेग स्पेस के अनुसार नैतिकता की परिभाषा रैम पर अपने कपड़े बदल रही है। चूँकि प्रौद्योगिकी को बढ़ने और बदलने के लिए बाजार चाहिए और बाजार को बढ़ने के लिए प्रौद्योगिकी चाहिए, इसलिए बाजार नैतिकता का नया मठ बन कर उभरा है। वह नैतिकता के नए नियम बना पा रहा है, ऐसा तो नहीं कहा जा सकता, पर नैतिकता के जितने भी नियम हैं, वह सभी को खंड-खंड कर रहा है। उसका सारा जोर मनुष्य की देह और उससे जुड़ी यौन क्रियाओं पर है। उसके व्यापार का सारा ताना-बाना उसी के इर्द-गिर्द घूम रहा है। इसके लिए वह बच्चों, किशोरों, अधेड़ों और बूढ़ों से ले कर पशु-पक्षियों तक की यौन क्रियाओं को ले कर, एमएमएस, सीडी और साइट चलाने में संकोच नहीं करता। ऐसे में जरूरत पड़ने पर कभी वह सेक्स श्रमिकों के पक्ष में रोजगार और ट्रेड यूनियन के तर्क देने लगता है, तो कभी पूँजीवाद की तरफ से काम के नियत घंटे समाप्त करने के लिए बोलता है। बाजार की यह प्रक्रिया होटलों, दुकानों और शॉपिंग मालों तक सीमित नहीं है। वह विद्यालयों, महाविद्यालयों और विश्वविद्यालयों में हर तरह से घुस गई है। वह इमारत, पाठ्यक्रम इंटरनेट और पुस्तकों तक ही सीमित नहीं है। वह छात्राओं की देह से चिपक गई है और संस्थाओं के नियम-कानून की धज्जियाँ उड़ा कर उन्हें वहीं से देह प्रदर्शन के लिए उकसा रही है। बाजार के 'दार्शनिक' हैं विज्ञापन और प्रबंधन के गुरु। उनके नैतिकता निर्धारण का तरीका है सर्वेक्षण और सूचकांक। उसी से वह लोगों के आर्थिक, सामाजिक और मनोवैज्ञानिक सुखों को माप लेता है और नैतिकता के नए-नए मापदंड बनाता है। नैतिकता का यह नियम लोक पर लाभ को वरीयता देता है और वास्तविक दार्शनिकों की जगह पर छद्म नायकों और दार्शनिकों को महत्व देता है, बुद्धि और विवेक की जगह पर देखा-देखी को महत्व देता है और सही और अच्छे लोगों की जगह पर भीड़ को महत्व देता है। यहाँ सुकरात और क्रीटो के बीच जेल में हुए संवाद के अंश का उल्लेख करना—अप्रासंगिक नहीं होगा।

> सुकरात : क्या भला है और क्या बुरा है, क्या नीचता पूर्ण है और क्या सम्मानजनक है, क्या सही है और क्या गलत है। यानी इन...प्रश्नों पर क्या हमें बहुत-से लोगों के मतों पर चलना चाहिए या जो इन चीजों का जानकार है (बशर्ते कि ऐसा व्यक्ति मिले) और हमें दूसरों की तुलना में उसके सामने अधिक भय और शर्म का अनुभव करना चाहिए? यदि हम डॉक्टर की बात न मानें, तो हम अपने उन अंशों को पंगु बना देंगे जो सही व्यवहार से उन्नत होते हैं और बुरी बातों से पंगु बन जाते हैं। ...क्या भलाई-बुराई संबंधी प्रश्न को शरीर से कम महत्व देना उचित होगा?...तो मेरे प्रिय बंधु, हमें इस बात पर नहीं जाना चाहिए कि बहुत-से लोग क्या कहेंगे। हमें सिर्फ यह सोचना चाहिए कि जो भलाई और बुराई को समझ सकता है वह क्या कहता है

और सत्य किस पक्ष में है। आप जब सम्मानजनक और अच्छे तथा विपरीत जानेवाले कार्यों के निर्णय का भार भीड़ पर छोड़ते हैं, तो आपकी शुरुआत ही गलत होगी। हाँ, कहा जा सकता है कि भीड़ हमें मौत की सजा दे सकती है।

सुकरात का यह कथन नैतिकता का कुतुबनुमा है। वह अच्छाई और बुराई में फर्क करने का तरीका तो बताता ही है, साथ में यह भी बताता है कि सत्य और संयम के साथ, भीड़ के शोर का द्वंद्व हमेशा से रहा है। उस जमाने में युवकों से फीस ले कर उन्हें तर्क सिखानेवाले सोफिस्ट थे, तो इस जमाने में सच के ऊपर झूठ का पहाड़ खड़ा करनेवाला 'मीडिया' है। बाजार और उसका भरोसेमंद साथी मीडिया किस तरह से प्रेरक व्यक्तियों और घटनाओं को भुला रहा है, इसका एक यूरोपीय उदाहरण ध्यान देने लायक है। जून के महीने में प्रसिद्ध फ्रांसीसी दार्शनिक ज्याँ पाल सार्त्र की जयंती आती है। इस साल (2005) उन्हें फ्रांस में किसी ने याद नहीं किया। ऐसी ही स्थिति 1989 में भी हुई थी। फ्रांसीसी क्रांति के दो सौ वर्ष होने पर सारी दुनिया पेरिस की तरफ बड़ी हसरत से देख रही थी। सभी को उम्मीद थी कि इस अवसर को जोर-शोर से मनाया जाएगा और स्वतंत्रता, समता और विश्व बंधुत्व के सिद्धांतों को नई ऊर्जा प्रदान की जाएगी। पर हुआ उलटा। वहाँ फ्रांस की क्रांति की जितनी प्रशंसा हुई, उससे ज्यादा आलोचना। उसकी विफलता की चर्चा विस्तार से की गई।

यह प्रक्रिया पूरी दुनिया में चल रही है। बीसवीं सदी अपने सातवें-आठवें दशक तक जिन महान मूल्यों और व्यक्तित्वों से प्रेरणा प्राप्त करती थी, वे या तो खंड-खंड कर दिए गए या फिर उन्हें बाजार का ब्रांड बना कर हास्यास्पद बना दिया गया। हालाँकि स्वतंत्रता, समता और बंधुत्व जैसे आदर्श दुनिया के किसी हिस्से में एक साथ स्थापित नहीं हो पाए। कहीं स्वतंत्रता का आदर्श रहा, कहीं समता का, तो कहीं बंधुत्व का। पर यह उम्मीद जरूर थी कि वे एक साथ कायम किए जाएँगे। पर अब चूँकि उस परियोजना को ही छोड़ दिया गया है, इसलिए अब ऐसी उम्मीद की नहीं जा सकती है।

वैसे तो अमेरिका अपनी फौजें भेज कर और गुएंटनामो तथा अबू गारेब जैसे 'सुधारगृह' चला कर इस्लामी समाज को मुक्ति के मार्ग (रोड टू फ्रीडम) पर ले जा रहा है। पर 'एंपायर' के विश्लेषकों की मानें तो वह दुनिया में दो ही आदर्श स्थापित कर रहा है। एक है सत्ता का आदर्श और दूसरा है धन का आदर्श। यही दोनों, व्यक्ति के आदर्श हैं और यही सभ्यता के आदर्श। इन्हीं के बताए रास्ते पर चलना, इन्हीं के आगे नतमस्तक होना और इन्हीं के कहने पर ठहर जाने का प्रशिक्षण दिया जा रहा है। 'बंधुत्व' का अर्थ दुनिया के अमीर और शक्तिशाली व्यक्तियों और राष्ट्रों के एक साथ बैठने, विचार करने और मिल कर किसी कमजोर

पर हमला करने से लिया जा रहा है। 'स्वतंत्रता' का अर्थ दरअसल पूँजी के स्वच्छंद विचरण करने और बड़ी कंपनियों द्वारा जहाँ चाहे और जो चाहे व्यापार करने से है। इसका अर्थ इससे भी लिया जा रहा है कि वे जिस कंपनी को चाहें, बेच दें, जिसमें चाहें विलय कर लें और जिसे चाहें दिवालिया घोषित कर दें और जिस लाचार समुदाय को जहाँ से चाहें विस्थापित कर दें। इसी तरह 'समता' का अर्थ दुनिया के अमीर देशों की विकास दर के नजदीक कुछ और देशों के पहुँच जाने से और विकासशील देशों के कुछ और लोगों के अमीर बन जाने से है। 'समता' का अर्थ न तो सभी को ज्ञान प्राप्त करने का सामान्य अवसर प्रदान करने से है और न ही कंपनी के बड़े मैनेजर व चपरासी के वेतन में अधिकतम समानता कायम करने से। बल्कि बड़े मैनेजर के वेतन की अंतरराष्ट्रीय स्तर से समानता कायम की जानी चाहिए और चपरासी के वेतन की स्थानीय स्तर पर। समता का एक अर्थ उन अफ्रीकी देशों का कर्ज माफ करने से भी है जो अमीर देशों और उनकी कंपनियों के आर्थिक शोषण से जर्जर हो चुके हैं और गृहयुद्ध में फँसे हुए हैं। पर इसी के साथ उन पर 'सुधार' की शर्तें थोप देने से भी समता का अर्थ लिया जाता है।

इसी तरह 'लोकतंत्र' का भी अर्थ 'जनता का, जनता द्वारा और जनता के लिए' की परिभाषा से नहीं लिया जाता। अब लोकतंत्र का अर्थ पूँजीवाद से लिया जाता है। क्योंकि लोकतंत्र का आर्थिक ढाँचा पूँजीवादी है, इसलिए पूँजीवाद ही लोकतंत्र है। चूँकि पूँजीवाद वही करता है जिससे लाभ होता है, इसलिए ऐसा कोई काम न किया जाए जिसमें लाभ न होता हो या 'कम लाभ' होता हो। यहाँ 'कम लाभ' एक तुलनात्मक सिद्धांत है। वह फिसलन भरा है। इसलिए वह राज्य और लोकतंत्र को कभी भी कोई काम करने और छोड़ने के लिए प्रेरित कर सकता है। इसी सिद्धांत के चलते राज्य शिक्षा और स्वास्थ्य जैसी बुनियादी जिम्मेदारियों को त्याग चुका है। अब देखते हैं वह कानून और व्यवस्था और बाह्य सुरक्षा को कब त्यागता है।

महात्मा गांधी हमारे स्वाधीनता संग्राम के सबसे आदरणीय पुरुष थे। उन्होंने सार्वजनिक जीवन में नैतिकता के लिए दो बड़े आदर्श कायम किए थे। एक सत्य और दूसरा अहिंसा का। यह आदर्श वे धर्म के बगीचे से लाए थे और उसे राजनीति के आँगन में रोप दिया था। इन आदर्शों पर राजनीति उतनी दूर तक चली जितनी चाबी गांधी भर पाए थे। लेकिन बाद में राजनीति में अपने लिए 'फलदार' वृक्ष और दूसरों के लिए खरपतवार रोपने की मुहिम चल पड़ी। कुछ लोग धर्म और समाज के आँगन से छतनार वृक्ष की जगह पर नागफनी ले आए और उसे सार्वजनिक जीवन में रोप दिया। राम के नाम पर मर्यादा, बंधुत्व और त्याग, तपस्या का आदर्श कायम करने की बजाय झूठ, वैमनस्य, उपद्रव और सत्तालोलुपता का आदर्श स्थापित

किया गया। उधर सामाजिक न्याय के नाम पर लूट, भ्रष्टाचार और जातिवाद कायम किया गया।

इसलिए आज 'नैतिकता' या तो राजनीति के पशुबल के चंगुल में फँस गई है या फिर बाजार के धनबल के चमकीले जाल में। समाज की नैतिक आवश्यकता को परिभाषित करने के लिए दोनों ओर जनमत सर्वेक्षण कराए जाते हैं। उसमें भी हार-जीत और माँग-आपूर्ति पर ज्यादा जोर रहता है। अच्छाई-बुराई और नैतिकता उसके बाय-प्रोडक्ट हैं। समाज का भला-बुरा बताने के लिए कुछ लोग कभी-कभी 'बिग फाइट' करते हुए दिखते हैं, पर लगता है वे अपने दल और समूह के दायरे से बाहर निकलने को तैयार नहीं हैं। उधर समाज में ऐसे दार्शनिक और नैतिक नेतृत्व का अभाव है जो कोई व्यापक प्रभाव या प्रेरणा उत्पन्न कर सके। कुल मिला कर अगर देश में ले दे कर सबसे बड़ा 'नैतिक' कद किसी का दिखता है, तो वह कांग्रेस की अध्यक्ष सोनिया गांधी का। लेकिन एक विवादास्पद हो चुके शासक परिवार से संबंधित होने और संप्रेषणीयता व संघर्ष की सीमाओं के कारण उनसे सिर्फ यही उम्मीद की जा सकती है कि वे कांग्रेस पार्टी पर थोड़ा-बहुत प्रभाव डालती रहेंगी। छोटे कद के प्रधान मंत्री को ईमानदार बनाए रखेंगी, ताकि उदारीकरण पर लोगों का संदेह कम हो।

पर राज्य और समाज में अनैतिकता की सप्लाई लाइन काट कर उसे कोई ऊर्जा दे सकेंगी, ऐसा कतई नहीं लगता। हिंदूवादी दायरे में नैतिकता का एक ध्रुव राष्ट्रीय स्वयंसेवक संघ और उसके नेता सुदर्शन का भी है। पर जब वे सत्ता में बैठने पर अटलबिहारी वाजपेयी पर कोई लगाम नहीं लगा सके और आज सत्ता के लिए बेचैन लालकृष्ण आडवाणी पर विशेष नियंत्रण नहीं लगा पा रहे हैं, तो वे व्यापक हिंदू समाज को नैतिक बना पाएँगे या वैश्वीकरण के इस दौर में भारतीय नैतिकता को परिभाषित कर पाएँगे, उसकी संभावना नहीं दिखाई पड़ती। नैतिकता के कुछ और केंद्र वामपंथी दलों और उनके नेताओं के रूप में देखे जा सकते हैं। इनमें ए. बी. बर्धन और प्रकाश करात का भी उल्लेख किया जा सकता है। पर इनकी नैतिकता राजनीतिक सिद्धांतों से ज्यादा निजी जीवन तक सीमित रह गई है। राजनीतिक सिद्धांतों के लिहाज से उनकी कथनी-करनी का अंतर बढ़ता जा रहा है उनके राज्य स्तरीय सिद्धांत अलग हैं, तो राष्ट्र स्तरीय सिद्धांत अलग।

न्यायपालिका, मीडिया और समाज सेवा के क्षेत्र ऐसे हैं जिनसे नैतिकता की रक्षा की एक हद तक उम्मीद की जा सकती है। बल्कि पिछले 15 वर्षों से राजनीति ने भी अपनी नैतिकता की रक्षा का जिम्मा न्यायपालिका को सौंप रखा है। रामजन्म भूमि और बाबरी-मस्जिद जैसा विवाद हो या विधायकों के दल-बदल जैसी घटनाएँ हों, राजनीति इसमें लगातार अपने को अक्षम पा रही है। उसने इन मामलों में भले-बुरे और सही-गलत का निर्णय करने का काम न्यायपालिका के

हवाले कर रखा है। यहाँ तक कि प्रदूषण और अतिक्रमण हटाने का काम भी न्यायपालिका की पहल पर हो रहा है। लेकिन सभी मामलों में न्यायपालिका सफल रही है और युगीन नैतिकता पर कोई स्पष्ट दृष्टि दे सकी है, ऐसा कहा नहीं जा सकता। नैतिकता के एक और पहरेदार के तौर पर मीडिया से भी उम्मीद की जाती है। कभी पत्रकार अरुण शौरी को भारत का अघोषित 'लोकपाल' कहा जाता था। आज न उनकी ऐसी छवि है न ही उनकी जैसी छविवाला कोई पत्रकार उभर पाया है, फिर भी मीडिया ने असामान्य स्थितियों में उम्मीदें जगाए रखी हैं। लेकिन उस पर 'प्रोफेशनल' होने का 'क्रेज' इतना चढ़ चुका है कि किसी मामले पर लंबे समय तक अभियान चलाने और तह तक जाने की उम्मीद की नहीं जा सकती। बल्कि मीडिया में समाज की नैतिकता से गिरानेवाले कार्यक्रमों की बहुतायत है। अनैतिक कार्यक्रमों की रेटिंग हाई रहती है। इसमें कुछ अपवाद भी है, पर अपवाद नियम को मजबूत ही करते हैं।

समाज सेवा का क्षेत्र भी प्रोफेशनलों के हाथ में चला गया है। उनका उद्देश्य समाज में सेवा और स्वावलंबन की नैतिक भावना भरने के बजाय सेवा क्षेत्र के बड़े कोष का प्रबंध न करना और उसके ग्लैमर का मजा लेना है। इन स्थितियों को देखते हुए लग रहा है कि नैतिकता के स्रोत लगातार सूख रहे हैं और यह सवाल बड़ा होता जा रहा है कि नैतिकता कहाँ से लाएँ?

कम्युनिस्ट घोषणा की भविष्यवाणी के अनुसार अब समाज के सारे रिश्ते आर्थिक हो चले हैं और उनके विवादों और टकरावों का हल किसी नैतिक या विधिक सत्ता द्वारा करने की बजाय हिंसा और हल किए जा रहे हैं। देश की राजधानी के सौ किलोमीटर के दायरे में इंजीनियरिंग जैसी डिग्री के धारक बच्चों का अपहरण कर रहे हैं। पिता पुत्र की हत्या कर रहा है, पुत्र माँ की हत्या कर रहा है। यौन संबंधी जोर-जबरदस्ती से कोई रिश्ता बच नहीं पाया है। अहिंसा में विश्वास करनेवाले संप्रदाय बालिका भ्रूण हत्या पर जोर दे रहे हैं। जो जितने पढ़े-लिखे और समृद्ध हैं, वहाँ स्त्री-पुरुष अनुपात उतना ही कम है। जो जितना बड़ा अपराधी है, वह उतने ज्यादा वोटों से चुनाव जीतता है। जो अधिकारी देश दुनिया में कर्तव्यनिष्ठा के लिए सम्मानित होता है, वही बाद में राहत कामों में भ्रष्टाचार करता पकड़ा जाता है। यह स्थिति नैतिक निराशा का वातावरण बनाने के लिए काफी है।

ऐसे वातावरण में समाज या तो अराजकता की तरफ जाता है या तानाशाही की तरफ। जिन्हें इन दोनों रास्तों से अलग लोकतांत्रिक विकल्प पर विश्वास है उन्हें नैतिकता के विद्युत कणों के समन्वय में जुट जाना चाहिए। ताकि इस सदी को नैतिक ऊँचाई प्रदान कर सभ्यता और पृथ्वी को बचाया जा सके।

एक निरंतर संघर्ष

विभांशु दिव्याल

क्या इस युग में नैतिकता का प्रश्न उठाना, नैतिकता की बात करना और नैतिकता का आग्रह करना एक बेमानी और बेतुका जैसा काम नहीं लगता? आखिर किसे जरूरत है नैतिक होने की? कौन किससे नैतिक होने और बने रहने की अपेक्षा करे? नैतिकता को किन आधारभूत तत्वों के आधार पर पुनर्व्याख्यायित किया जाए और क्यों, किसके हित में, किसके लिए?

अगर नैतिकता धर्म का हिस्सा है तो पूरी दुनिया में लाखों चर्च, मस्जिद, मठ, मंदिर, गुरुद्वारे, आश्रम, पीठ, संस्थान और उनसे जुड़े लाखों पादरी, मौलवी, पंडित, ग्रंथी आदि धर्म की आवाज गुँजा रहे हैं। वे सतर्क और मुस्तैद हैं कि उनके द्वारा उठाया गया धर्म का झंडा झुकने न पाए और अपने धर्मध्वज के लिए वे इतने सन्नद्ध हैं कि मर भी सकते हैं और मार भी सकते हैं। तो क्या वे अपने-अपने धर्म की पैरोकारी के साथ इनसे जुड़ी नैतिकताओं की पैरोकारी नहीं कर रहे? और अगर कर रहे हैं तो फिर वह दुनिया को स्वीकार क्यों नहीं है? एक भिन्न नैतिकता की जरूरत आखिर क्यों पड़ रही है?

अगर नैतिकता का संबंध राष्ट्रों की व्यवस्थाओं से है, तो पूरी दुनिया के राष्ट्र किसी-न-किसी राजनीतिक व्यवस्था के तहत विधान-संविधान से संचालित हैं। हर राष्ट्र अपने विशिष्ट कानूनों के तहत अपने नागरिकों को करणीय और अकरणीय कर्मों की संहिता में बाँधता है। जो करणीय है वहीं नैतिक हैं; जो अकरणीय हैं वह अनैतिक हैं, आपराधिक हैं, दंडनीय हैं। यानी हर देश के पास नैतिकता और अनैतिकता की व्याख्याएँ हैं और नैतिकता को लागू कराने की व्यवस्थाएँ भी। इन व्यवस्थाओं में कहीं धर्म नियामक तत्व है, तो कहीं पूरी तरह बहिष्कृत। दुनिया के अधिकांश राष्ट्रों की प्रशासकीय व्यवस्थाओं में धर्म केंद्रीय तत्व नहीं है, लेकिन नागर जीवन में धर्म बहिष्कृत भी नहीं है। लोग राज्य की नैतिकताओं को भी मानते हैं और धर्म की नैतिकताओं को भी। कहीं धर्म की नैतिकताएँ राज्य पर हावी हो जाती हैं, तो कहीं राज्य की नैतिकता के आगे धार्मिक

नैतिकताएँ गौण हो जाती हैं। भारत, पाकिस्तान, अफगानिस्तान, इराक, ईरान, चीन, और फिर जर्मनी, इंग्लैंड, फ्रांस जैसे देशों को एक साथ रखें तो इनमें धर्म और राज्य संबंधी नैतिकताओं के जितने भी युग्म हो सकते हैं, वे सब दिखाई दे जाते हैं। अगर राष्ट्रों के बीच आपस में कोई विवाद की स्थिति पैदा होती है तो वहाँ भी व्यवहार के नियम हैं, संयुक्त राष्ट्र है जिस पर दुनिया के देशों को एक-दूसरे के प्रति नैतिक बनाए रखने की जिम्मेदारी है।

मतलब यह कि आज की दुनिया में कोई भी देश और किसी भी देश का कोई भी नागरिक नैतिक व्यवस्थाओं की परिधि से बाहर नहीं है। दुनिया के हर व्यक्ति को किसी-न-किसी नीति संहिता का पालन करना ही है। तब फिर संकट क्या है? वर्तमान नैतिकता को जाँचने-परखने और पुनःपरिभाषित करने की जरूरत क्या है? दुनिया जैसी चल रही है, दुनिया के देशों की आंतरिक व्यवस्थाएँ जिस तरह से चल रही हैं और जिन नैतिकताओं के अंतर्गत चल रही हैं उन्हें अगर वैसे ही चलने दिया जाए तो मनुष्य जाति का भविष्य क्या होगा? वर्तमान नैतिकताओं के रहते क्या मनुष्य जाति को सचमुच कोई खतरा है? और अगर खतरा है तो सीधा मतलब है कि मौजूदा नैतिकताएँ असफल सिद्ध हो रही हैं; और मनुष्य के भविष्य को उनके सहारे नहीं छोड़ा जा सकता। यानी दुनिया को एक नई नीति संहिता चाहिए—नैतिकताओं का एक नया पुंज, जो मनुष्य जाति के सुरक्षित भविष्य की गारंटी कर सके। और नई नैतिकताओं का यह पुंज वर्तमान चालू नैतिकताओं को नकारे बिना, उन्हें खंडित किए बिना और उनका शवोच्छेदन किए बिना निर्मित नहीं किया जा सकता।

धर्म और राज्यों की वर्तमान नैतिकताओं में आधारभूत विसंगतियाँ हैं। धार्मिक नैतिकताओं का चरित्र मूलतः रूढ़िवादी है। ये नैतिकताएँ इस युग में भी अपना पोषण शताब्दियों पुराने नियमों और विधानों से करना चाहती हैं। इनका सबसे बड़ा संकट यह है कि ये बदली हुई परिस्थितियों के साथ सहज ही तालमेल नहीं बिठा पातीं। जिस समय भौतिक परिस्थितियों, मनुष्य की दैहिक वास्तविकताओं, उसकी मानसिक प्रक्रियाओं के बारे में लाखों तथ्यपरक प्रामाणिक जानकारियाँ उपलब्ध हो गई हैं, जो धर्म के नाम पर प्रचलित तमाम विश्वासों, सिद्धांतों और मान्यताओं को सीधे-सीधे गलत ठहराती हैं और जिनके प्रभाव में आ कर पूरी दुनिया में एक बहुत बड़े वर्ग की मनुष्य और प्रकृति के संबंधों को समझने की भिन्न दृष्टि विकसित हो चुकी है, तब भी धार्मिक नैतिकताएँ अपने आग्रहों को बनाए रखना चाहती हैं। इन आग्रहों के पीछे बहुत-से आर्थिक और राजनीतिक कारण हो सकते हैं। लेकिन यह निर्विवाद है कि दुनिया के सभी बड़े धर्मों की प्रचलित नैतिकताएँ अप्रासंगिक हो चुकी हैं। अगर किसी भी धर्म का मूलभूत तत्व यह है कि ईश्वर एक है, उसी ने सभी मनुष्यों की, जीवों की रचना की है, ईश्वर के

लिए सभी मनुष्य समान हैं, वह सभी के कल्याण की व्यवस्था करता है और ईश्वर का प्रिय वही मनुष्य है जो मनुष्य बिरादरी के अन्य सदस्यों की वैसे ही चिंता करता है जैसे खुद अपनी, तो इस मूल नैतिकता के विरोध की गुंजाइश कम रहती है। धर्मों की मूल नैतिकता है भी यही, लेकिन उनका व्यावहारिक पक्ष इस मूल नैतिकता को अभिव्यक्त नहीं करता। इसके विपरीत हर धर्म संपूर्ण मानवता की विराट बात कह कर तुरंत इस क्षुद्रता पर उतर आता है कि जो उसका धर्म है, वही वास्तविक धर्म है; ईश्वर और मनुष्य के बारे में जो उसके धर्मग्रंथों में कहा गया है, वही सही है; मनुष्य के लिए जो कायदे-कानून उसके धर्मग्रंथों में दिए गए हैं, वे ही वास्तविक कायदे-कानून हैं, और अगर मनुष्य जाति को अपना उद्धार चाहिए तो उसे सिर्फ उसी के धर्म में दीक्षित हो जाना चाहिए। हर धर्म के हजारों-लाखों प्रवक्ता अपने धर्म की श्रेष्ठता का गुणगान करने और दूसरे धर्म के लोगों को अपने धर्म में दीक्षित करने के प्रयास करते और अपने धर्म की श्रेष्ठता की स्थापना में मरने-मारने पर उतारू होते देखे जा सकते हैं। मतलब यह कि हर धर्म का व्यावहारिक रूप उसकी मूल मानवीय चेतना का निषेधक रूप है। इसलिए वह एक सीमित दायरे में अपनी आस्थाओं के सहारे अपने नैतिक स्वरूप को बनाए रख सकता है, लेकिन जैसे ही वह अपने धर्मानुयायियों के दायरे से बाहर के दूसरे लोगों के साथ, दूसरे धर्म या अन्यान्य विचारों के अनुयायियों के साथ अथवा स्वयं अपने ही धर्म के उन लोगों के साथ, जो अपने नव वैचारिक प्रबोधन के कारण धर्म से मुक्त होना चाहते हैं या उसके भीतर भिन्न प्रकार के व्यवहार की आजादी चाहते हैं, उनके साथ रूढ़ धर्म सहज तालमेल नहीं बिठा पाता और टकराव पैदा हो जाते हैं। आज की दुनिया में सैकड़ों ऐसी जगहें हैं जहाँ इस तरह के टकरावों ने मनुष्य समाज के आगे संकट खड़े कर दिए हैं। तात्पर्य यह है कि यदि धार्मिक रूढ़िवादिता, कट्टरता और उसके दुराग्रह वर्तमान युग में मानवीय संकट का कारण बनते हैं, तो उनकी श्रेणी सिर्फ और सिर्फ अनैतिकता की है। स्पष्ट बात यह है कि मौजूदा प्रचलित धर्मों की मौजूदा व्यवहृत व्यवस्थाओं के सहारे इस युग की नैतिकता की व्याख्या नहीं की जा सकती।

दूसरा पक्ष राज्यों की व्यवस्थाओं का है। इन राज्यों का संकट यह है कि ये खंडित नैतिकताओं से परिचालित हो रहे हैं। दुनिया में बहुत कम राज्य ऐसे हैं जो यह दावा कर सकते हैं कि वे अपने सभी नागरिकों को आर्थिक, सामाजिक और सांस्कृतिक रूप से व्यवहार की समान आजादी और सुरक्षा की समान गारंटी दिए हुए हैं। इक्कीसवीं सदी का सबसे बड़ा नैतिक मूल्य मनुष्य मात्र के बीच बराबरी और समानता का है। राज्य प्रायः इस मूल्य की रक्षा में सफल नहीं हो पाते। कभी राज्य पर किसी धर्म विशेष का दबाव रहता है जो जाने-अनजाने एक विशेष धर्म के पक्ष में पक्षपातपूर्ण व्यवहार अपना लेता है। कभी राज्य पर वर्गवादी

दबाव होते हैं जो राज्य को एक विशेष वर्ग के हित में खड़ा कर देते हैं। विभिन्न प्रकार की जातियों आदि में बँटे अनेक प्रकार के सामाजिक-राजनीतिक दबाव समूह राज्य पर अपने-अपने पक्ष में दबाव बनाने का प्रयास करते हैं और राज्य निष्पक्ष व्यवहार नहीं कर पाता। राज्य की संरचना में दबाव समूह पूरी तरह गुँथे हुए होते हैं। इसलिए इस तरह के दबाव समूहों के रहते जो विभिन्न प्रकार के सामाजिक-आर्थिक विभेदों के प्रतीक होते हैं किसी राज्य से समुचित न्याय की उम्मीद नहीं की जा सकती।

अगर भारत जैसे लोकतंत्र को देखें तो समूची लोकतांत्रिक प्रक्रियाएँ, जो सैद्धांतिक रूप से बराबरी और समानता के मुख्य और आधारभूत बिंदु पर खड़ी की गई हैं, अपने व्यावहारिक रूप में समानता के मूल सिद्धांत की धज्जियाँ उड़ाती हैं। भारतीय राज्य जिस संसद और जिन विधान सभाओं के माध्यम से संचालित होता है, उनकी संरचना में वे सारे तत्व निहित हैं जो आधुनिक युग की नैतिकताओं के विरोधी हैं। जाति की सामाजिक असमानता, धर्म की सामाजिक असमानता, धन की आर्थिक असमानता, और इन असमानताओं के सहारे राजनीतिक शक्ति के रूप में संगठित हुए दबाव समूह राज्य के नियामक तत्व हैं। ये तत्व जो समाज की ईमानदारी बरतने की मूल नैतिकता होती है उसे भी नहीं बरत पाते। गाँव की पंचायत से ले कर संसद तक जो हमें लोक प्रतिनिधि दिखाई देते हैं वे, हो सकता है कुछेक अपवाद हों, सामाजिक विसंगतियों यानी विभिन्न प्रकार की अनैतिकताओं के प्रतिनिधि होते हैं। उनकी मूलभूत चिंताएँ सार्वभौमिकता का मुखौटा ओढ़े हुए भी वस्तुतः उनकी अपनी चिंताएँ होती हैं। भारत की लोकतांत्रिक व्यवस्था में आर्थिक और सामाजिक ढाँचे ही रूढ़ नहीं हैं बल्कि न्यायिक और प्रशासनिक ढाँचे भी रूढ़ हो गए हैं। इन ढाँचों का व्यावहारिक पक्ष प्रायः मूल नैतिकताओं का खंडन करता रहता है। भारत के न्यायिक और प्रशासनिक ढाँचे में यह बहुत साफ रूप से दिखाई देता है कि यह ढाँचा प्रायः किसी दबाव समूह के समक्ष झुक जाता है और जो व्यक्ति आर्थिक-सामाजिक-राजनीतिक या किसी अन्य प्रकार का दबाव बनाने में सफल नहीं हो पाता, वह इन ढाँचों से अपने लिए न्याय और सुरक्षा की गारंटी नहीं ले सकता। इसलिए अगर हम भारतीय समाज में नैतिकता की स्थापना की बात करें, तो हमें सारे ढाँचों में, सारी व्यवस्थाओं में परिवर्तन की बात सोचनी होगी। यानी इक्कीसवीं सदी की नैतिकता का रास्ता नैतिकता के मौजूदा सभी सैद्धांतिक और व्यावहारिक ढाँचों को तोड़ कर उनकी पुनर्व्याख्याओं से हो कर गुजरता है।

अगर आज के युग की नैतिकता के कुछ मूल तत्वों की खोज करें तो पहला तत्व व्यक्ति और सार्वभौमिकता के बीच संबंध का है। यानी आज ऐसी नैतिकता की कल्पना नहीं की जा सकती जो किसी स्थान विशेष, किसी समुदाय विशेष या किसी वर्ग विशेष के हितों के अनुकूल हो। भूमंडलीकरण इस दौर की सबसे बड़ी

आर्थिक, सांस्कृतिक सच्चाई है। दुनिया का हर व्यक्ति परोक्ष-अपरोक्ष रूप से भूमंडलीकरण की प्रक्रिया से जुड़ गया है। लेकिन इस प्रक्रिया में एक व्यक्ति एक आर्थिक इकाई के रूप में तो है, लेकिन उसके अस्तित्वगत प्रश्न इसमें समाहित नहीं हैं। इसलिए जो भी उद्यम, उपक्रम, प्रयास व्यक्ति के अस्तित्वगत प्रश्नों को भूमंडलीकरण यानी सार्वभौमिकता के संरचनागत तत्वों में शामिल नहीं होने देते वे सब अनैतिक हैं। व्यक्ति और सार्वभौमिकता के बीच सीधा रिश्ता खड़ा करना या व्यक्ति को एक आर्थिक इकाई न मान कर उसके समूचे जीवन को सार्वभौमिकता से जोड़ना ही नैतिकता है। अगर इसमें राष्ट्रों की भौगोलिक सीमाएँ बाधा बनती हैं और सार्वभौमिकता को समूची मनुष्य जाति के प्रति उत्तरदायी नहीं होने देतीं, तो ये सीमाएँ अनैतिक ही होंगी। नैतिकता इन सीमाओं को तोड़ने और इनको निष्क्रिय तथा निष्प्रभावी बनाने में निहित होगी।

धर्म और राज्य व्यवस्थाओं के संबंध में यह तत्व पुनःस्थापित होना चाहिए कि व्यक्ति इन व्यवस्थाओं के लिए नहीं होता, बल्कि ये व्यवस्थाएँ व्यक्ति के लिए होती हैं। इसलिए धर्म या राज्य की जो भी व्यवस्था और व्यक्ति के बीच किसी भी तरह का विभेद करती है वह अनैतिक है, भले ही उसे किसी भी नाम पर कितना ही महिमामंडित क्यों न किया जाए। इस दृष्टि से दुनिया की किन्हीं भी दो भौगोलिक इकाइयों के बीच तनाव, संघर्ष और युद्ध जो किसी-न-किसी आदर्श के नाम पर और वस्तुतः किसी विशिष्ट समूह के स्वार्थ के लिए, प्रेरित किए जाते हैं, वे अनैतिक हैं। क्योंकि वे व्यक्ति की निजता को अस्वीकार भी करते हैं और उसे नष्ट भी करते हैं। दूसरे शब्दों में, दुनियाभर के सैन्य प्रयास इस युग की अनैतिकता हैं।

इस युग में धर्मनिरपेक्षता नैतिकता का एक बड़ा मूल्य बन कर स्थापित है। लेकिन इस मूल्य का भारत जैसे देश के परिप्रेक्ष्य में सबसे बड़ा संकट यह है कि यह सभी धर्मों की मूर्खताओं, विसंगतियों, रूढ़ियों, अंधविश्वासों और नफ़रतकारी प्रवृत्तियों को संरक्षण देता है। अगर कोई धर्म अपने सिद्धांतों और अपने कर्मकांडों को श्रेष्ठ ठहराता है और उनके प्रचार-प्रसार के लिए अपने आपको स्वतंत्र महसूस करता है तो यह अनैतिकता है। नैतिकता आधुनिक वैज्ञानिक व्याख्याओं के संदर्भ में इन सभी के निषेध और खंडन में है तथा इन्हें उदार और मानवीय बनाने के साथ विवेकसंगत बनाने में है।

भारतीय समाज के संदर्भ में जाति बहुत बड़ी अनैतिकता है। जाति के सामाजिक और आनुवंशिक तौर पर खारिज हो जाने के बावजूद इसकी स्थापना में या इसको बनाए रखने में जो भी प्रयास निहित हैं, वे सब अनैतिक हैं। जाति का मूल चरित्र व्यक्ति और व्यक्ति के बीच भेद का है। इस युग में यह भेद सर्वथा अस्वीकार्य है। इसलिए इस भेद को किसी भी रूप में बनाए रखने के प्रयास अनैतिक

और इसे नष्ट करने के प्रयास नैतिक हैं।

आर्थिक उदारीकरण आज की दुनिया का नया महामंत्र है। लेकिन यह उदारीकरण वस्तुतः चालाक, ताकतवर और असंवेदनशील लोगों को आर्थिक प्रगति के नाम पर स्वयं को संगठित करने, शक्तिशाली समूह के रूप में परिवर्तित करने और अधिकतम संसाधनों पर कब्जा करने की छूट दे देता है। समाज की आर्थिक गतिविधियों पर ऐसे ही समूह जब हावी होने का प्रयास करते हैं तो उनकी प्रतिद्वंद्विता इसी तरह के दूसरे समूहों के साथ होती है। और इस प्रक्रिया में वे लोग जो मानसिक और शारीरिक रूप से कमजोर हैं बहिष्कृत होते चले जाते हैं। राज्य के प्रतिनिधि अपने अस्तित्व के लिए इन समूहों से साँठ-गाँठ करने के लिए बाध्य होते हैं और इनके दलाल के रूप में काम करने लगते हैं। वे लोग दावे जरूर सभी लोगों के हित के करते हैं, लेकिन कमजोर लोगों के बहिष्करण की प्रक्रिया में वे कभी प्रत्यक्ष तो कभी परोक्ष साझीदार की भूमिका निभाते हैं। आर्थिक विकास की जो भी प्रक्रिया कमजोर लोगों को खारिज करती है या उनकी आर्थिक, सामाजिक सुरक्षा की गारंटी नहीं करती, वह अनैतिक प्रक्रिया है। इस युग की नैतिकता हर व्यक्ति को जीने का अधिकार देती है। इसलिए वही आर्थिक संरचना नैतिक है जो इस अधिकार को मान्यता भी देती हो और उसे आवश्यक सुरक्षा भी देती हो।

भारत के लोकतांत्रिक जीवन के नियमन के लिए विधायिका के अलावा कार्यपालिका और न्यायपालिका भी हैं। ये दोनों ही संस्थाएँ अत्यधिक ढाँचा बद्ध और रूढ़ हो गई हैं। समानता के दावे के बावजूद इनका व्यावहारिक पक्ष समतावादी नहीं है। ये व्यवस्थाएँ प्रायः दबाव समूहों की शर्तों पर काम करती दिखती हैं। एक सामान्य आदमी के लिए नागर प्रशासन अथवा न्यायिक प्रशासन को अपने पक्ष में खड़ा करना, अपवादों को छोड़ दें तो, लगभग असंभव काम है। यह व्यवस्थागत अनैतिकता है, जिसका अभी तक कोई निराकरण नहीं किया जा सका है।

नैतिकता का सबसे महत्वपूर्ण और सबसे विवादास्पद पक्ष सांस्कृतिक है। दुनिया का मानव समाज अनगिनत छोटी-बड़ी संस्कृतियों और संस्कृतियों के भीतर की उपसंस्कृतियों में बँटा हुआ है। जन्म से ले कर मृत्यु तक के संस्कारों में, पारिवारिक-सामाजिक संबंधों में, स्त्री-पुरुष के यौन व्यवहार में, नैतिकता के अनेकानेक मानदंड प्रचारित हैं जो स्वीकार्य और अस्वीकार्य के साँचे में मनुष्य के व्यवहार को जड़ देते हैं। आप किससे संबंध रख सकते हैं किससे नहीं, कौन-सा संबंध मान्य है कौन-सा अमान्य, किस एक व्यक्ति से जुड़ने पर संबंध का क्या नाम होगा और किस दूसरे व्यक्ति से जुड़ने पर संबंध का क्या नाम होगा आदि व्यवस्थाएँ सांस्कृतिक ढाँचों के अंदर काम करती हैं। यही सांस्कृतिक ढाँचे यौन तथा इतर मानवीय संबंधों की नैतिकता को तय करते हैं। यही ढाँचे सर्वाधिक

रूढ़ और उग्र भी होते हैं। आज भी यह स्थिति है कि अगर दो भिन्न जातियों अथवा भिन्न संप्रदायों के लड़के-लड़कियाँ शादी कर लें तो उन्हें पंचायतें समाज बहिष्कृत कर देती हैं, नंगा कर घुमा देती हैं या फिर उन्हें सीधे-सीधे मृत्युदंड दे देती हैं। इक्कीसवीं सदी में सामाजिक नैतिकता का यह स्तर हैरानी में डालनेवाला है। भारत जैसे समाज में, जहाँ सांस्कृतिक नैतिकता और कानूनी नैतिकता में इतना विराट फासला है, इस प्रकार की घटनाओं की परिणतियाँ बड़े भयंकर रूप में सामने आती हैं। परिवार-समाज वाले लड़के-लड़की को दंडित करते हैं। कभी-कभी तो हत्या तक कर देते हैं। यह काम वे अपनी सांस्कृतिक नैतिकता के तहत करते हैं। इसके बाद सांविधानिक नैतिकता लड़के-लड़की को दंडित करनेवालों को दंडित करती है। परिणाम यह होता है कि कई-कई परिवार भयावह आर्थिक-सामाजिक संकट में फँस जाते हैं। और प्रायः अपने आपको नष्ट होने से नहीं बचा पाते। इस प्रकार की घटनाओं का महत्वपूर्ण पहलू यह है कि जो लड़के-लड़कियाँ अंतरजातीय अथवा अंतरधार्मिक संबंधों के लिए प्रेरित होते हैं, वे सांविधानिक नैतिकता के कारण ही प्रेरित होते हैं। उन्हें यह एहसास होता है कि देश का कानून उन्हें ऐसा करने की इजाज़त देता है, लेकिन उनका निकटवर्ती समाज नहीं देता, इसलिए प्रायः वे अपने निकटवर्ती समाज से दूर जा कर अपने संबंध को सिरे चढ़ाते हैं।

यौन नैतिकता के संबंध में भारतीय समाज में नैतिकता के तीनों स्तर दिखाई देते हैं—रूढ़, संक्रमणकारी, नव स्वीकार्य। बहुत-से परिवार आज भी जाति संप्रदाय की हदें छोड़ने को तैयार नहीं। वे रूढ़ नैतिकता से बँधे हुए हैं। बहुत-से परिवार इस मामले में रूढ़ बने रहना चाहते हैं, लेकिन उनके परिवार के लड़के-लड़कियाँ अपनी मर्जी से कोई अंतरजातीय अथवा अंतरधार्मिक संबंध बना लेते हैं तो उन्हें कोई एतराज़ नहीं होता। बहुत-से परिवार जाति और संप्रदाय की सीमाओं से मुक्त हो चुके हैं। और वैवाहिक संबंधों को जाति धर्म से जोड़ कर नहीं देखते। यह स्वीकार्य नैतिकता है। रूढ़ नैतिकता दरअसल अनैतिकता है, जो अनुदारता और कट्टरता से पोषण पाती है। इस युग में यौन नैतिकता निजता के अधिकार और गहरी संवेदनशीलता से ही व्याख्यायित की जा सकती है। उसे किसी भी रूढ़ ढाँचे में बाँधना एक अनैतिक स्थिति है। यौन संबंध, विवाह की सामाजिक व्यवस्था से जुड़ा हो अथवा इस व्यवस्था से बाहर हो, दो व्यक्तियों की निजताओं के संबंध में व्याख्यायित होना चाहिए। मगर यह तभी हो सकता है जब व्यक्ति में गहरी संवेदनशीलता हो और समझदारी भी। भारतीय समाज को इस दिशा में अभी एक लंबी यात्रा करनी है। वैयक्तिक स्वतंत्रता की स्थापना का एक ऊँचा पहाड़ चढ़ना है।

नैतिकता का कोई सूत्रबद्ध दर्शन नहीं है। जब भी समाज नियंत्रकों ने किसी

भी रूप में नैतिकता को सूत्रबद्ध किया है या उसे करणीय और अकरणीय व्यवहार के नियमों में बाँधा है, अनैतिक स्थितियाँ उत्पन्न हुई हैं। मनुष्य के लिए सूत्रबद्ध आचरण करने की नैतिकता का आग्रह भयावह दुर्घटनाओं का कारण बना है। वस्तुतः नैतिकता संवेदनशीलता, समझदारी और उदारता के निरंतर विकास का नाम है। नैतिकता वह दृष्टि है जिससे एक मनुष्य दूसरे मनुष्य को मनुष्यवत समझ और परख पाता है। उदार चेतना के साथ एक मनुष्य की समझ का जितना विस्तार हो सकता है उसके उतना ही अधिक नैतिक होने की संभावना रहती है। मनुष्य की समझदारी ही उसे रूढ़ियों और परंपराओं को ठीक से समझने तथा उनके स्थान पर अधिक हितकारी व्यवस्थाओं को लाने की प्रेरणा देती है। इसलिए नैतिकता रूढ़ियों, अंधविश्वासों और कट्टरताओं के विरुद्ध एक निरंतर संघर्ष है। जो परंपराएँ, व्यवस्थाएँ और मान्यताएँ मनुष्य की समझ और संवेदनशीलता का विकास करती हैं, उसे जड़ और रूढ़िबद्ध होने से रोकती हैं, उसे दूसरे मनुष्य को अपने ही जैसा समझने की दृष्टि देती हैं, मनुष्य को उसकी स्वार्थकेंद्रित क्षुद्रताओं से निकाल कर उसे वृहद मानवीय सरोकारों का हिस्सा बनाती हैं वे ही परंपराएँ, व्यवस्थाएँ और मान्यताएँ नैतिक हैं। नैतिकता उस प्रवहमान नदी की तरह होती है जो गड्ढों में सड़ते पानी को अपने वेग से बहा ले जाती है और उनमें ताजा पानी भर देती है। नैतिकता एक निरंतर सतर्कता है, चिंतन-मनन की एक निरंतर प्रक्रिया है। मनुष्य जाति के हित और अहित को पहचानने, अहितकारी का निषेध करने और हितकारी को बढ़ावा देने के विवेक का नाम नैतिकता है। इस तरह नैतिकता का फलक इतना विराट है कि उसमें सब कुछ समा जाता है। सब कुछ यानी संपूर्ण मानव जाति, उसकी सारी क्रियाएँ—व्यवस्थाएँ, उसका समूचा इतिहास, समूचा ज्ञान और समूची भविष्य दृष्टि। इसीलिए नैतिकता के आग्रह मनुष्य के वर्तमान और भविष्य की सुरक्षा के आग्रह हैं।

धर्म, वैश्वीकरण और नैतिकता

शंभुनाथ

आज कहीं भी नैतिकता पर बहस नहीं हो रही है, जबकि बीसवीं सदी में ज्यादातर समय यह एक बड़ा मुद्दा थी। सवाल है, नैतिक महाविनाश की इस घड़ी में नैतिकता पर बहस कौन शुरू करे? इसमें संदेह नहीं कि नैतिकता में सुरंगें हजारों साल से थीं। धर्मसत्ता ने अपनी सुविधा के लिए उसे पर्याप्त खोखला कर दिया था। कारपोरेटी मुक्ताचरण के लिए उस पर उड़नपुल भी बन गए। विश्व की वित्तीय पूँजी या राजमार्ग पर खड़े स्मार्ट सज्जनों को नैतिकता पर बहस शुरू करने में भारी हिचकिचाहट है। फिर भी समाज में ऐसे लोग हर जमाने में रहे हैं, जो चाहे प्रसिद्ध हों या बिलकुल अपरिचित, जिन्होंने नैतिकता की पगडंडियाँ हमेशा बना कर रखीं। मुश्किल यह है कि जनसंचार माध्यम इतने विकसित हैं, तब भी वे करोड़ों आम लोग बोल नहीं सकते।

नैतिकता का प्रश्न तब उठता है, जब एक आदमी का दूसरे आदमी से, आदमी के उसके कुटुंब, राष्ट्र, विश्व या परिवेश से रिश्ते की बात हो। दुनिया में कोई जगह नहीं होगी जहाँ हत्या, झूठ, चोरी, बेईमानी, अनुचित यौन संबंध आदि मना न हों। दुनिया के सभी धर्मों में ऐसे मामलों में साझा नैतिक सोच है। 'महाभारत' में कहा गया है, 'दूसरे के साथ ऐसा कुछ न करो ज़ो अगर तुम्हारे साथ हो तो तुम्हारा नुकसान हो।' (XII, 113.8)। ऐसे कथन ईरानी, बौद्ध, ईसाई, चीनी, इस्लामी, सिख हर परंपरा में हैं। धर्म स्थानीय हो, नैतिकता सार्वभौम होती है, क्योंकि यह एक आदमी की दूसरे आदमी के प्रति सम्मान और मंगल की वह दृष्टि है, जिसमें कोई भी दूसरा आदमी वस्तु नहीं रह जाता। याज्ञवल्क्य ने धर्म के जो दस लक्षण बताए थे, वे नैतिक संदर्भ में ही थे। उनके बताए लक्षण हैं—अहिंसा, सत्य, चोरी न करना, ईमानदारी, पवित्रता (स्वच्छता), इंद्रिय नियंत्रण, सहानुभूति, सहिष्णुता, त्याग और तप। यह गौरव की बात है कि हिंदुओं के बीच ये उच्चतर नैतिक मूल्य जनमे थे, फिर भी वे इनके आधार पर अपने धर्म को उपयुक्त मानवीय ढाँचा देने के अवसर खोते गए। गांधी ने इन्हीं तत्वों को नए आशय से

जोड़ कर नैतिकता और नैतिक अंतर्दृष्टि का प्रचार किया। इन्हीं को धर्म माना और चाहा कि राष्ट्र लाठी बल की जगह धर्म के आधार पर चलें। भारत की खूबी सर्वविदित है कि इसने दुनिया पर कभी लाठी नहीं घुमाई। दरअसल, गांधी ने राष्ट्र की पश्चिमी अवधारणा को उच्चतर भारतीय संदर्भ देना चाहा, ताकि वह दमनकारी सत्ता की जगह न्यूनतम सत्ता हो और संसार से तनातनी खत्म हो।

हिंदू धर्म में मुख्यतः तीन चीजें हैं—कर्मकांड, वर्ण-आश्रम व्यवस्था और तीसरी चीज है नैतिक उत्तरदायित्व, जो सभी वर्णों और आश्रमों के लिए हैं। धर्म में अंतर्निहित नैतिक तत्वों में इस 'तीसरी चीज' को कभी उतना महत्व नहीं मिला, जितना मिलना चाहिए। उलटे मनुस्मृति ने धर्म के नैतिक तत्वों की खिल्ली उड़ाई और नैतिकता में सुरंगें बना दीं। उसके अनुसार, 'आपद में तीन दिनों का भूखा ब्राह्मण अपने से नीची जाति के घर में चोरी कर सकता है।' (XI, 16-18)। ऐसी सुरंगें सैकड़ों हैं। प्राचीन स्मृतियों और पुराणों के युग से ले कर हिंदुत्ववाद के आधुनिक उभार तक धर्म कर्मकांड, वर्ण व्यवस्था और इनकी राजनीतिक विकृतियों के रूप में ही ज्यादा नजर आया। तुलसी को यह बात दिखी थी—'राजनीति बिनु धन बिनु धर्मा।' वे यह कह कर अपने समय की राजनीति और धनवाद पर टिप्पणी कर रहे थे।

उन्नीसवीं और बीसवीं सदी के पूर्वार्ध में सुधारवादी राष्ट्रीय जागरण अपने उत्कर्ष पर था। ऐसा पहली बार हुआ था कि धर्म-ध्वजधारी घबराए थे। इनकी सत्ता हिली थी। सती प्रथा बंद होने के बाद धार्मिक सुधारों की निरंतरता ने इन्हें गोलबंद करना शुरू कर दिया था। बंगाल में 'धर्मसभा' (1830) गठित करनेवाले ब्राह्मण, काशी के इतिहास प्रसिद्ध शास्त्रार्थ (1869) में दयानंद सरस्वती से टकरानेवाले जड़ पंडित, और भारत धर्म महामंडल तथा वर्णाश्रम स्वराज्य संघ जैसी काशी की संस्थाएँ धार्मिक सुधारों और राजनीतिक आंदोलनों की विरोधी थीं। ये धार्मिक कर्मकांड, वर्णाश्रम और सनातन प्रथाओं को ही धर्म मानते थे। उनका धर्मशास्त्र से लेना-देना था, नैतिक मूल्यों और बदल रहे समय से कुछ लेना-देना न था। उनका धर्म स्त्रियों और दलितों को यातना देनेवाली एक अनैतिक जगह था, वह प्राचीन सभ्यता का दुश्चक्र था।

काशी की प्रसिद्ध संस्था 'भारत धर्म महामंडल' की पुस्तिका 'भारत धर्म महामंडल रहस्य' (1910) में परिवर्तन की हवाओं का कैसा निषेध है, यह देखें, 'जिस आर्य जाति का प्रधान बहिर्चिह्न शिखा और सूत्र है, जिन चिह्नों के साथ द्विजगण के आध्यात्मिक लक्ष्य का साक्षात संबंध रखा गया है, उस जाति के वर्तमान पथ-प्रदर्शक अंग्रेजी शिक्षा अभिमानी पुरुषगण सूत्र धारण करना या शिखा रखना लज्जाजनक समझते हैं...पश्चिमी शिक्षा से विकृत मस्तिष्क पुरुषगण नारी जाति की पवित्रता नष्ट करने के अर्थ अनार्य सेवित विधवा-विवाह, स्त्री स्वाधीनता आदि

विचार में जहाँ-तहाँ प्रवृत्त दिखाई देते हैं।...प्राचीन काल में चतुर्थाश्रम (संन्यास) में बहुत अल्पसंख्यक तत्वदर्शी ब्राह्मण ही पहुँचा करते थे, परंतु अब नीच से नीच जातिपर्यंत इस आश्रम के वेश और नाम को धारण करके धर्म और आश्रम धर्म का नाश कर रहे हैं।' बीसवीं सदी के भारत में समाज सुधारकों के समानांतर धर्म को सीमित अर्थ में लेनेवाले संकीर्ण धर्मध्वजधारी भी मुखर थे। उनका जनता पर एक असर था।

फिर भी धर्मध्वजधारी यह जान गए थे कि सामाजिक गतिशीलता के नए परिदृश्य में वे अब जातीय पथ-प्रदर्शक नहीं रह गए हैं, नई आध्यात्मिकता शिखा और जनेऊ को मिटा रही है। वे अब अंग्रेजों से गुहार करने लगे थे, उनके धर्म की रक्षा करने के लिए हिंदू धर्मध्वजधारी अंग्रेजों की इस तरह प्रशंसा कर रहे थे, 'परम दयालु परमेश्वर की अपार कृपा से आर्य प्रजा को इस प्रकार की नीतिज्ञ और उदार गवर्नमेंट मिली है कि ऐसी उन्नत और प्रजारक्षक गवर्नमेंट विदेशियों के हित के लिए पृथ्वी भर में और कोई देखने में नहीं आती।' देश जब स्वतंत्रता के लिए तेजी से गरम हो रहा था, ये विचार उस समय के हैं यानी 1910 के। अंबिका प्रसाद वाजपेयी द्वारा संपादित पत्रिका 'नृसिंह' के 1908 के एक अंक में टिप्पणी है, 'हिंदू धर्म के सिरधरू भारत धर्म महामंडल को तो राजभक्ति के डेपुटेशन ले जाने से ही छुट्टी नहीं है।' साम्राज्यवाद और कट्टरवादी हिंदुत्व की साँठगाँठ पुरानी है। धर्मध्वजधारी एक तरह से अंग्रेजों की वैचारिक ढाल बन गए थे। अंग्रेजों को सामाजिक सुधार की आवाजों को कानून का रूप न देने के लिए एक बहाना मिल गया था।

हिंदुत्ववाद का उपर्युक्त कट्टरवादी पृष्ठभूमि में जो सैन्यीकरण शुरू हुआ, वह 'प्राचीन' और 'पश्चिम' का सबसे जहरीला घालमेल था। हिंदुत्ववादियों के हिंदू धर्म का वही चेहरा था, जो 'भारत धर्म महामंडल' का और उनकी सांगठनिक परिकल्पना वही थी, जो यूरोपीय साम्राज्यवादियों और फासीवादियों की थी। सावरकर और गोलवलकर गुलामी के दौर में अंग्रेजी राज का विरोध त्याग कर हिंदुत्ववाद गढ़ रहे थे। उनका मकसद हिंदू धर्म को पेट्रोल जैसा ज्वलनशील वस्तु बना देना था। यह धर्म और नैतिकता के बीच एक परिपूर्ण विभाजन था। यह धर्म और राष्ट्र के बीच एक नापाक गठजोड़ था। माधव सदाशिव गोलवलकर ने राष्ट्रीयता की परिभाषा देते हुए 'हम और हमारी राष्ट्रीयता' में लिखा, 'हिंदुस्तान में रहनेवाले गैर-हिंदुओं को हिंदू संस्कृति, भाषा अपनानी चाहिए और हिंदू धर्म का सम्मान करते हुए उसे पूज्य मानना चाहिए। हिंदू धर्म, नस्ल और संस्कृति को गौरवान्वित करनेवाले विचारों के अलावा उन्हें किसी और विचार पर ध्यान नहीं देना चाहिए।' उस जमाने के मुस्लिम हिंदू संप्रदायवाद ने धर्म से वस्तुतः इस्तीफा दे दिया था।

गांधी जब भी धर्म कहते थे, उनका आशय अहिंसा, सत्य, ईमानदारी, स्वच्छता,

इंद्रिय नियंत्रण आदि धर्म के नैतिक लक्षणों से होता था, कर्मकांड और वर्ण-आश्रम व्यवस्था से नहीं। उन्होंने धर्म को सुंदर ढंग से जाना, क्योंकि उन्होंने अधर्म को जाना। वे कहते थे, धर्म आचार-विचार के निजी और नैतिक नियमों का संग्रह है। यही वजह है कि उन्हें धर्म और राजनीति को जोड़ने में संकोच नहीं हुआ। वे धार्मिक पुनरुत्थानवादी न थे। वे नैतिकता को सार्वभौम, पर धर्म को निजी और व्यक्तिगत मानते थे। उनकी राजनीति धर्म के अधीन थी, यह कहने का एक ही अर्थ है कि यह उन नैतिक मूल्यों के अधीन थी, जो सैकड़ों सालों से भारतीय समाज में मुरझाए पड़े थे। गांधी ने धार्मिक शब्दावली इसलिए चुनी कि वे अपनी राजनीतिक बातें उस जनता तक पहुँचा सकें, जो हजारों साल से गहरी धार्मिक आस्थावाली थी और उस जनता को प्राचीन भेदभावों से ऊपर उठा कर राष्ट्रीय-मानवीय कर्तव्यों से जोड़ सकें। वे गहरे में बुद्धिवादी थे।

गांधी चाहते थे कि राष्ट्रीय आंदोलन का लक्ष्य सिर्फ अंग्रेजी राज की विदाई न हो, बल्कि इस प्रक्रिया में पश्चिमीकरण का विकल्प देते हुए महान नैतिक मूल्यों के आधार पर एक भिन्न सभ्यता की प्रतिष्ठा भी हो। वे एक वैकल्पिक सभ्यता प्रस्तावित कर रहे थे—प्राचीनता और आधुनिकता दोनों की रूढ़ियों से मुक्त। यही वह रास्ता था, जिससे भारत अपने को पुनः उपलब्ध कर सकता था और विश्व को युद्ध तथा आर्थिक लूट से भिन्न संदेश दे सकता था। इसीलिए गांधी सत्ता की हड़बड़ी में नहीं थे। वे निःसंकोच कहते थे, 'धर्म से जुदा राजनीति से दुर्गंध आती है तथा राजनीति से अलग धर्म निरर्थक है।' (*कलेक्टेड वर्क्स*, 27)। उनकी इस अवधारणा का आशय है, राजनीति से अलग धर्म समाज को जड़ बना देगा। वह समाज को धार्मिक दिखावा, कर्मकांड, वर्ण व्यवस्था, सांप्रदायिकता, कोरे अध्यात्म या संन्यास में लिप्त कर देगा। उस जमाने में राजनीति का अर्थ था राष्ट्रीय मुक्ति आंदोलन और धर्म का अर्थ था नैतिक मूल्य और आचरण। नैतिक मूल्यों से विच्छिन्न 'राजनीति' समाज पर दमनकारी सत्ता थोपेगी, वह राष्ट्रीय हो या अंतरराष्ट्रीय। वह पेशेवर नेताओं, व्यापारियों, नौकरशाहों, कारपोरेटशाहों, अपराधियों या चाहे जिनकी भी सत्ता हो दमनकारी होगी। गांधी अपने रास्ते से भारत को शोषण, दमन और पतन से बचाना चाहते थे। वे सिर्फ अंग्रेजों की विदाई या निरी आजादी नहीं चाहते थे। वे अतीत में लौटे बिना पश्चिमीकरण का भारतीय विकल्प देना चाहते थे।

हम हाल के अतीत में झाँक कर देख सकते हैं कि दुनिया में अहिंसा नहीं, कहना चाहिए नैतिकता पहली बार किस तरह स्वाधीनता संग्राम का लक्ष्य और साधन दोनों बनी थी और जनता के हृदय में भी उसका कैसा ज्वार आया था। अहिंसा उस नैतिकता या धर्म का एक हिस्सा थी। आज धार्मिक कर्मकांड, जातिवाद और कट्टरवाद फिर महत्व पा गए हों, त्रिशूल चरखे की जगह पाना चाहता हो, गांधी के दौर के समाज में ये चीजें बड़े पैमाने पर तिरस्कार से देखी जाने लगी

थीं और समाज का नैतिक स्तर ऊँचा उठ रहा था। उस जमाने के जितने लोकप्रिय और बड़े नेता थे, वे नैतिक रेखा पर भी काफी ऊँचे थे। वे आजादी के बाद जब तक जिंदा थे, उनको लोग आदर से देखते थे। साधारण आदमी भी इस कालावधि में अपने भीतर ताकत महसूस करता था। निश्चय ही यह गांधी की सीमा थी कि वे बाहरी दुनिया की बहुत सारी विषमताओं को दूर किए बिना सिर्फ राष्ट्रवाद के बल पर समाज का नैतिक रूपांतरण संपन्न कर देना चाहते थे। फिर भी उनकी साधना और कर्म से यह चेतावनी निकलती है कि समाज का नैतिक रूपांतरण न होने से बाहरी दुनिया की विषमताएँ और विडंबनाएँ कुछ समय के लिए दूर हो कर फिर उभर आएँगी या वे वस्तुतः दूर ही नहीं होंगी। बाहर के साथ-साथ भीतर भी एक क्रांति जरूरी है। यह भीतर की क्रांति अपने आप न होगी।

रवींद्रनाथ को मनुष्य और मनुष्य की मुक्ति के लिए बुद्धि पर राष्ट्र की तुलना में ज्यादा विश्वास था। उनको गांधी राष्ट्रवादी लगते थे, संकीर्ण लगते थे। इनकी तुलना में नेहरू मानवतावादी दिखते थे, उनकी ही तरह उदार और अंतरराष्ट्रीयतावादी। इसी तरह आइंस्टीन और रवींद्रनाथ के बीच एक-दूसरे के बारे में एक अन्य तरह की समझ थी। कुछ नए बुद्धिजीवियों ने भी गांधी के राष्ट्रवाद में संकीर्णता देखी। इन्होंने उनकी 'स्वराज' की धारणा के साथ उनकी सार्वभौम नैतिक बेचैनी को समझने की जहमत नहीं उठाई। दरअसल उस जमाने में 'राष्ट्रीय' और 'मानवतावादी' या 'भारतीय' और 'पश्चिमी' सादगी और आर्थिक विकास में प्रतिमुखता नहीं थी, कई बार ऐसा दिखता जरूर था।

उस जमाने के अंतरराष्ट्रीयतावादियों को राष्ट्रवादी संकीर्ण और विनाशकारी दिखते थे। राष्ट्रवादियों को अंतरराष्ट्रीयतावादी साम्राज्यवाद-विरोध के फौरी कर्तव्य से तटस्थ, जोखिम से बचनेवाले और पश्चिम-उन्मुखी नजर आते थे। कुछ ऐसी ही विपरीतता राष्ट्रीय और स्वाधीनता आंदोलन और दलित चेतना के बीच नजर आती थी। पेरियार-गांधी बातचीत के समय गांधी कुछ समय बाद ही लेट कर अपना सिर दबाने लगे थे। गांधी को मनुष्य को मुक्त करने की अराजनीतिक लड़ाइयों, विश्वमानवतावाद, सामाजिक हाशिए की चिंताओं, पश्चिमी सभ्यता के आकर्षण और सांप्रदायिक फूट के बीच से भारतीय राष्ट्रवाद का रास्ता निकालना था, इसे राजनीतिक और सभ्यतात्मक मुक्ति का औजार बनाना था। इसके लिए उन्हें सबसे टकराना और सबसे मिश्रित होना पड़ा। गांधी के लिए यह काम औपनिवेशिक स्थितियों में जितना कठिन था, उतना ही जरूरी। इसके लिए उन्होंने दृढ़तापूर्वक अतीत और पश्चिम दोनों से सकारात्मक दूरी रखी। इससे उनके व्यक्तित्व में विवेक की आधुनिक ताकत आई। वे नैतिक होने के साथ आधुनिक हो सके। वे राजनीतिक होने के साथ अराजनीतिक और मानवीय भी हो सके। वे मानते थे, 'मुझे संपूर्ण मानवता को अपने प्रयोग में भागीदार बनाना चाहिए।' (*यंग इंडिया*, 1924) उनके

राष्ट्रवाद और मानवतावाद में अंतर्विरोध नहीं था। वे अपने युग के द्वंद्वों के बीच एक महान सिंथिसिस थे। वहाँ दरारें जरूर थीं और इन दरारों के साथ इतिहास करवट बदल रहा था।

इंग्लैंड का उपनिवेशवादी तबका गांधी को कितनी घृणा के नजरिए से देखता था, यह चर्चिल की उन पर टिप्पणियों (1931) से जाना जा सकता है। ये वही चर्चिल थे, जिन्होंने 1919 में जालियाँवाला बाग हत्याकांड की कड़े शब्दों में निंदा की थी और इसे आतंक पैदा करनेवाली कार्रवाई कहा था। गांधी जब नमक सत्याग्रह में गिरफ्तारी के बाद मुक्त हो कर वायसराय के बुलावे पर लंदन उनसे मिलने गए थे, चर्चिल ने कहा, 'गांधी एक राजद्रोही है। एक वकील आम फकीर का चोला पहन कर लंबे डग भरता हुआ वायसराय के महल में बड़े आराम से चला गया, जबकि वह अभी भी अपने देश में सिविलनाफरमानी चला कर लोगों को विद्रोही बना रहा है।...वह ब्रिटेन और ब्रिटिश व्यापार को भारत से खदेड़ देना चाहता है और ब्रिटिश शासन की जगह ब्राह्मणों का शासन लाना चाहता है।' साम्राज्य-भक्त चर्चिल एक हद तक सनकी और नस्लवादी अंग्रेज था। वह भारत को पौर्वात्यवादी निगाह से विभिन्नताओं के बंडल के रूप में देखता था।

गांधी पश्चिमी सभ्यता के आलोचक होते हुए भी पश्चिम-विरोधी न थे। वह चर्चिल जैसे व्यक्तियों की वजह से पूरे पश्चिम को घृणा से नहीं देख सकते थे। पश्चिम में दो पश्चिम थे, जिस तरह पूरब में दो पूरब। गांधी ने इस धारणा का खंडन किया कि उनके राष्ट्रीय आंदोलन का लक्ष्य भारत और पश्चिम के बीच दीवार खड़ी करना है। उनकी धारणा में जो राष्ट्रवाद था, वह बहिष्कारपरक, आक्रामक और विध्वंसक नहीं था—वह मानवीय था। उनकी प्रसिद्ध पंक्तियाँ हैं, 'मैं नहीं चाहता कि मेरे घर के सब ओर दीवारें हों और मेरी खिड़कियाँ बंद हों। मैं चाहता हूँ मेरे घर में सभी देशों की संस्कृतियों की हवाएँ यथासंभव स्वतंत्रता से आएँ। लेकिन मैं यह नहीं चाहता कि उनमें से किसी के द्वारा भी मेरे पैर उखाड़ दिए जाएँ।' उन्होंने 'पश्चिमी देशों की संस्कृतियाँ' नहीं कहा, 'सभी देशों की संस्कृतियाँ' कहा। विश्व में पश्चिमी देशों के अलावा भी देश थे। दरअसल, नैतिकता बहुसांस्कृतिकता से समृद्ध होती है और उसे समृद्ध करती है। गांधी की बहुसांस्कृतिकता, धर्मनिरपेक्षता, बंधुत्व, स्वतंत्रता और समानता की जड़ें उनकी नैतिकता में ही थीं। क्या एक अनैतिक इनमें से किसी का भी अर्थ ठीक से जान सकेगा?

रवींद्रनाथ, गांधी और प्रेमचंद तीनों ने सभ्यता-चिंतन किया। तीन भिन्न जगहों से आए ये मनीषी एक साझी सोच बनाते दिखते हैं। गांधी ने 'शैतानी सभ्यता' पर 1920-27 के बीच टिप्पणियाँ कीं। प्रेमचंद ने 1936 में 'महाजनी सभ्यता' लिखी। रवींद्रनाथ ने 1941 में 'सभ्यता का संकट' लिखा, जो उनका शांतिनिकेतन में मृत्यु से पहले आखिरी संदेश था। उन्हें देर से ही सही, पर लगा,

'जीवन के प्रथम भाग में मेरा हार्दिक विश्वास था कि सभ्यता दान ही (सभ्यता को सदाचार माना) यूरोप की आंतरिक संपत्ति है। आज जब जीवन से विदा होने का समय नजदीक आ रहा है, मेरे इस विश्वास का दिवाला निकल गया है।' यह आत्मस्वीकृति उन्हें गांधी के करीब ले जाती है। उनका अपना मन-मिजाज जब बदल रहा था, पाश्चात्य सभ्यता की तरफ भारतीय झुकाव बड़े पैमाने पर बढ़ रहा था।

यह दूसरे विश्वयुद्ध का समय था। पाश्चात्य सभ्यता का संकट पश्चिम तक सीमित न रह कर काफी व्यापक हो चुका था। खुद पश्चिम में एक बौद्धिक उदासी छाई हुई थी। रवींद्रनाथ की टिप्पणी तक भारत इस सभ्यता में काफी बह चुका था। नैतिक दृढ़ता और बेचैनी एक सांस्कृतिक महामारी की चपेट में थीं। रवींद्रनाथ महसूस कर रहे थे, 'यूरोप में मूर्तिमंत बर्बरता अपने नखदंत बाहर निकाल कर विभीषिका की तरह बढ़ती जा रही है। मानव जाति को पीड़ित करनेवाली इस महामारी का पाश्चात्य सभ्यता की मज्जा से जन्म हुआ। वहाँ से उठ कर आज उसने मानव आत्मा का अपमान करते हुए दिग्दिगंत के वातावरण को कलुषित कर दिया है। हमारे अभागे, निःसहाय, पराधीन देश की दरिद्रता में क्या हमें इसका आभास नहीं मिलता?' रवींद्रनाथ में 'मानव जाति' के वैश्विक परिप्रेक्ष्य और 'पराधीन देश के राष्ट्रीय परिप्रेक्ष्य' का महामिलन घटित हुआ। द्वैत मिटा। उन्होंने तुरंत आगे लिखा, 'एक न एक दिन भाग्यचक्र पलटा खाएगा और अंग्रेजों को अपना भारतीय साम्राज्य छोड़ कर जाना होगा। लेकिन किस तरह के भारत को वे पीछे छोड़ जाएँगे?' पाश्चात्य सभ्यता को ले कर बना भ्रम टूटते ही उन्हें अंग्रेजी राज अब एक क्षण के लिए भी असह्य हो गया था। उन्होंने पश्चिमीकरण पर लट्टू लोगों और चीजों पर टिप्पणी की, 'इतिहास के जुठारे हुए सभ्यताभिमान के कैसे भग्न स्तूप!' अब आखिरी वक्त में वे बदले नजरिए से सोच रहे थे, 'मेरी यही आशा है कि मेरी दरिद्रता में डूबी कुटिया में किसी मुक्तिदाता का जन्म होगा। मैं उम्मीद करता रहूँगा कि वह मुक्तिदाता पूर्व दिगंत से ही आएगा।' इसकी जगह एक बार फिर वैश्वीकरण के रूप में मुक्तिदाता पश्चिम से ही आया। अब ब्रिटेन की जगह अमेरिका दादा था।

रवींद्रनाथ का मोह टूटा था, नैतिक बल नहीं। उनमें और आज के सुपरमानवों में फर्क यह है कि वे निराशा से भरे नहीं थे। उन्होंने आत्मविसर्जन नहीं किया। वे आँधी में नहीं बहे, क्योंकि उनकी नैतिक रीढ़ सही-सलामत थी। उन्होंने विश्वास से कहा, 'आज यही कह कर विदा लेता हूँ कि जो लोग बलशाली और महाप्रतापी हैं, उनका बल, गर्व और आत्माभिमान अजेय नहीं है।' यह रवींद्रनाथ का विश्व के सामने आखिरी वक्तव्य था।

रवींद्रनाथ की चिंता थी, 'यह निःसहाय देश मशीन की शक्ति से वंचित

है।' (*वही*)। पाश्चात्य सभ्यता की आलोचना का अर्थ मशीन की आलोचना नहीं है। गांधी मशीन के आलोचक थे। उनकी मशीन की आलोचना पाश्चात्य सभ्यता की आलोचना थी। वे अपनी नैतिक बातें विशिष्ट राजनीतिक मुहावरे में कहने के आदी थे। इसलिए उनकी बातों को आम तौर पर सपाट अर्थ में नहीं लिया जा सकता। पाश्चात्य सभ्यता की नजर में मनुष्य वस्तु है, उसे उपयोगी न होने पर फेंका जा सकता है। गांधी देख रहे थे कि मशीन बेरहमी से श्रमजीवियों को फेंकती है, उन्हें विच्छिन्न एवं असहाय कर देती है।

गांधी कहते हैं, 'मशीनों के प्रति मेरे विरोध के बारे में लोगों को बहुत ज्यादा गलतफहमी है। मैं हर मशीन का विरोधी नहीं हूँ। मैं केवल उन्हीं मशीनों का विरोधी हूँ जो श्रमिकों को विस्थापित करके उन्हें बेरोजगार बना देती हैं।' (*हरिजन*, 1946) आज कहीं भी अचानक किसी भी श्रमजीवी को 'स्वेच्छा से अवकाश' की पर्ची थमा दी जाती है, वह विवशता में एक रकम लेकर रास्ते पर आ जाता है।

गांधी का हर उस चीज से विरोध है, जो नैतिकता को खंडित करती है, आदमी को नगण्य बनाती है और अंततः उसका अंतःकरण मिटा देती है। वे खुद ट्रेन से सफर करते थे, तार करते थे, हवाई जहाज से विदेश यात्राओं पर जाते थे, कार पर चढ़ते थे, घड़ी रखते थे और अंग्रेजी दवाएँ लेते थे। वे वस्तुतः मशीन के विरोधी न थे, 'मशीनों का नाश मेरा ध्येय नहीं है।' (*यंग इंडिया*, 1912)। 'ऐसा नहीं होना चाहिए कि मशीनें मनुष्य के हाथ-पैरों को ही बेजान बना दें।' (*वही*, 1924)। 'मशीन युग का ध्येय मनुष्य को मशीन में परिवर्तित कर देना है।' (*हरिजन*, 1937)। 'मशीनें तो रहेंगी, क्योंकि शरीर की तरह ये अपरिहार्य हैं।' (*यंग इंडिया*, 1924)। 'मुझे आपत्ति मशीनों से नहीं, बल्कि मशीनों के प्रति दीवाना हो जाने से है।' (*वही*)। उसी दौर में चार्ली चैपलिन की एक फिल्म आई थी 'माडर्न टाइम्स', जिसमें मशीन सभ्यता का मखौल था। गांधी का मशीनों का विरोध मशीन सभ्यता पर नैतिक दबाव पैदा करने के लिए था। दूसरे, वे भारतीय स्थितियों में ग्रामीण रोजगारों के संरक्षण के लिए भी मशीनों, खासकर बड़े उद्योगों का विरोध करते थे।

मशीनों ने आज के आदमी को स्वकेंद्रिक बना दिया है। संचार क्रांति सभ्यतागत परिवर्तन ले आई है। मशीनों के लिए दीवानगी का एक रोचक नमूना आदमी का मोबाइल या इंटरनेट से चिपके रहना है। उसे घर में बुजुर्ग पिता, पत्नी-बच्चों से बात करने की फुरसत नहीं है, लेकिन मोबाइल पर लगातार बात करता दिखता है। वह कार चलाते, बस से उतरते, ट्रेन पर चढ़ते मोबाइल पर है और दुर्घटनाएँ हो रही हैं। लोग टीवी पर हैं और सामाजिकता का क्षय हो रहा है। बच्चों के हाथ में गेंद और पैरों के नीचे मैदान नहीं है। इन्हें जबरदस्ती कंप्यूटर पर बैठा दिया जाता है, विदेशों में काम मिलेगा! जिन दिनों ट्रेन से चलते थे, खेतों में किसान, बैल, आम के पेड़ दिखाई देते थे। अब अकसर उनकी फ्लाइट है, आँखों

में शून्य है। आदमी के आम दृश्यजगत में एक भयानक घुसपैठ है। आदमी और आदमी का ही नहीं, उसका अपने विस्तृत परिवेश और सकारात्मक विरासत से संबंध का लगातार क्षतिग्रस्त होते जाना इसका चिह्न है कि अब समाज में न्यूनतम नैतिकता भी नहीं बच पा रही है। अब आदमी को मैत्री, धर्मनिरपेक्षता और समानता के प्रश्न बेचैन नहीं करते।

मशीन का इस्तेमाल कैसे किया जाए? कबीर ने कहा है, *'दास कबीर जतन ते ओढ़ी ज्यों की त्यों धर दीनी चदरिया'*। आज मशीनधारी व्यक्ति मशीन का इस्तेमाल कर उसे ज्यों की त्यों रख नहीं पा रहा है। वह खुद मशीन का हिस्सा बन गया है और मन में मैला ढो रहा है। वह सभ्यताओं का गुलाम है, सभ्य होने का अर्थ है गुलाम होना।

इसलिए मुख्य सवाल मशीन, संचार क्रांति या बड़े उद्योगों के समर्थन और विरोध का नहीं है। उनके बिना समाज की प्रगति नहीं हो सकती। सवाल यह है कि ये कैसी सभ्यता ले कर आ रहे हैं। गांधी ने कहा, 'मशीनें तो रहेंगी, वे अपरिहार्य हैं।' वैश्वीकरण अपरिहार्य है। सवाल है, ये सारी चीजें, ये नए विकास हमारे समाज में हिंसा, झूठ, चोरी, बेईमानी, इंद्रियपरायणता, क्रूरता, असहिष्णुता, भोगवाद, प्रदूषण और स्वार्थपरता बढ़ा रहे हैं या घटा रहे हैं। ये सब समाज में मैत्री, जनतंत्र और समानता बढ़ा रहे हैं या मिटा रहे हैं। हो सकता है; आज इन पर किसी को नैतिक स्टैंड लेना हो तो यह गांधी के राजनीतिक मुहावरे से भिन्न हो। गांधी में नैतिक चेतना अपने उग्र बिंदु पर थी, 'मैं दूरी मिटाने और समय बचाने की, पाशविक भूख बढ़ाने की और उसकी संतुष्टि के लिए आकाश-पाताल के कुलाबे मिलाने की इस पागल दौड़ की हृदय से निंदा करता हूँ। अगर आधुनिक सभ्यता यही है तो मैं इसे शैतानी सभ्यता ही कहूँगा।' (*यंग इंडिया,* 1929)। उनकी कसौटी बड़ी साफ थी, भौतिक विकास समाज का नैतिक स्तर ऊँचा उठा रहा है या नीचे गिरा रहा है। भारत के पुनर्निर्माण में 'विकास' एक जरूरी तत्व है, एकमात्र तत्व नहीं, गांधी में इसकी गहरी समझ थी। देखना होगा कि गांधी ने किस तरह अपनी सोच, अपने जीवन और राजनीति में नए प्रयोग किए। उनकी सूझें अद्‌भुत थीं और व्यक्तित्व में त्याग का तेज था। परवर्ती गांधीवादियों ने गांधी के विचारों का सिर्फ छिलका लिया और उनको कर्मकांड बना दिया। ये सब सिर्फ उनके धर्म एवं अध्यात्म के दीवाने थे।

गांधी के 'हिंदू स्वराज' (1908) में जो विचार थे, दो दशक बाद उनकी कठोरता घटी थी, ग्रहणशीलता बढ़ी थी, पर नैतिक उग्रता में कमी नहीं आई थी। अपनी जिंदगी के आखिरी सालों में जब भारत आजादी की देहरी पर था, गांधी की चिंता देश में अपने सपनों के गाँव बनाने की थी। 1945 में गांधी ने नेहरू को लगातार खत लिखा। नेहरू ने गांधी की उसी तरह अनदेखी की, जिस तरह

कभी गांधी ने 1928 में नेहरू के स्वाधीनता संघर्ष में समाजवादी आदर्शों के अनुरूप आर्थिक कार्यक्रम रखने के प्रस्ताव को टाल दिया था और कहा था, 'समय अभी नहीं आया है।' 1945 में जब गांधी को लगा, 'समय आ गया है', नेहरू पलट गए। वे गांधी से ऊब गए थे। दुनिया विश्व गाँव बनाने की दिशा में बढ़ रही थी। यह ऊब गांधी से उतनी नहीं थी, जितनी उनकी नैतिकता और दुनिया की चालू रफ्तार में एकदम अलग, अव्यावहारिक कही जा सकने वाली उनकी सोच से थी। नई सभ्यता नैतिकता को शत्रु के रूप में देख रही थी। गांधी की चाय में शक्कर ज्यादा थी।

प्रेमचंद अंतरराष्ट्रीयवाद के मुद्दे पर रवींद्रनाथ के और बड़े उद्योगों के मुद्दे पर गांधी के करीब थे। वे समझते थे, 'यह समय राष्ट्रों के निर्माण का समय है।' (*स्वदेश,* 1918)। यह भी जानते थे, 'राष्ट्रीयता वर्तमान युग का कोढ़ है, उसी तरह जिस तरह मध्यकालीन युग का कोढ़ सांप्रदायिकता थी।' (*राष्ट्रीयता और अंतरराष्ट्रीयता,* 1933)। उनके उपन्यास 'रंगभूमि' में सूरदास जानसेवक के सिगरेट उद्योग का विरोध करता है, वह नैतिक संघर्ष चलाता है।

प्रेमचंद ने शिक्षा में आगे बढ़े हुए और राष्ट्रीय आंदोलन में शामिल उस बाबू समुदाय की जम कर आलोचना की, जिसे सादगीभरा, परिग्रही और पारदर्शी जीवन पसंद नहीं था। उनका कहना था, 'वह झूठे आडंबर और बनावट की जिंदगी का, इस व्यावसायिक और औद्योगिक प्रतियोगिता का इतना प्रेमी हो गया है कि उसकी बुद्धि में सरल जीवन का विचार आ ही नहीं सकता।...वर्तमान व्यवस्था ने दूसरी तरफ मार-काट के सामान भी इकट्ठा किए हैं। अगर एक तरफ व्यापार को शिखर पर पहुँचा दिया है तो दूसरी तरफ जिंदगी को झूठी जरूरतों का गुलाम बना दिया है।' (*वर्तमान आंदोलन के रास्ते में रुकावटें, विविध प्रसंग-2*)। गांधी के समर्थन से राष्ट्रीय आंदोलन में शामिल हुए इस अभिजात समुदाय ने राष्ट्रवाद के नैतिक आशय को छाँटने में अहम भूमिका निभाई थी। प्रेमचंद अपने समय की औद्योगिक होड़, झूठ और कृत्रिमता पर आधारित आधुनिकतावादी जिंदगी, इसकी आरामतलबी, उपभोक्ता समाज की कृत्रिम इच्छाएँ और इन सबके साथ घातक युद्धोपकरणों के निर्माण पर बड़ी दूरदर्शिता से टिप्पणी कर रहे थे, मानों वे इक्कीसवीं सदी में हों। उन्होंने लिखा, 'व्यापारिक धुन के कारण आजकल दुनिया जीवन-संग्राम का घरौंदा बनी हुई है।...उसने हमारे स्वार्थों को, हमारी व्यक्तिवादिता को, हमारी लाभ-हानि की चिंता को एक पागलपन की हद तक पहुँचा दिया है।' यह पूँजीवाद की सभ्यता थी।

गांधी ने राष्ट्रीय, सामाजिक और नैतिक जीवन के शत्रुओं को अमूर्त रख छोड़ा था, प्रेमचंद ने उन्हें मूर्त किया। गांधी ने जो नहीं कहा था, प्रेमचंद ने कहा, 'अभी तक ये वर्ग कांग्रेस से पूरी तरह अलग नहीं हुए हैं। कितने ही बड़े-बड़े

मिलों के मालिक, कितने ही बड़े-बड़े पूँजीपति और जमींदार उसके हमदर्द हैं। ...सरकार उनकी जितनी ही हिमायत करे, मगर जनतंत्र के तूफान से उन्हें नहीं बचा सकती। दुनिया ने उसके आगे सर झुका दिए हैं।' जनतंत्र का यह तूफान सामंती भेदभाव पर आधारित पुरानी सभ्यता और पूँजीवाद की नई सभ्यता दोनों सभ्यताओं का खटिया खड़ा कर रहा था। यह जनाकांक्षा में आए सार्वभौम आलोड़न की उपज था। उसमें कहीं मेघ का विद्युतीय गर्जन था, कहीं चट्टान से नदी की लहरों-सी टकराहट। एक उम्मीद छा रही थी। राष्ट्रवाद की एक अंतर्धारा यदि आरामतलब कृत्रिम जिंदगी के लिए मचल रही थी, दूसरी अंतर्धारा जमीनी हकीकतों से जुड़ रही थी। रवींद्रनाथ के कोण से भिन्न एक दूसरे कोण से प्रेमचंद ने सोचा, 'बहुत मुमकिन है कि सभ्यता के विकास के साथ-साथ राष्ट्रीयता की समस्या गायब हो जाए और सारी दुनिया में भाईचारे की एक ही व्यवस्था फैल जाए।' यह दुनिया को तर्कबुद्धि की एक ही लाठी से हाँकने जैसा सर्वसत्तावादी कथन नहीं था, क्योंकि वहाँ जनतंत्र का तूफान था। राष्ट्रीयता और इसके साथ 'राष्ट्र' गायब जरूर होने लगे, पर वैश्वीकरण और बाजारवाद के तूफान में!

प्रेमचंद हिंदी क्षेत्र में रवींद्रनाथ की तरह सांस्कृतिक फेनोमेना न बन सके, लेकिन उन्होंने साहित्यिक स्तर से आक्रामक सभ्यताओं से कम संघर्ष नहीं किया। उन्होंने यह भी देखा था कि मेहनतकश लोग अपनी गरीबी और जीवन के संघर्ष में किस तरह उच्चतर नैतिक तत्वों को अपनी जान से लगा कर रखते हैं। यह उनकी सैकड़ों साल पुरानी संस्कृति है। प्रेमचंद ने एक जगह लिखा, 'हमारी कहानियों में आपको पदाधिकारी, महाजन, वकील और पुजारी गरीबों का खून चूसते हुए मिलेंगे और गरीब किसान, मजदूर, अछूत और दरिद्र उनके आघात सह कर भी अपने धर्म और मनुष्यता को हाथ से जाने न देंगे, क्योंकि हमने उन्हीं में सबसे ज्यादा सच्चाई और सेवा भाव पाया है।' (*क्या हम वास्तव में राष्ट्रवादी हैं*, 1934)। प्रेमचंद के लिए भी वही धर्म है, जो गांधी के लिए है। आज भी किसी मकान में आग लगती है, ट्रेन दुर्घटना होती है, प्राकृतिक विपत्ति आती है; गरीब तबके के लोग सेवा के लिए तुरंत दौड़ते हैं; बाकी ताड़ते रहते हैं।

प्रेमचंद की कहानी 'मंत्र' में बूढ़ा भगत डॉक्टर चड्ढा की क्रूरता भूल कर उसके बेटे को सर्पदंश से बचाने के लिए दौड़ पड़ा। उसमें एक नैतिक बेचैनी थी। 'गोदान' की धनिया ने झुनिया को बहू मान लिया और गर्भवती चमारिन सिलिया को बेहिचक अपने घर में पनाह दी। होरी में नैतिक मरजाद का बोध था। 'कफन' के घीसू-माधव अमानवीयकरण के गर्त्त में भी भिखारी के प्रति करुणा से भरे थे। 'पंच परमेश्वर', 'सुजान भगत', 'हिंसा परमो धर्मः' आदि कहानियों ने दिखाया कि किन वर्गों में नैतिक बेचैनी मिटी नहीं है। मतलबी बनानेवाली औपनिवेशिक शिक्षा जहाँ नहीं पहुँची है, वहाँ नैतिक बेचैनी है। राष्ट्रीय आंदोलनों

से जुड़ कर शिक्षित भी बदल रहे हैं, जालपा (गबन), सुखदा (कर्मभूमि), मेहता-मालती (गोदान) इसके उदाहरण हैं। मेहता को नए कपड़े पहनने में संकोच होता है। मालती गाँव में समाज सेवा के लिए गई, उसे धनिया की दुर्दशा देखने के बाद लगा कि गले का नेकलेस मानों उसका गला घोंट रहा है। उसके चेहरे का कास्मेटिक्स उसे लज्जित करता है। धनिया भी स्त्री है, वह इतनी भिन्न दशा में है।

गांधी ने कहा था, 'दुनिया में जब तक एक भी स्त्री या पुरुष बिना काम अथवा भोजन के है, तब तक हमें विश्राम करने अथवा भरपेट भोजन करने में लज्जा का अनुभव करना चाहिए।' घूरे पर अन्न बीनती हुई माँओं और गंदे कड़ाह माँजते हुए बच्चों को देखकर मुक्तिबोध कहते हैं, 'रह गया हाथ में कौर/कि मुँह तक जा न सका।' उड़ीसा के गाँव में गुठली उबाल कर खानेवाले और विज्ञान भवन में अकसर हाइ टी या सुपर लंच में शामिल लोगों के बीच कोई रिश्ता बन नहीं पा रहा था। रेलवे के जनरल डिब्बे में ठुंसे यात्री और डेढ़ करोड़ की लक्जरी कार बैंट्ले या निजी हेलीकॉप्टर में यात्रा करनेवालों—एक ही मुल्क के इन दो तरह के लोगों के बीच पुल नहीं है। किसी-किसी उद्योगपति के बेटे की शादी में स्वर्गिक शानो-शौकत, पूरे केंद्रीय मंत्रिमंडल का उठ कर आ जाना और कहीं दूल्हे का रिक्शे पर अपनी वधू को ले कर चाल पर लौटना! अमेरिका में बसे एनआरआई भारत के महानगरों को पिछड़ी ऊर्ध्वाकाशी बस्तियाँ समझते हैं, वे लौटना नहीं चाहते। आखिरकार कौन-सी सभ्यताएँ टपक आईं कि दोनों ध्रुवों के बीच नैतिक और भावनात्मक रिश्ता नहीं बचा; क्या विकास इसे ही कहते हैं।

हम देखते हैं, 'गोदान' के मेहता और मालती अपने समय की बदलती नैतिकता के संकेतक हैं। स्त्री को भारतीय समाज में सदियों से गुलाम बना कर रखा गया था। अब वह घर की चहारदीवारी से बाहर निकल कर पुरुष समाज में खुल कर उठती-बैठती है। उसमें सामाजिक स्थान बनाने की छटपटाहट है। मालती शुरू में एक 'मुक्त स्त्री' थी, पश्चिमीकरण से प्रभावित। वह राष्ट्रीय आंदोलन के असर में सामाजिक सेवा की ओर मुड़ जाती है। उसका दृष्टिकोण बदलता है। मेहता और मालती दोनों शिक्षित प्राणी हैं। इनके बीच प्रेम भाव पैदा होता है। ये बिना विवाह किए एक घर में साथ रहते हैं। यह समाज की दृष्टि से अनैतिक हो, प्रेमचंद की दृष्टि से नहीं है। अगर समाज में परिवर्तन होता है, नैतिकता के मानदंडों में भी होगा। नैतिकता ऐसी हो जो मानवीय सार को क्षति पहुँचाए बिना समाज को गतिशील बनाने में योग दे। प्रेम ठोस सामाजिक स्थितियों के अनुरूप स्वयं अपना रूपांतरण कर लेता है, अपनी गहनता, गरिमा और वैधता पर कोई आघात पहुँचाए बिना। मेहता-मालती के प्रसंग में नैतिकता का स्रोत धर्म न था, बल्कि बंधुत्व, स्वतंत्रता और समानता के उच्च आदर्श थे। गैर-शादीशुदा सार्त्र और

सीमन द बुआ बिना शादी किए साथ रहते थे। मेहता और मालती मानवीय संबंध के एक परंपरागत रूप विवाह की जगह साथी भावना का एक आधुनिक उदाहरण उपस्थित करते हैं। प्रेमचंद ने दोनों के जरिए बदलते समाज की एक नई नैतिकता की खोज की। हर महान परिवर्तन की अपनी नैतिकता होती है।

समाज की दो भिन्न नैतिकताओं की टकराहट का एक अच्छा उदाहरण है सियारामशरण गुप्त की कहानी 'बैल की बिक्री'। एक किसान जमींदार कर्ज चुकाने की मजबूरी में बड़े दुख से अपना बैल बेचने का फैसला करता है। वह बेटे को बैल के साथ बाजार भेजते समय कहता है, 'एक बात बेटा, मेरी मानना। बैल किसी भले आदमी को देना, जो उसे अच्छी तरह रखे। दो-चार रुपए कम मिलें तो खयाल न करना।' बेटा तत्काल जवाब देता है, वह बैल उसी को बेचेगा जो अधिक रुपए देगा।

प्रेमचंद ने नैतिकता को अतिवाद तक पहुँचा देने की गांधी की मुहिम की आलोचना की। बिहार के भूकंप पर गांधी के बयान (1934) के संदर्भ में उन्होंने लिखा, 'भूकंप तो आया था उन लोगों को दंड देने के लिए जो महात्मा गांधी के मत से अछूतों पर अन्याय करते हैं!...हमें तो यह देख कर दुख होता है कि अच्छे-खासे समझदार लोग इस तरह की बातें करते हैं।' *(देवमंदिर और भूकंप, 1934)*। प्रेमचंद प्राकृतिक विपदा को मनुष्य के पाप-पुण्य से जोड़ने के पक्ष में नहीं थे। इस मुद्दे पर जब अधिक आलोचना हुई, गांधी ने अपना बचाव यह कह कर किया था कि नैतिक उत्थान के लिए भौतिक विपत्ति का उपयोग अंधविश्वास का प्रचार नहीं कहा जा सकता। गांधी सिद्धांतवादी आदमी थे, पर उन्हें रणनीतिज्ञ भी कम नहीं समझना चाहिए। फिर भी भूकंप को अछूतों पर हुए अन्याय का फल घोषित करना सही लक्ष्य तक पहुँचने के लिए गलत साधन का इस्तेमाल ही कहा जाएगा।

इन्हीं प्रेमचंद ने 'काशी का कलंक' लिख कर उन शास्त्रोपजीवी पंडितों का विरोध किया, जिन्होंने गांधी के आने पर उनके अछूतोद्धार कार्यक्रम के खिलाफ काले झंडे दिखाए थे। वर्णाश्रम स्वराज्य संघ ने संस्कृत पाठशालाओं के छात्रों को लेकर जुलूस निकाला था। वे नारा लगा रहे थे, 'अछूतों को मंदिर जाने देना पाप है।' गांधी ने कहा था, 'अस्पृश्यता या छुआछूत यदि हिंदू धर्म में हो तो मुझे कहना पड़ेगा कि उसमें शैतानियत भरी हुई है।' उन्हें 'प्राचीन' और 'पश्चिमी' दोनों सभ्यताओं में शैतानियत दिखाई देती थी। गांधी शांत भाव से बहुत तीखा प्रहार करते थे।

गांधी नैतिकता को अतिवादी बिंदु तक पहुँचाते हुए अपने ब्रह्मचर्य का उदाहरण देते हैं, 'यदि मेरे विवाहित जीवन की चर्चा को अप्रासंगिक न माना जाए तो मैं बताना चाहूँगा कि मैंने और मेरी पत्नी ने विवाहित जिंदगी की सच्ची खुशी

का स्वाद तभी चखा, जब हमने यौन संबंधों को त्याग दिया और वह भी भरी जवानी में। तभी हमारी सहचारिता के फूल खिले और हम दोनों भारत तथा व्यापक मानवता की सच्ची सेवा करने योग्य बन सके।...सच पूछा जाए तो हममें आत्मत्याग की यह भावना सेवा करने की हमारी उत्कट इच्छा के कारण ही उत्पन्न हुई थी।' कस्तूरबा कभी 'सत्य के प्रयोग' या अपनी आत्मकथा लिख नहीं पाईं! उनकी जिंदगी बाहरी और वैवाहिक दोनों संदर्भों में अधूरी रह गई। भरी जवानी में ब्रह्मचर्य या इंद्रिय नियंत्रण नैतिकता का मानदंड नहीं हो सकता। यह जरूर सही है कि उस जमाने में अनगिनत क्रांतिकारियों, सत्याग्रहियों और समाज सेवियों ने अपनी जिंदगी अविवाहित ही बिता दी थी।

कामदेव और शिव का मिथक भारतीय जीवन में सेक्स और नैतिकता के संबंध के बारे में हमेशा कुछ संकेत देता है। आज सड़कों के होर्डिंग, टीवी, पत्रिकाओं, नृत्य-गानों, सौंदर्य-प्रतियोगिताओं, फिल्म समारोहों, फैशन परेड, मल्टीप्लेक्स आदि में कामुकता की जो सुनामी आई हुई है, उसका एक ही मकसद है जनता की सेवा से विमुख करके लोगों को भोगवाद में प्रवृत्त करना। कामुकता बढ़ेगी तो सामाजिकता घटेगी। सेक्स-बिंब राष्ट्र-बिंब को धूमिल कर रहे हैं। 'राष्ट्र' सिर्फ मौज-मस्ती के अड्डे में बदल रहे हैं और मनुष्य की नैतिक-सांस्कृतिक रीढ़ टूट रही है। क्या सिर्फ इसी से कामदेव-शिव मिथक को औचित्य हासिल हो जाता है? रति ने शिव से कामदेव को वापस पा भी तो लिया था!

सवाल उठ सकता है कि प्रेम और नैतिकता के बीच क्या संबंध है, क्या दोनों के बीच टकराव है। भक्त कवियों ने प्रेम के गीत गाए थे, जिससे उन्हें धर्म-रक्षकों का विरोध झेलना पड़ा। दरअसल, नैतिक तत्वों ने ही उन्हें प्रेम की उदार भूमि तक पहुँचाया था, धर्म सत्ता तथा राजसत्ता के प्रति बेपरवाह बनाया था और वे लोकहृदय का स्पर्श कर पाए थे। अंडाल और मीरा का प्रेम हो, सूर, कबीर और तुलसी का प्रेम हो या बासवि, ज्ञानेश्वर, चैतन्य और नामदेव का उसका न केवल नैतिकता से अंतर्विरोध न था, बल्कि वह इसी अक्षय मिट्टी में जनमा था। वह सामान्यतः धार्मिक कर्मकांड और सामाजिक भेदभाव को नकार कर उपजा था। इधर के युगों में भी प्रेम यदि अनुभूति की उच्च भूमि पर हो, उसमें अहिंसा, सत्य, ईमानदारी, सहानुभूति, सहिष्णुता और त्याग की जरूरत पड़ती है। वहाँ इंद्रियनियंत्रण और यौन पवित्रता का सख्त पालन भले गैर-जरूरी हो, लेकिन सच्ची अनुभूति होनी चाहिए। मनुष्य की सच्ची अनुभूति नैतिकता का सार है। स्त्री का यौन शोषण या उसकी इच्छा के विरुद्ध संभोग निश्चय ही प्रेम में हिंसा है। कला में नग्नता हिंसा नहीं है। यह हिंसा तब है, जब इसके संकेत रुग्ण और व्यावसायिक हों। टीवी के विज्ञापन अथवा विभिन्न मनोरंजनात्मक कार्यक्रम में परोसे जानेवाले कामुक स्त्री-बिंबों को उसी तरह हिंसा मानना चाहिए, जिस तरह अफगानिस्तान और इराक

पर अमेरिका का नग्न आक्रमण। दोनों में अश्लीलता है, दोनों अनैतिक हैं।

इसमें संदेह नहीं कि नैतिकता अंततः बंधुत्व, जनतंत्र और बराबरी की समन्वित विकासशील धारणा की उपज है। वह किसी स्वनियुक्त नैतिक अभिभावक की जड़ व्यवस्था नहीं है। विभिन्न युगों में उसके रूपभेद स्वाभाविक हैं। आज भी कहा जा सकता है कि उसका संबंध इन्सान की आंतरिक ऊँचाई से है, वह किसी भी यथार्थ सभ्यता का मर्म है।

दुनिया में नैतिकता के पाखंड भी हैं। सामंती व्यवस्था की तरह पूँजीवादी व्यवस्था भी अपनी छद्म नैतिकता रचती है और प्रचारित करती है। निराला ने नैतिकता के तटबंधों को तोड़ा था। वे अपनी कविता 'स्फटिक शिला' में सीता के स्तनों का सौंदर्य दिखाते हैं। 'पंचवटी प्रसंग' में राक्षसी मानी जानेवाली शूर्पणखा का सौंदर्य वर्णन करते हैं और उसे परंपरागत धार्मिक घृणा से मुक्त करते हैं। 'कुकुरमुत्ता' में नैतिकता ही नहीं, सौंदर्यबोध की भी नई खिड़कियाँ हैं। 'कुल्ली भाट' में चमार, पासी, धोबी और कोरी निराला को उपहारस्वरूप फूल दे रहे थे, 'मारे डर के हाथ में नहीं दे रहे थे कि कहीं छू जाने पर मुझे नहाना होगा। इतना नत, इतना अधम बनाया है मेरे समाज ने इन्हें।...बिना वाणी की वह वाणी, बिना शिक्षा की वह संस्कृति प्राण का पर्दा-पर्दा पार गई। ओफ्फ! कितना मोह है। मैं ईश्वर, सौंदर्य और विलास का कवि हूँ! फिर भी क्रांतिकारी!' अपनी ही नैतिकता का तिरस्कार, आत्मप्रहार और आत्मविखंडन निराला ही कर सकते थे।

प्रेमचंद और निराला की जीवनचर्या में फर्क था। यह फर्क दूसरे छायावादी कवियों और निराला के बीच भी था। निराला कहते हैं, 'धार्मिक कानूनों की दोहाई दे कर आत्मा को उन्हीं से घेर रखना मुक्ति नहीं।' (*साहित्य का आदर्श*, 1934)। प्रेमचंद ने सदाचार पर एक टिप्पणी की थी, 'जिसका पाचन दुर्बल है, वह मलाई (सदाचार) का स्वाद क्या जाने!' (*उद्धृत, वही*)। निराला इसका प्रतिवाद करते हुए कहते हैं, 'कैसी अद्भुत उक्ति हुई। पाचन दुर्बल होने पर स्वाद की सम्मोहन शक्ति भी दुर्बल हो जाती है, यह हमें नहीं मालूम था।' कलाकारों और लेखकों पर आरोप लगता है कि वे असंयमित जीवन जीते हैं, सदाचारी नहीं होते। निराला कहते हैं, 'आप कलाविदों की कमियों को उनका असंयम बतलाते हैं। हम आपसे पूछते हैं, संसार के सबसे बड़े पुरुष महात्मा गांधी ने अभी महीने भर पहले ऐसा क्यों कहा कि मुझमें दोष है। आप उन्हें भी असंयमी पुरुष समझते हों तो संसार में दृष्टांत-रूप एक संयमी का उदाहरण दीजिए, जिसमें असंयम न हो, न हुआ हो, न होने की संभावना हो।' निराला इस लेख में सदाचार के प्रश्न पर प्रेमचंद की खिंचाई करते हैं। उनका गुस्सा यहाँ आकर खड़ा होता है, 'साधना, संयम, तप आदि नपे-तुले शब्द रख देने से साधारण जनता की आँखों में क्षणिक एक अच्छा अंजन अवश्य लग जाता है।...हमारे यहाँ सदाचार के साथ असदाचार को जगह नहीं मिली।

इसलिए लोग जबान पर सदाचार रख कर पेट में असदाचार ही भर रखते हैं।' (*वही*)। निराला एक तरफ नैतिकता के पाखंड को समझते हैं, दूसरी तरफ उसकी जरूरत महसूस करते हैं, तीसरी तरफ उसमें स्पेस चाहते हैं। वे कहते हैं, 'कोई गिर जाता है तो उसके गिरने के कारण हैं। वे साहित्य के लिए उतने ही जरूरी हैं जितने उठनेवाले कारण।' साहित्य के चरित्रों को नैतिकता का पुतला बना दिया जाए, तो साहित्य लिखा ही नहीं जा सकेगा।

नैतिकता के बारे में आदर्शवादी सोच को चुनौतियाँ मिलीं। निराला स्वाधीन सोच के कवि थे, 'बात-बात में शास्त्रों की राय लेने की जो आदत बड़े-बड़े विद्वानों तक में देख पड़ती है, वह शास्त्रीय पराधीनता है।' (*सामाजिक पराधीनता*, 1932)। वे अन्यत्र लिखते हैं, 'पराधीन भावनाओं ने ही भारत को परतंत्र किया। स्वतंत्र विचारों का मस्तिष्क कभी पराधीन नहीं हो सकता। आज ब्राह्मण विचार, पुरानी परिपाटी जितने अंशों में यहाँ है देश उतने अंशों में पराधीन है और नवीन मानव धर्म जितने अंशों में है, उतने ही अंशों में देश स्वतंत्रता-प्रेमी।' (*हमारे समाज का भविष्य रूप*, 1931)। निराला विचार और नैतिकता के स्रोतों को बदलना चाहते थे। वे 'मनुस्मृति' जैसी चीजों से प्रभावित पुरानी हिंदू सभ्यता को लगातार चुनौती दे रहे थे। उनकी दृष्टि में नैतिक स्वतंत्रता तभी संभव है, जब पहले 'बाहरी स्वतंत्रता' हासिल हो।

अपने समय के कवियों में निराला धार्मिक शुद्धता की जगह विजातीय मिश्रण के पक्ष में सबसे ज्यादा थे–'किसी सृष्टि को प्रगतिशील रखना है तो उसकी शक्ति बढ़ाने के लिए विजातीय भावों का उसमें समावेश करना अत्यंत आवश्यक है।...मनुष्य से ले कर सारी सृष्टि में ऐसी विजातीयता लक्षित होती है।' (*नवीन साहित्य और प्राचीन विचार*, 1929)। शुद्धतावादी कभी विजातीय मिश्रण नहीं चाहता। विजातीय मिश्रण वैचारिक खुलेपन के बिना घटित नहीं हो सकता। निराला 'प्रिय स्वतंत्र-रव अमृत मंत्र नव, भारत में भर दे' कहकर राष्ट्रवाद की जरूरत महसूस करते हैं, लेकिन उनकी दृष्टि में सार्वभौमता भी जरूरी है। वे बल देकर कहते हैं, 'जिस साहित्य का संबंध सार्वभौमिक नहीं, एक दायरे में बँधा हुआ जो अपनी ही तान छेड़ता रहता है, अपने ही वाद्य से मुग्ध रहता है और दूसरे देशों में पैदा हुए स्वरों और वाद्यों से सहयोग नहीं करता, उससे कुछ लेने के लायक और उसे भी कुछ देने के लायक अपने साहित्य में कुछ है या नहीं, इसकी छानबीन नहीं करता, वह संसार की साहित्यिक मंडली में बैठने का अधिकारी नहीं।' (*साहित्य की वर्तमान स्थिति*, 1930)। कहा गया है, 'संग्रह त्याग न बिनु पहिचाने।' निराला सांस्कृतिक कट्टरता के खिलाफ थे, लेकिन उनकी विजातीय मिश्रण की अवधारणा आज के पॉप संगीत या रीमिक्स जैसी नहीं थी। वे विजातीय मिश्रण के लिए अपने मन में खुलापन रखते हुए भी पश्चिमी सभ्यता के संदर्भ में यह एहसास कर रहे थे,

'दगा की, इस सभ्यता ने दगा की।' वे 'ब्राह्मण विचार' और 'पियानो कल्चर' दोनों के प्रति आलोचनात्मक थे।

गांधी से निराला 1939 में मिले होंगे। गांधी से मिल कर उन्हें प्रसन्नता नहीं हुई थी। उन्होंने क्षोभ में कहा था, 'जो राजनीतिक रूप से देश के नेताओं को रास्ता बतलाता है, बेमतलब पहरों तकली चलाता है, प्रार्थना के मुर्दे गीत सुनाता है, हिंदी साहित्य सम्मेलन का सभापति है, लेकिन हिंदी के कवि को आधा घंटा वक्त नहीं देता...सामने बगलें झाँकता है।' (*महात्मा से बातचीत*, 1939) हालाँकि उन्होंने गांधी के बारे में यह भी कहा था, 'महात्मा गांधी संसार के सर्वश्रेष्ठ पुरुष हैं।...राष्ट्र के प्राण हैं।' (*महात्मा जी की भीषण प्रतिज्ञा*, 1932)। गांधी देश में जिस समय राष्ट्रवाद के साथ नैतिक चेतना के केंद्र में थे, प्रेमचंद को इसमें जन संस्कृति और आम जनता की ताकत दिखाई देती थी। निराला को उसमें कठोरता और पाखंड नजर आता था।

गांधी अपने ढंग के शुद्धतावादी रहे हों, लेकिन उन्होंने अपने जीवन और विचार से एक पूरे ऐतिहासिक समय में नैतिक मूल्यों की गूँज पैदा कर दी थी। उन्होंने नैतिक मूल्यों में अहिंसा, ईमानदारी, त्याग, धार्मिक सहिष्णुता और इंद्रिय नियंत्रण को ज्यादा प्रधानता दी थी, क्योंकि इनके बिना देश में न राष्ट्रीय अखंडता संभव थी और न साम्राज्यवाद का विरोध और हर आँख से आँसू पोंछना संभव था। उनका राष्ट्रवाद इन्हीं नैतिक भित्तियों पर खड़ा था। उसका लक्ष्य अखंडित मानवता की ओर बढ़ना था। यह वैसा नहीं था, जैसा आज के हिंदुत्ववादी या स्थानीय अस्मिता की विशिष्टवर्गी राजनीति करनेवालों की परिकल्पना में है। गांधी में जितनी ऊँची नैतिक शक्ति थी और वे जितने निःस्वार्थी थे, उस स्तर को छूना आम आदमी के लिए उसकी जीवन स्थितियों में हमेशा मुश्किल है, फिर भी उनके आदर्शों को सबसे पहले उसी पूँजीपति वर्ग ने रौंदा, जिसके प्रति वे उदार थे। ऊपर से अंतरराष्ट्रीय पूँजी का नग्न सांस्कृतिक हमला हो गया। वह ऐतिहासिक गूँज धीरे-धीरे मिटती गई और गांधी खो गए। लेकिन उस दौर में एक चीज साफ हो चुकी थी, नैतिक क्षय का संबंध मिश्रित राष्ट्रीयता के टुकड़े होने और सभ्यताओं के पतन से ही नहीं जनता की बढ़ती तकलीफों से भी है।

नैतिकता किसी समय ईश्वर की नियमावली थी। सभी उस पर चलें या न चलें, थोड़ा चलें या बहुत चलें, उसका आदर करते थे। बाजार व्यवस्था में वह अरण्यरोदन है। इस समय बाजार ही ईश्वर है। इसलिए उसी की नियमावली आज की नैतिकता या अनैतिकता का उद्‌गम है। बाजार व्यवस्था का मुख्य हथियार भूमंडलीकरण है। सभी शासक इसके आगे नतमस्तक हैं। इस प्रक्रिया को धीमा करने या उलटने में लगे प्रवक्ताओं में साहस नहीं है कि वे 'नैतिक अंतःकरण के साथ भूमंडलीकरण' की बात करें। वे सिर्फ 'मानवीय चेहरा' से संतुष्ट हो सकते

हैं, जबकि भूमंडलीकरण को अब किसी नकाब की जरूरत नहीं है। सभी इस अमानवीय फेनामेना का स्वागत करने के लिए बाध्य हैं। 'नैतिक अंतःकरण के साथ भूमंडलीकरण' अपने साथ बंधुत्व, जनतंत्र और समानता का अहसास ले कर आता, वह विश्वनीड़ होता। लेकिन बहुराष्ट्रीय कंपनियाँ कभी विश्वनीड़ नहीं चाहतीं। वे विश्व बाजार चाहती हैं, जिसमें अवैध मुनाफा ही नैतिकता हो।

इसमें संदेह नहीं कि पिछड़े समाज में भी उच्च नैतिकता हो सकती है और विकसित समाज में भी नैतिकता का स्तर नीचे हो सकता है। नैतिकता स्थिर चीज नहीं है। वह निरंतर एक नई खोज है। नैतिकता का शोर मचा कर अनैतिकता बढ़ाई जा सकती है। अनैतिक स्थितियों में भी नैतिकता की भूख हो सकती है, इसके लिए बेचैनी। महसूस किया जा सकता है कि आदमी यदि सारे मामलों में नैतिक नहीं हो पाता है तो वह सारे मामलों में अनैतिक भी नहीं होता। यह भी कहा जाता है कि हर नई पीढ़ी अपनी नैतिकता खुद रचती है और हर पिछली पीढ़ी उसकी नैतिकता को अनैतिकता कहती है।

बदले परिदृश्य में नैतिकता के प्रश्न का सरलीकरण नहीं हो सकता। विश्व की मुक्त व्यापार व्यवस्था ने दुनिया के समाजों में एक नई स्थिति ला दी है। मुक्त व्यापार व्यवस्था की माँग है मुक्त नैतिकता। यह संपूर्ण व्यवस्था गैर-बराबरीपूर्ण और अनैतिक तरह से खड़ी की गई है। यह किसी के प्रति कोई नैतिक उत्तरदायित्व महसूस नहीं करती, इसमें दुर्बल-पीड़ित के प्रति कोई सहानुभूति नहीं है। उसका डिक्टेट है—अब जीवन व्यापारिक नियमों से चलेगा। व्यापारिक नियमों में जीवन का हस्तक्षेप नहीं होगा। नई व्यवस्था को संचालित करनेवाली साम्राज्यवादी ताकतों ने सैन्य, आर्थिक और तकनीकी दबावों के बल पर दुनिया में एक सांस्कृतिक-नैतिक अराजकता पैदा कर दी है, जिससे फिलहाल बचाव का रास्ता नहीं दिखता। वे स्मृतियों और विकल्पों को मिटा देना चाहती हैं, क्योंकि इसके बिना नैतिकता को जमींदोज नहीं किया जा सकता। यही वजह है कि नैतिकता पहले जिस तरह एक सार्वभौमिक मुद्दा थी, अब वह उतनी ही क्षणिक है। विश्व के मुक्त बाजार में नैतिकता बुलबुले की तरह है। वी.एस. नायपॉल ने एनडीटीवी के एक इंटरव्यू (26 अक्तूबर 2004) में कहा, 'जानवरों को मारना मुझे बड़ी पीड़ा पहुँचाता है। यह पाप है।' और यह कह कर वे डिनर पर चिकन खाने चले गए।

रवींद्रनाथ के समय के अंतरराष्ट्रीयतावाद और आज के वैश्वीकरण के बीच बुनियादी फर्क यह है कि अंतरराष्ट्रीयतावाद में बाजार का लक्ष्य था मनुष्य, जबकि वैश्वीकरण में मनुष्य का लक्ष्य बना दिया गया बाजार। अंतरराष्ट्रीयतावाद एक नैतिक और मानवतावादी माँग है, जबकि वैश्वीकरण वित्तीय पूँजीवाद की माँग है। रवींद्रनाथ ने एक उच्च उद्देश्य से 'विश्व भारती' की स्थापना की थी, जबकि वैश्वीकरण में शिक्षा अमीर और गरीब बच्चों के लिए बुरी तरह अलग-अलग हो

जाती है। उसका अर्थ भी सिकुड़ जाता है। यह शिक्षा के नैतिक और मानवतावादी उद्‌देश्यों को लेकर बने विषयों की सामाजिक विदाई का समय भी है, क्योंकि बाजार की ताकतों द्वारा ये अनुत्पादक और पथ-अवरोध करार दिए गए हैं। बीसवीं सदी के आरंभिक दशकों का अंतरराष्ट्रीयतावाद उच्चतर मानवीय मूल्यों के प्रचार और विश्व से विषमता मिटा कर 'सबको सुखी बनाओ' (कामायनी) के एक महान नैतिक उत्तरदायित्व का एहसास था, जबकि वैश्वीकरण का मकसद है उच्चतर मानवीय मूल्यों, चिंतकों-विचारकों, और नैतिकता का हाशियाकरण। यह बाजार की सर्वग्रासी लोलुपता का नतीजा है।

वैश्वीकरण का संचालन विश्व बैंक, अंतरराष्ट्रीय मुद्रा कोष, विश्व व्यापार संगठन और बहुराष्ट्रीय कंपनियों द्वारा होता है। उनका ऊपर से दावा है कि वे तेज गति से विकास और उत्पादन की गुणवत्ता बढ़ाने के उद्‌देश्य से स्पर्धा का एक मुक्त वातावरण बनाना चाहते हैं, जबकि वस्तुतः वे उत्तर-औद्योगिक देशों का आर्थिक और सांस्कृतिक वर्चस्व अर्ध-औद्योगिक और गरीब देशों पर थोप रहे हैं। यह भी कहा जा सकता है कि वे अपने मकसद के अनुसार विश्व गाँव बनाने के लिए अमेरिका का वैश्वीकरण करना चाहते हैं। उनका कहना है कि वे विकास के मिशन पर हैं, पहले जिस तरह सभ्यता के मिशन पर थे। दरअसल वैश्वीकरण उपनिशेवाद के सभ्य विकल्प के रूप में अर्ध-औद्योगिक और पिछड़े देशों पर थोप दिया गया है। यह नया मामला न होकर उसी का विस्तार है।

एक बार फिर 'राष्ट्र' और 'वैश्विकता' के रिश्ते में धुँधलापन आया है। वैश्वीकरण स्थानीयताओं को सांस्कृतिक स्तर पर उकसा रहा है, पर राष्ट्रीयता और देश की सीमाओं को मिटा देना चाहता है। राष्ट्रीय सरकारें औपचारिक अस्तित्व रखें, सीमाओं की सुरक्षा का भार भी जैसे बहुराष्ट्रीय कंपनियों को दे दिया जाए! राष्ट्रीय संप्रभुता के चिह्नों को मिटाकर विश्व के साझा भविष्य की तरफ ढकेलता वैश्वीकरण खूब-खूब मजा के साथ भय भी देता है। बड़े जोर-शोर से इधर फिर 'राष्ट्र' को दमनात्मक और विकास की राह में पथ-अवरोधक बताया जाता है, जबकि इसके टुकड़ों को गौरवान्वित किया जाता है। देश के नव-प्रशिक्षित नौजवान अब ग्लोबल हैं या लोकल। उनका कोई देश नहीं है। वैश्वीकरण भारत में जैसी सांस्कृतिक पहचान के संरक्षण का दावा करता है, वह '47 से पहले की निर्बुद्धिपरकता एवं भेदभावों से मुक्त राष्ट्रीय संस्कृति पर आधारित नहीं है, बल्कि निर्बुद्धिपरकता और प्रभेद पर आधारित स्थानीय सांस्कृतिक पहचान है। इसलिए वैश्वीकरण भारत में विश्व बाजार की एक से बढ़ कर एक आधुनिक उपभोक्तावादी सामानों के बीच वस्तुतः नैतिक कट्टरता और कूपमंडूकता उभार रहा है। वह आदमी को एक साथ भुक्खड़ और बर्बर दोनों बना रहा है। वह जीवन की श्रेष्ठ, सुंदर और उदात्त चीजों को उजाड़ रहा है। यह एशिया की ही घटना नहीं है। यूरोपीय

समुदाय की धारणा और अमेरिका से उस समुदाय की एकता भी, हालाँकि दोनों के बीच रस्साकशी है, नस्लवाद पर आधारित लगती है। इधर यूरोपीय समुदाय के देशों में अमेरिकी डिक्टेट के विरुद्ध राष्ट्रीयता की भावना फिर उभर रही है। फ्रांस का यूरोपीय समुदाय को 'नहीं' कहना (2005) एक संक्रमण की दिशा की ओर संकेत देता है। फिर भी कहना होगा कि समग्रता में आर्थिक उदारीकरण समाज में नैतिक अनुदारता बढ़ा रहा है और अपने नेटवर्क से एकरूपतावादी विश्व सभ्यता भी लाद रहा है।

विश्व व्यापार की नई घोषित नैतिकता है, जंगल में बाघ और हिरण दोनों आजाद हैं। सबको एक समान देखो, सबकुछ एक समान कर दो। सर्वहारा की तानाशाही न आ पाई हो, पर व्यापारियों की तानाशाही आ चुकी है। भारत के लोगों को गोरी चमड़ी, पश्चिमी रंग-ढंग और वस्तुएँ बहुत आकर्षित करती हैं। एक विज्ञापन में एक विदेशी आदमी पुरानी भारतीय वेशभूषा के लोगों के टिपिकल गाँव में अचानक अवतरित होता है, वहाँ पिंजड़ों में चिड़ियाँ बंद हैं। क्षण में चिड़ियाँ फड़फड़ाती हुई एक साथ उड़ पड़ती हैं। यह आजादी है। परदेशी मुस्कराता है और पर्दे पर दिखता है क्रेडिट कार्ड का विज्ञापन! यह ध्वनि उभरती है, परदेशी उनके लिए मुक्ति ला रहे हैं जो बंधन में हैं। वैश्वीकरण की नजर में भारत पुराने रस्मोरिवाज वाला एक टिपिकल देश है, जहाँ वैश्वीकरण आजादी का एहसास है। मानों आजादी अब जा कर आई है और वह राष्ट्रीय संस्कृति, नैतिकता और रुचियों की जगह ले कर ही आ सकती है।

बहुत-से विदेशी भारत को आज भी 'वंडरफुल कंट्री' के रूप में जानते हैं। यह सँपेरों, हाथियों और महलों का देश है। एक समय सेक्स की देवी और मशहूर पॉप गायिका ब्रिटनी स्पीयर्स ने एक कार्यक्रम में भारत के बारे में उत्साह से बताया था, 'भारत आश्चर्यजनक लोगों और भोजन के लिए प्रसिद्ध है।' यह भी, 'मैं अजूबे भारत से बेहद प्यार करती हूँ।' विदेशियों को भारत अजूबा लगता है और देश की प्रतिभाओं को गतिहीन, एकरस और बोर। अतः इसकी एकरसता से घबरा कर बहुत-से महत्वाकांक्षी व्यक्ति भारत से जा चुके हैं। अपने देश से प्रेम, राष्ट्रीयता मुक्त विश्व बाजार में अनैतिकता है।

दुनिया अब एक बिलकुल नए रूप में उभर रही है। उसमें बाजार-साम्राज्य हैं। साइबर स्पेस है। यह विलक्षण है कि भारत के बहुत-से आइटी कुली अमेरिका और यूरोप में हैं। ये पश्चिमी प्रशिक्षितों की तुलना में अपेक्षाकृत सस्ते हैं। इसलिए वहाँ की सेवाओं में हैं। आम श्रमिक पहले से सस्ते हुए हैं, उनका मान घटा है और उनके जीवन में अनिश्चितता आई है, जबकि साइबर स्पेस में संभावनाओं के नए द्वार हैं। वैसे वहाँ भी सैकड़ों चंबल हैं, बीसियों वीरप्पन सक्रिय हैं। देखते ही देखते साइबर सेंधमारी से करोड़ों रुपए फर्जी खातों में चले जाते हैं। सूचनाएँ

इधर से उधर हैक कर ली जाती हैं। दावा किया जाता है कि विश्व व्यापार नियमों के अधीन होगा और विकसित टेक्नोलॉजी भ्रष्टाचार कम कर देगी, लेकिन विश्व नैतिकता पर अनगिनत उड़नपुल हैं। कुशल प्रबंधक व्यापार व्यवस्था के टंडैल हैं। प्रबंधन में निपुणता सैकड़ों नौजवान को उज्ज्वल भविष्य दे रहा है। हर किस्म की नैतिकता को जो मैनेज कर ले, वही कुशल प्रबंधन-टंडैल बन सकता है। जैसे कुली, वैसे टंडैल। इनका काम बहुराष्ट्रीय कंपनियों के उपभोक्ता उत्पादों और साइबर सेवाओं का मुल्क-मुल्क में संजाल बिछाना है। सबसे बड़ा प्रबंधक वही है जो सबसे अधिक झूठ बेच सकता है, सबसे अधिक छल कर सकता है और मनुष्य-इंद्रियों को सबसे अधिक गुलाम बना सकता है। एक अतिवाद वह था जब मन में इच्छाएँ पैदा नहीं होती थीं, इच्छाहीनता थी। दुनिया एक माया थी। अब इच्छाएँ ही इच्छाएँ हैं। आदमी अपनी कृत्रिम इच्छाओं का गुलाम है। दुनिया अब भी माया है। इसका दर्शन है—एक क्षण भी न गँवाओ, भोगो और भूल जाओ।

अब गिरमिटिया स्त्रियाँ हैं, जो संपन्न अरब देशों में और 'लास वेगॉस' जैसी मौज-मस्ती की जगहों के लिए लाखों की तादाद में भेजी जा रही हैं। वे एजेंसियों की मार्फत जा रही हैं, एक सेक्स-ड्रेन बन गया है। लास वेगॉस, जुआ और मौज-मस्ती की दुनिया का सबसे बड़ा केंद्र है, अब कुछ वैसे ही आकर्षण हर महानगर में हैं। किसी एग्रिमेंट के तहत गई स्त्रियाँ पहले कुछ साल किसी कंपनी में काम करती हैं, वहाँ से अचानक छँट जाने के बाद सेक्स-उद्योग में चली जाती हैं। वैश्वीकरण के युग में स्त्री की देह, छवि और भावना का अनियंत्रित दोहन हो रहा है। एशियाई उपमहाद्वीप की स्त्रियों का विश्व सेक्स बाजार में हिस्सा बढ़ता जा रहा है, जो चिंतनीय है। इसी का विस्तार है महानगरों और अब बड़े नगरों में भी पढ़ी-लिखी, कम उम्र की लड़कियों में जेब खर्च के लिए मुक्त सेक्स की आकांक्षा। बहुराष्ट्रीय कंपनियों द्वारा अपने उत्पादों के लिए कामुकता का बड़े पैमाने पर इस्तेमाल और प्रचार ने युवा समुदाय को भुक्खड़ के साथ कामुक भी बनाया है एवं उसकी बौद्धिक ऊर्जा का बंध्याकरण कर दिया है। गर्भ निरोधक उपायों ने नैतिकता के मानदंड में काफी पहले क्रांति ला दी थी और विवाह-पूर्व सेक्स का रास्ता साफ कर दिया था। अब मुक्त भोग का अधिक खुला प्रचार है। हर विज्ञापन में आक्रामक कामुक स्त्रियाँ हैं। दूसरी तरफ, इस्लामी देशो में स्त्रियों को बुर्का न पहनने और धर्म-निषिद्ध काम करने पर इस्लामी कानून के अंतर्गत कठोर दंड की व्यवस्था है। कश्मीर में निर्देश के बावजूद बुर्का न पहनने पर तीन छात्राओं को गोलियों से भून दिया गया। नैतिकता एक तरफ विकास के रंगीन खँडहरों में भटक रही है, दूसरी तरफ धर्म और संस्कृति के कठिन रेगिस्तान में।

अमीर और गरीब के बीच पिछले सभी विभाजनों से हाल का विभाजन इसलिए अनोखा है कि अमीर इतने सुरक्षित और गरीब इतने असुरक्षित कभी नहीं थे। पहले

अमीर और गरीब के बीच संवाद की स्थिति थी। दोनों थोड़ा-थोड़ा झुकते थे। अब अमीरों का एकतरफा डिक्टेट है। गरीबों को सिर्फ सुनना है, वह बोल नहीं सकता।

विश्व बाजार के चमक-दमक, चुहल और तेज गति से भरे माहौल में प्रायोजित गुजरात जनसंहार (2002) और किसानों द्वारा बड़े पैमाने पर आत्महत्या वैश्वीकरण की नैतिकता पर बड़े सवालिया निशान हैं। हिंदुत्ववाद को अधिक खूंरेज बनाने के लिए हिंदू आप्रवासी अमेरिका से डॉलर भेजते हैं, डॉलर त्रिशूल में बदलता है। एनआरआई की नजर दरिद्र किसानों की ओर नहीं जाती, गंगा तट पर जाती है। वे हवाई जहाज से गंगाजल मँगा कर किसी जार में अपनी संस्कृति की रक्षा करते हैं।

एक बार कांगो में बेल्जियन ननों के ऊपर दैहिक अत्याचार हुआ। वे एक शिविर में टिकाई गई थीं। एक टीवी कैमरामैन ने उन्हें पुकारते हुए कहा, 'तुम लोगों में है कोई, जो बलात्कार की शिकार हो और अंग्रेजी जानती हो?' वे जो अंग्रेजी नहीं जानते, आवाजहीन हैं।

आदमी का मूल्य आज उसके नैतिक-मानवीय-बौद्धिक गुणों से नहीं, बाजार में उसकी कीमत खरीद-शक्ति और सत्ता से आँकी जाती है। वह आज अपनी नैतिकता को गिराए बिना अपने बाजार मूल्य और सत्ता को उठा नहीं सकता। राजनीति में अंध-वफादारी ही उच्चतम नैतिकता है। वहाँ नैतिक पतन की कोई सीमा नहीं है, बल्कि वोट बैंक हो तो धर्म, जाति या क्षेत्र के आधार पर नैतिक पतन को सांस्कृतिक वैधता मिल जाती है। अपराधी अपनी जाति, धर्म और क्षेत्रीयता की गुफा में छिप जाते हैं। बाजार की संस्कृति में ही नहीं, राजनीति की संस्कृति में भी गजब की एकरूपता है, भले रंग-छायाएँ अलग-अलग हों। बड़े घोटालों और भ्रष्टाचार से पूरा राजनीतिक परिदृश्य नहाया हुआ है। ऐसा नहीं है कि इन दिनों नैतिक पतन को ले कर चिंताएँ नहीं हैं। सवाल है, चोर को चोर कौन बोले? कहा जाता है कि घोटाले और भ्रष्टाचार का बढ़ना विकास का लक्षण है। ऐसे कथनों से नैतिक गिरावट का अंदाजा लगाया जा सकता है। उम्मीद की गई थी कि विकसित टेक्नोलॉजी और सूचना क्रांति दफ्तरों में बंद जनतंत्र को मुक्त कर देंगी, भ्रष्टाचार मिटा देंगी, दलालों पर निर्भरता खत्म कर देंगी और सर्वसत्तावाद मिटा देंगी। ये विचार भ्रमपूर्ण सिद्ध हुए।

अब मानो यह स्वीकार कर लिया गया है कि सिनेमा या टीवी में भूमिका पाने, कहीं नौकरी या तरक्की पाने के लिए पैसा या देह सौंपना 'स्ट्रगल' का हिस्सा है। इलेक्ट्रानिक मीडिया के कुछ उत्साही पत्रकारों ने लोकप्रिय व्यक्तियों के निजी भ्रष्ट जीवन में घुस कर उनकी अनैतिकता को सरेआम उजागर करना चाहा। यह स्टिंग ऑपरेशन था, जिस पर बवेला मच गया—किसी की निजी जिंदगी में मत झाँको। बाजारवाद की नई नैतिकता सामने आई, 'कुछ पाने के बदले में कुछ देना या फिर लेना ही पड़ता है।' करोड़ों लोगों के चित्त में बैठे राजनेताओं और फिल्मी

कलाकारों ने अनैतिकता को एक्सपोज करने की नैतिकता को घेर कर अपने सवालों से छेद दिया।

वैश्वीकरण का श्रमजीवियों पर क्या असर पड़ रहा है, राष्ट्र की धारणा पर क्या असर पड़ रहा है, इन सबके साथ इस ओर भी ध्यान जाना चाहिए कि विकास की नई हवा नैतिकता को किस तरह प्रभावित कर रही है। सवाल उठना चाहिए, विकास मूल्य-मुक्त हो या मूल्य-नियंत्रित? विकास में यदि गड़बड़ी है, नैतिक प्रदूषण होगा। आज समाज में एक तरफ हवस बढ़ती जा रही है और दूसरी तरफ निराशा। इस माहौल में, जब आदमी कभी शिकारी और कभी शिकार है, नैतिकता एक पिछड़ी मनुष्यता बन जाती है।

.आज 'महाजनी सभ्यता' में कही गई प्रेमचंद की बात याद आती है, 'दुख की बात तो यह है कि शासक वर्ग के विचार और सिद्धांत शासित वर्ग के भीतर भी समा गए हैं, जिसका फल यह हुआ है कि हर आदमी अपने को शिकारी समझता है और शिकार है समाज।' नैतिकता का विघटन तभी शुरू हो चुका था, जब राष्ट्रीय आंदोलन के भीतर उसके पुनर्निर्माण की कोशिशें चल रही थीं। प्रेमचंद ने महाजनी सभ्यता को तभी पहचान लिया, जब उसके बादल घिरने लगे थे। उन्होंने लिखा था, 'दया और स्नेह, सच्चाई और सौजन्य का पुतला मनुष्य दया-ममता से शून्य जड़यंत्र बन कर रह गया है। इस महाजनी सभ्यता ने नए-नए नीति-नियम गढ़ लिए हैं जिन पर आज समाज व्यवस्था चल रही है। उनमें एक यह है कि समय ही धन है। पहले समय जीवन था। उसका सर्वोत्तम उपयोग विद्या-कला का अर्जन अथवा दीन-दुखी जनों की सहायता था। अब उसका सबसे बड़ा सदुपयोग पैसा कमाना है।' (*वही*)। लोभ की गाड़ी में ब्रेक नहीं होता। यह जनमत नहीं, धनमत का जमाना है। वैश्वीकरण के परिवेश में आदमी की जेब में पैसा नहीं है, पैसे की जेब में आदमी है। वह निश्चय ही अब सिर्फ 'जड़यंत्र' नहीं है, 'जड़ भोगयंत्र' है।

इधर आम लोगों की भोजन की आदतें बदली हैं, उनकी जीवन-शैली में फर्क आया है। उनका व्यक्तिगत पत्र-व्यवहार लगभग बंद है। वे अधिक आरामतलब हैं। यह सब उस भारत में घटा है, जहाँ हरे खेत हैं, जहाँ नारिकेल, नीम और पीपल के पेड़ हैं, नदियों और पहाड़ों की कथाएँ हैं और जहाँ करोड़ों लोग अभी भी दुख में सिर उठा कर जीते हैं। कोई नहीं कह सकता कि आदमी रोज सिर्फ फास्ट फूड ही खाता है, माँएँ अपनी विवाहित बेटियों से फोन पर बात नहीं करतीं और जीवन की परंपराएँ एकदम उलट गई हैं। यह आशंका की जाती है कि समाज में अब नैतिकता के महाविनाश को कोई रोक नहीं सकता, जबकि वास्तविकता यह है कि समाज में जब तक वंचित हैं, असंतोष है और प्रतिरोध है, तब तक नैतिकता है।

स्त्री अर्थी को कंधा नहीं देती। मद्रास में ब्राह्मण अय्यंगर परिवार की एक

स्त्री रेखा हरिश्चंद्रन ने अपनी समाज सेविका माँ के मर जाने के बाद उसे मुखाग्नि दे कर एक मिसाल कायम की। पुजारी विरोध करते रह गए। शकुंतला ने मध्य प्रदेश में बाल विवाह रोकने का प्रयास किया, भले उसका हाथ काट डाला गया। स्त्रियों और छात्राएँ अपने ऊपर होनेवाले अत्याचारों और स्त्री छवियों के व्यापारिक दुरुपयोग के खिलाफ जगह-जगह मुखर हैं। जागरूक मुस्लिम औरतें हक के लिए अपनी चुप्पी तोड़ रही हैं और पुरानी कट्टर नैतिकता को चुनौती दे रही हैं। किसान प्रदर्शन कर रहे हैं। आदिवासी सड़कों पर हैं। दलित सामंती व्यवस्था पर क्रुद्ध हैं और वैश्वीकरण से उनका मोह भंग हो रहा है। निर्बल दबाया जा रहा है। वह भयभीत है, पर शांत नहीं। जी-8 में शामिल देशों–कनाडा, फ्रांस, जर्मनी, इटली, जापान, रसिया, ब्रिटेन और अमेरिका की शिखर वार्ता के विलासितापूर्ण और अति सुरक्षित स्थलों पर प्रतीकात्मक वैश्विक मुठभेड़ का सिलसिला कम तात्पर्यपूर्ण नहीं है। यह सिएटेल से स्कॉटलैंड तक भले फिलहाल सेफ्टी वॉल्व जैसा लगे। पर्यावरण के संदर्भ में जन-जागरूकता, जल, वनस्पति और जंगल की रक्षा लोक इतिहास रच रही है। मातृभाषाओं को ले कर चिंताएँ हैं। ये सारी चिंताएँ नैतिकता के लिए भी मिट्टी तैयार करती हैं। ये इसका संकेत हैं कि चल-चल कर बननेवाली पगडंडियाँ कभी मिटती नहीं हैं और नैतिकता इतिहास नहीं हो सकती।

हमें पता है कि इतिहास को करवट बदलते देर नहीं लगती। हमने देखा है कि अपने को असीम शक्तिमान समझनेवाले राजाओं और बादशाहों की पोशाकें एक दिन बैंड-बाजा वालों को पहना दी गईं।

एक दिन छह साल की एक बच्ची ने टीवी पर अचानक कलाकारों के साथ एक प्रसिद्ध अभिनेत्री का नृत्य देखते हुए पूछा, नाना! क्या इनके पास कपड़े नहीं हैं? बच्चे सवाल कर रहे हैं। इस सवाल का यही जवाब हो सकता है, ये सभी व्यक्ति मन से गरीब और बीमार हैं।

नैतिकता का स्रोत

किशन पटनायक

नैतिकता कहाँ से आती है और वह क्या है, इसको समझने की कोशिश होनी चाहिए क्योंकि अधिकांश लोग यह मानने लगे हैं कि समाज में सब तरफ नैतिक गिरावट हो रही है।

नैतिकता की बुनियाद में सत्य और भ्रातृत्व हैं, नैतिकता एक व्यवहार है—अन्य के प्रति, खासकर जीवों के प्रति। व्यवहार के कई सूक्ष्म स्तर हो सकते हैं, जैसे किसी (जीव) के संबंध में आप मन में क्या भाव रखते हैं। सत्य में कठोरता है, भ्रातृत्व में स्नेह है। भातृत्व के लिए कई शब्द हो सकते हैं, जैसे प्रेम या अहिंसा। गांधी की अहिंसा को हम नहीं लेना चाहते हैं, क्योंकि यह एक ऊँचा शब्द है और शब्द की बनावट नकारात्मक है।

सत्य या भ्रातृत्व, किसी एक तत्त्व को ले कर नैतिकता नहीं होती है। कोई अगर कह देता है कि सत्य में भ्रातृत्व अनिवार्य रूप में निहित है, तो तर्क के लिए बात सही है, लेकिन व्यावहारिक समझ इससे बनती नहीं है। भ्रातृत्व के लिए और कई शब्द हो सकते थे। बाइबिल का प्रेम शायद बेहतर है। लेकिन सतही अर्थ में प्रेम शब्द का इस्तेमाल बहुत ज्यादा होता है। भारतीय शब्दों में करुणा श्रेष्ठ है। लेकिन मनुवादी हिंदू मानसिकता में इसकी समझ नहीं बन पाती है। एक औसत हिंदू करुणा का मतलब दया समझता है और दया के पात्र को हेय मानता है। दया में कोई जोखिम नहीं है। करुणा में जोखिम है। किसी कुष्ठ रोगी या वेश्या को गले लगाने से आप समाज में निंदित होते हैं।

फिलहाल 'भ्रातृत्व' शब्द यथार्थवादी है, क्योंकि इसमें स्नेह की गहराई के साथ समानता का बोध भी है, जो जरूरी है। इस शब्द में एक ही नुक्स है, यह शब्द पुरुषवाचक है। स्त्री के व्यक्तित्व पर लिखी गई सर्वश्रेष्ठ पुस्तक की लेखिका सिमन द बूवा कहती हैं कि स्त्री और पुरुष में भाई-भाई का संबंध होना चाहिए। इसी तर्ज पर हम कह सकते हैं कि मर्द और औरत के बीच तथा औरत और औरत के बीच भाई जैसा संबंध होना चाहिए। 'भाई' सचमुच एक बड़ा शब्द है।

नैतिकता निर्माण का पहला प्रश्न यह है कि सत्य और भ्रातृत्व के लिए कहाँ से अंगीकार (स्वीकार, ग्रहण) बनता है? यहाँ पर आधुनिक समाजशास्त्र मौन है। जब हम यह कहते हैं कि नैतिकता का स्तर गिर रहा है, तो उसका तात्पर्य है कि नैतिकता का स्तर पहले अच्छा था। अधिकांश लोग इस बात को मान रहे हैं। समूहों के संबंध में नैतिकता का स्तर कभी बहुत बढ़िया नहीं रहा, लेकिन निर्धारित समूहों के अंदर और व्यक्ति के अपने जीवन में अलबत्ता नैतिकता का स्तर आज से काफी बेहतर था। तो इस नैतिकता का प्रेरणास्रोत क्या था।

प्राचीन शास्त्र इस बारे में मौन नहीं हैं। उनमें बेहिचक ढंग से कहा जाता है कि ईश्वर और पुनर्जन्म में संपूर्ण विश्वास होने पर सत्य और भ्रातृत्व का संस्कार पनपता है। 'हम सब ईश्वर की संतान हैं, इसलिए आपस में भाई हैं' वाली बात बिलकुल तार्किक लगती है। ईश्वर सर्वव्यापी है इसलिए आप सत्य को छुपा नहीं सकते हैं, मृत्यु के बाद भी जीवन है। उसकी जाँच कर्म के आधार पर होती है। इसलिए पुण्य करना अपने लिए कल्याणकारी है, पाप अपने लिए खतरा बन सकता है। इन्हीं बातों को प्राचीन सभ्यताओं ने विभिन्न रूपकों के माध्यम से सभ्य मनुष्य की प्रेरणा का स्रोत बनाया है। व्यक्ति खुद भटक सकता है, इसलिए सत्य और भ्रातृत्व के मूल्यों पर आधारित समाज के नियमों और सामाजिक संस्थाओं को बनाया गया। इन नियमों और संस्थाओं का समुच्चय है समाज, जिसको आधुनिक शास्त्र 'नागरिक समाज' या 'सिविल सोसाइटी' कहता है। सामाजिक नियमों का एक निम्नतम हिस्सा, जो चोरी और हिंसा से संबंधित है, सरकारी कानून बन जाता है। अपराध के विरुद्ध सरकार और कानून अभी भी बने हुए हैं। लेकिन अपराध का अनुपात बढ़ता जा रहा है और नियंत्रण के बाहर हो रहा है, क्योंकि समाज का ह्रास हो रहा है और नैतिकता का मानस नहीं बन रहा है। समाज और नैतिकता का संस्कार, इन दो के बिना सरकारी कानून अपराध का दमन नहीं कर सकता।

क्या हम नैतिकता के उस पुराने ढाँचे को वापस ला सकते हैं? क्या ईश्वर लौट सकता है? जहाँ भी वह है, कमजोर और संकीर्ण धारणाओं पर टिका हुआ है। वह हमारी समूची चेतना को आच्छन्न नहीं कर पाता। आधुनिक समय के द्वारा आहत यह ईश्वर हमें कुछ शांति दे सकता है, हमारे तनाव को हलका कर सकता है, लेकिन नैतिकता और सत्य का प्रेरक नहीं हो पाता है। गुजरात के 'स्वाध्याय आंदोलन' को इस परिप्रेक्ष्य में जरूर देखना चाहिए। 'भक्ति' की भावना जगा कर भ्रातृत्व और ईमानदारी पैदा करने का यह एक प्रयोग है। इस उदाहरण से सिर्फ यह साबित होता है कि जिस समूह में बहुत ज्यादा आधुनिकीकरण नहीं हुआ है और जिसमें विषमताएँ भी बहुत ज्यादा नहीं हैं, वहाँ भक्ति के संस्कार को पुनर्जीवित किया जा सकता है, भक्ति से भ्रातृत्व और भ्रातृत्व के कारण समाज का एहसास होने लगता है।

इसका मतलब यह नहीं है कि आधुनिकीकरण को रोक देने से ईश्वर में आस्था पूर्ववत हो जाएगी। कुछ बचाव हो सकता है और समाज को पूरी तरह नष्ट होने से बचाया जा सकता है। आस्था विचारों का ही एक हिस्सा होती है। समय के साथ-साथ जैसे नई सूचनाएँ, नई कल्पनाएँ और नया ज्ञान विकसित होते हैं तो पहले के विचार अंशतः पुराने होने लगते हैं। तब विचारों का नवीकरण जरूरी होता है। इसी तरह एक दीर्घ अवधि के बाद आस्थाओं का भी नवीकरण जरूरी होता है। जरूरी नहीं कि आस्थाओं को छोड़ा जाए, लेकिन उनका नवीकरण हो, अन्यथा पुरानी आस्थाएँ नए युग में खटकने लगती हैं। शायद एक ऐसी स्थिति को परिभाषित करने के लिए नीत्शे ने कहा था, 'ईश्वर मर गया है।' अब ईश्वरजनित नैतिकता बोध के भरोसे हम नहीं रह सकते।

आखिरकार ईश्वर क्या है और पुनर्जन्म क्या है? अपने अस्तित्व की एक विराट परिधि का आविष्कार करना ईश्वर है। मृत्यु के बाद के जीवन का भी तात्पर्य वही है। मृत्युपर्यंत कालावधि जीवन की सीमा नहीं है। जीवन सिर्फ गति नहीं है। उसकी गहराई भी है। जीवन को नदी मानें तो प्रवाह उसका एक आयाम है। जिसको नदी की अतल गहराई कहते हैं उसी तरह समय का भी एक आयाम बनता है। उस आयाम के द्वारा जीवन को जानो, मृत्युपर्यंत कालावधि के द्वारा जीवन को सीमाबद्ध मत करो—शायद पुनर्जन्म जीवन की अनंतता की इस चेतना को पुष्ट करता था। तर्क में लाने के बाद पुनर्जन्म निश्चय ही एक अंधविश्वास हो जाता है। तर्क के ढाँचे में ला कर उसको सामाजिक अन्याय का भी एक आधार बनाया गया। चूँकि पुनर्जन्म है, इसलिए पाप करनेवाले ही नीच श्रेणी में पैदा होते हैं। यह है पुनर्जन्म को तर्क के ढाँचे में ला कर उसको अन्याय का आधार बनाना। फिर होता यह है कि आधुनिक ज्ञान की तर्क पद्धतियों के आगे यह टिक नहीं पाता और अंधविश्वास के रूप में प्रमाणित होता है। तो पुनर्जन्म जैसी अवधारणा के द्वारा आप जीवन की अनंतता का बोध पैदा नहीं कर सकते। अतः पुनर्जन्म फिर से नैतिकता का प्रेरणा-स्रोत नहीं बन सकता।

ईश्वर का वही हश्र हुआ है। ईश्वर को अन्याय के काम में इतना लगाया गया कि उसको तर्क के कठघरे में रखना पड़ा और उसकी विश्वसनीयता काफी हद तक खतम हो गई। इसी तरह आस्थाएँ बिगड़ती हैं, कमजोर पड़ती हैं या भ्रष्ट होती हैं। तब मनुष्य के अस्तित्व को नए सिरे से परिभाषित करने के लिए नई अवधारणाएँ और नई शब्दावली गढ़नी पड़ती है। चेतना का पुनर्निर्माण करना पड़ता है। चेतना के पुनर्निर्माण का एक सघन और गहरा प्रयास करना है। इस नई चेतना के निर्माण के साथ-साथ एक नया नैतिकता बोध दुनिया में पैदा होगा।

ईश्वर आध्यात्मिक चेतना का अनिवार्य हिस्सा नहीं है। कई प्राचीन सभ्यताओं में गैर-ईश्वरवादी आध्यात्मिक चेतना की पद्धति पाई जाती है। हमारे अपने देश

में इसका सबसे बड़ा उदाहरण है—एक समूचा धर्म बिना ईश्वर के प्रवर्तित और संगठित हो गया। अतः ईश्वर और पुनर्जन्म को छोड़ कर भी नैतिकता बोध का संस्कार पैदा किया जा सकता है। हमारे जमाने में इसके लिए मनुष्य की गरिमा और जीवन की पवित्रता को केंद्रीय मूल्य के तौर पर ग्रहण करना होगा। इसी से समाज का भी पुनर्निर्माण होगा और साथ-साथ पर्यावरण का पुनरुद्धार। अमर्यादित विषमता समाज को खतम करती है और मनुष्य की गरिमा को नष्ट। समत्व शायद दुःसाध्य है, लेकिन विषमताओं के अनुपात को मर्यादित और मानवीय बनाना हमेशा संभव है। एक सीमा के ऊपर या नीचे विषमता को अस्वीकार करना, उसको बर्बरता मानना आधुनिक मनुष्य के लिए नैतिकता बोध का पहला कदम है। 'सबार ओपोरे मानुष' के रवींद्रनाथ ठाकुर के उद्घोष को मंत्र मान कर यह यात्रा शुरू हो सकती है। किसी भी राजनीति, अर्थनीति, विज्ञान या विचार को इसी से जाँचना है कि सामान्य मनुष्य को, उसके जीवन को वे कितना महत्व प्रदान करते हैं या उसको नीचे या हाशिए पर ढकेलते हैं। जीवन की अनंतता का बोध मनुष्य की गरिमा की स्वीकृति से होता है।

'सबार ओपोरे मानुष' को ज्यादा स्पष्ट ढंग से समझने के लिए गांधी के इस वाक्य को देखना होगा, "मनुष्य ही सबसे बड़ी कसौटी है" (मैन इज द सुप्रीम कनसिडरेशन) यानी विकास और व्यवहार की सर्वप्रथम कसौटी मनुष्य है।

कुछ पर्यावरणवादी इससे भिन्न राय रखते हैं—यह कह कर कि इससे मनुष्य को पर्यावरण को नष्ट करने का अधिकार मिल जाता है। दूसरी आपत्ति प्राचीनतावादियों की हो सकती है कि ब्रह्मांड की तुलना में तो मनुष्य एक क्षुद्र कण के समान है।

पर्यावरण या ब्रह्मांड की श्रेष्ठता से मानवीय कसौटी समाप्त नहीं हो जाती। लेकिन मानवीय कसौटी को त्याग कर पर्यावरण या ब्रह्मांड को श्रेष्ठता प्रदान करना अर्थहीन हो जाता है, क्योंकि मनुष्य की चेतना ही ब्रह्मांड संबंधी ज्ञान और व्यवहार का आधार है। पर्यावरण का महत्व भी आज इसलिए समझ में आ रहा है कि प्रकृति का क्षय मनुष्य के लिए एक खतरा है। मनुष्य के भौतिक तथा आध्यात्मिक विकास के लिए प्रकृति का 'अक्षय' रहना जरूरी है। यह प्रकृति का ही नियम है कि प्रकृति में रहने के लिए कुछ हद तक प्रकृति का दोहन करना होगा, मानों इस दोहन को प्रकृति बुरा नहीं मानती। इसको विनाश नहीं कहा जा सकता। प्रकृति और मनुष्य का विनाश एक साथ होता है—यह समझ हम मनुष्य की हित-चेतना से ही बना सकते हैं। मनुष्य के हित से संपूर्ण रूप से अलग करके प्रकृति के हित को समझने की क्षमता ईश्वर ने हमें नहीं दी है।

मनुष्य ब्रह्मांड की प्रजा है, अधिपति नहीं। राजा की भी कसौटी प्रजा है। प्रजा का मतलब है आम जनता। आधुनिक पश्चिमी सभ्यता की गलती यह है

कि वह मनुष्य को अधिपति बनाने की कोशिश में लगी हुई है। इससे एक ऐसा वर्ग पैदा होता है जो प्रकृति और ब्रह्मांड को पददलित करना चाहता है और अंततोगत्वा मनुष्य को पददलित करता है, मनुष्य जीवन की पवित्रता की अवधारणा उसमें नहीं रह जाती है। पुनर्जागरण (रेनेसाँ) के जिन दिनों मनुष्य की गरिमा की बात उठी थी, तब एक सही दिशा थी। लेकिन साम्राज्यवाद और आधुनिक विज्ञान के दुर्भाग्यपूर्ण संयोग के बाद मनुष्य मात्र को पवित्र मानने का सिलसिला खतम हो गया। योग्यतम को विशेषाधिकार देने की नीति अपनाई गई। प्रतियोगिता को कसौटी माना गया। मानवीय कसौटी से यह बिलकुल भिन्न है। इसके चलते पश्चिमी सभ्यता में दो विकृतियाँ पनपीं—एक, व्यक्तिवाद का दर्शन और दो, प्रकृति पर विजय पाने की अदम्य लालसा।

मध्ययुगीन भारत में कई गड़बड़ियाँ हुईं, जिनका विस्तृत अध्ययन किया जाना चाहिए। मध्ययुगीन भारत का काल आठवीं या नौवीं शताब्दी से* शुरू होता है, इस काल में हिंदू दर्शन और संस्कृति पर योग्यतावाद हावी हो गया, और मनुष्य को क्षुद्र समझा गया। बहुजन हिताय का सिद्धांत भी लुप्त हो गया। सिर्फ योग्यतम व्यक्तियों को, द्विजों को, द्विजों में ब्राह्मण को पवित्र माना गया। पश्चिम के व्यक्तिवाद या योग्यतावाद का सामंजस्य भारत के इस द्विजवाद से है।

मनुष्य को मापदंड मानना या मनुष्य जीवन को पवित्र समझने का मतलब है प्रत्येक मनुष्य की कल्याणकारी संभावनाओं, उसकी आत्म निर्णयकारी क्षमता और उसके आत्मसम्मान को स्वीकार करना। कोई भी न्यायपूर्ण सामाजिक संरचना या नीतिशास्त्र का मूलाधार यही हो सकता है और नैतिकता का स्रोत भी।

---

* लेखक की राय में भारत का मध्ययुग मुसलमान हमलावरों के आने से शुरू नहीं होता है बल्कि उसके पहले से यानी हर्षवर्धन के काल के बाद जिस प्रकार से भारत का राजनीतिक, सामाजिक और सांस्कृतिक क्षय हुआ उससे शुरू होता है।

नैतिकता के द्वंद्व

राजकिशोर

आधुनिक समाज में नैतिकता का क्या स्थान हो सकता है? क्या यह एक मध्ययुगीन सिक्का है जिसे आज चलाने की कोशिश एक पिछड़ा हुआ आग्रह होगा? या नैतिकता की जरूरत तो है, लेकिन हम उसका कोई आधार नहीं खोज पा रहे हैं? अब हम 'नैतिक संकट' की बात करते हैं तो हमारा ठीक-ठीक आशय क्या होता है? क्या यह संकट पूरी सभ्यता का ही संकट है या उसके सिर्फ एक पहलू का? भारत में इस संकट का स्वरूप क्या है? क्या इसका संबंध सिर्फ व्यक्ति से है या पूरी भारतीय व्यवस्था से? क्या नैतिकता की खोज किए बिना हम सभ्य समाज की कल्पना कर सकते हैं?

निश्चय ही ये भारी-भरकम सवाल हैं और इनके उतने ही भारी-भरकम जवाबों से हमारा अकसर पाला पड़ता है। लेकिन शायद ही कोई समाधान हासिल हो पाता हो। इसलिए नहीं कि समाधान हैं ही नहीं, बल्कि इसलिए कि नैतिकता के सवाल को हम एक खास संदर्भ में देखने के आदी हो चुके हैं। यह संदर्भ कई बार ऐसे मूल्यों से बना होता है, जिनकी ऐतिहासिक उपयोगिता लगभग समाप्त नहीं तो संदिग्ध अवश्य हो चुकी है। इसके पीछे कहीं यह मान्यता भी काम कर रही होती है कि सभी परंपरागत समाज नैतिक समाज थे और आज हम एक घोर अनैतिक युग में रह रहे हैं। यह एक ऐसा मिथक है जो हमेशा अतीत को स्पृहणीय और वर्तमान को अनुज्ज्वल बनाए रखता है। दुनिया में अभी तक कोई ऐसा दौर नहीं आया, जब सब जगह या किसी खास जगह स्वर्ग उतर आया हो। हाँ, यह जरूर कह सकते हैं कि आधुनिक समय के पहले नैतिक मूल्यों के आगे इतने प्रश्नचिह्न नहीं लगे थे, हालाँकि यह भी अर्धसत्य ही है। वस्तुतः नैतिकता कभी स्थिर रही ही नहीं है। उसका स्वरूप लगातार बदलता गया है। पुरानी नैतिकता को प्रश्न-बिद्ध कर नई नैतिकता का विकास एक लगभग अनवरत प्रक्रिया है। संभवतः स्त्री-पुरुष संबंध ही वह क्षेत्र है जिसके नैतिक प्रतिमान अपेक्षाकृत लंबे समय तक स्थिर दिखाई पड़ते हैं। निश्चय ही इसका एक बड़ा कारण स्त्री की कमजोर भौतिक स्थिति की

निरंतरता है। लेकिन अब ये प्रतिमान भी बहुत तेजी से बदल रहे हैं। लेकिन नैतिक सवाल का दंश सबसे ज्यादा हमारे सार्वजनिक जीवन में महसूस किया जा रहा है, हालाँकि यह एक ऐसी समस्या है, जिसे विश्वजनीन से कम नहीं कहा जा सकता। एक मूलभूत चुनौती और उभरी है। अभी तक यानी आधुनिक-पूर्व समय तक जीवन अर्थपूर्ण जान पड़ता था। यह अर्थ ही बहुत-से नैतिक मूल्यों का स्रोत था। किंतु जीवन अब एक निरुद्देश्य घटना प्रतीत होता है। इसके कारण वे बहुत-सी चीजें, जो पहले मूल्यवान थीं, अब निरर्थक जान पड़ने लगी हैं। इसके साथ ही एक ऐसे मानसिक शून्य का जन्म हुआ है, जो चूँकि नया है, इसलिए उसे भरने का कोई ज्ञात तरीका हमारे पास नहीं है।

नैतिकता का सवाल, जहाँ तक यह धार्मिक जमीन से जुड़ा हुआ था, अब अप्रासंगिक हो चुका है, क्योंकि धर्म आज अगर कहीं है तो इतिहास के एक अबोध-अवशेष के रूप में ही। इस तर्क से बहुत बात नहीं बनती कि दुनिया के अधिसंख्य लोग अब भी मंदिर, मस्जिद या चर्च जाते हैं या स्वभावतः धार्मिक हैं। ऐसा इसलिए है, क्योंकि वे कहीं-न-कहीं इतिहास में जी रहे हैं। सच तो यह है कि इन मंदिरों से देवता कभी के कूच कर चुके हैं और अब वहाँ महज एक जड़ संतोष है। धार्मिकता अब शायद अबोधता के एक स्तर से ज्यादा कुछ नहीं, लेकिन हम जानते हैं कि आस्था के द्वारा जड़ वस्तुओं और अर्थहीन क्रियाओं में भी जीवन का संचार किया जा सकता है। इसी तर्क से आदिवासी कबीले अपने चित्र-विचित्र देवी-देवताओं से आज भी प्रेरणा ग्रहण करते रहते हैं। जैसे उनसे झगड़ा नहीं जा सकता, उसी तरह उस समकालीन आदमी से भी नहीं, जो आधुनिक होने को तैयार नहीं। नीत्से ने उन्नीसवीं शताब्दी में ही ईश्वर की मृत्यु की घोषणा कर दी थी, लेकिन उसे पता नहीं था कि लाश की भी एक उम्र होती है और जिस तरह बंदरिया अपने शिशु का शव बहुत दिन तक नहीं त्यागती, उसी तरह मानव जाति भी अपने विश्वासों को झटके से परे नहीं कर पाती। निश्चय ही धार्मिक विश्वासों को सामाजिक स्थापना मिलने में शताब्दियाँ लगी होंगी। फिर वे सौ या पचास वर्षों में बेअसर कैसे हो जाएँ?

कह सकते हैं, बहुत-से लोगों को धार्मिकता के इसी अवशेष में जीवन का अर्थ और रस मिलता है, तो उसका तिरस्कार क्यों किया जाए? तर्क जायज है, लेकिन यह जितना स्वतंत्रता के सम्मान का आग्रह है, उतना चेतना की स्वतंत्रता का नहीं। हर मनुष्य को अपने ढंग से जिंदगी जीने का अधिकार होना चाहिए। इस प्रक्रिया में इतिहास के अनेक अवशेषों की सुरक्षा निहित है। लेकिन यह एहसास रहना चाहिए कि नैतिकता के एक स्रोत के रूप में इन अवशेषों की उपयोगिता क्षीण हो चुकी है। यह बोध तब और प्रखर होता है जब हम पाते हैं कि इस तरह का धार्मिक व्यक्ति अकसर मध्ययुगीन दुराग्रहों का भी आग्रही होता है। यही कारण

है कि एक पारंपरिक हिंदू तथाकथित आधुनिक हिंदू से ज्यादा ठोस और सुसंगत नजर आता है, तो वह कुछ मामलों में बहुत पिछड़ा हुआ भी होता है, मसलन जाति प्रथा, अस्पृश्यता, स्त्री की गुलामी, परिवार की तानाशाही आदि। इस पृष्ठभूमि में ही हम कुछ वर्ष पूर्व प्रकट हुए सती आग्रह को समझ सकते हैं। ईसाइयत और इस्लाम भी अन्य संदर्भों में कुछ ऐसा ही नजारा पेश करते हैं। प्रश्न यह है कि क्या निजी आत्मिक संतोष को उस माहौल को प्रदूषित करने की सुविधा दी जा सकती है जिसमें स्वतंत्रता और समानता के विविध रूपों का तीव्र अनुरोध है?

कुछ समाजों में कट्टरता की ओर वापसी को आधुनिक आत्मरहित सभ्यता से विरक्ति या विद्रोह के संदर्भ में उचित ही परिभाषित किया गया है। लेकिन अंततः यह जीत किसकी है? क्या यह प्रसन्नता कुछ-कुछ वैसी ही नहीं है जैसी सोवियत संघ के राष्ट्रपति मिखाइल गोर्बाच्येव के तख्ता-पलट पर कुछ हलकों में देखी गई थी? हम जानते हैं कि तख्ता-पलट करनेवाले किसी भी गहरे अर्थ में कम्युनिस्ट नहीं थे। इसी तरह ये नव-धार्मिक भी किसी गहरे अर्थ में धार्मिक नहीं हैं। संभवतः इनका विद्रोह आधुनिकता का नेतृत्व करनेवाली पश्चिमी ताकतों से है। यह विद्रोह तभी रचनात्मक होता, जब एक बेहतर आधुनिकता उथली आधुनिकता का स्थान लेने के लिए व्यग्र होती। लेकिन हम पाते हैं कि यह विद्रोह-मनुष्य को नए सिरे से काराबद्ध बनाता है। इसकी कुछ झाँकी हम भारत के भाजपाई पुनरुत्थानवाद में पाते हैं। क्या उन्हें रामभक्त कहा जा सकता है, जो एक जीर्ण-शीर्ण मस्जिद को ढाहने के लिए दर्जनों लोगों की जान ले चुके हैं? 'हर हर महादेव' वाले ये साधु-संन्यासी किस संस्कृति का प्रतिनिधित्व कर रहे हैं? अकसर वापसी का रास्ता और भी खतरनाक होता है, क्योंकि वह इतिहास की लाश के बीच से गुजरता है और वर्तमान से आँखें चुराता है। विकास की एक सीढ़ी के रूप में धर्म रचनात्मक है, क्योंकि वह मनुष्य की संवेदना का विस्तार करता है तथा मनुष्यता को पहले से बेहतर ढंग से परिभाषित करता है। लेकिन जब इन परिभाषाओं का मिथ्यात्व प्रभावित हो चुका है, तब उनकी जिद एक नए प्रकार की सामाजिक तानाशाही ही पैदा कर सकती है, जिससे सबसे ज्यादा प्रभावित होती हैं स्त्रियाँ, क्योंकि परंपरागत समाजों में सबसे ज्यादा दमन उन्हीं का हुआ था।

नैतिकता का सवाल उठने पर अकसर भौतिकवाद की निंदा का सुपरिचित स्वर सुनाई पड़ता है। यह मान्यता-सी जान पड़ती है कि मनुष्य जितना ही धन का भूखा होगा, उतना ही पतित होगा। लेकिन यह एक छल-पूर्ण आत्म-नकार है। हमारे अस्तित्व का एक स्तर—बल्कि मूलभूत स्तर—भूत यानी पदार्थ है। इस पर हमें शर्म क्यों होनी चाहिए? वस्तुतः यह शर्म उन धार्मिक व्यवस्थाओं का ही एक अवशेष है, जिनमें मनुष्य को शुद्ध चेतना माना जाता था और इस जीवन को अगले जीवन की तैयारी का औजार। यह दर्शन इसलिए अस्तित्व में आया, क्योंकि

टेक्नोलॉजी का स्तर सभी मनुष्यों के सुखद भौतिक जीवन के लिए बेहद नाकाफी था। ऐसे माहौल में गरीबी का महिमान्वयन स्वाभाविक ही नहीं, जरूरी भी था। आज भी चोरी को अगर एक अधम कृत्य माना जाता है, तो इसीलिए कि संपत्ति संबंधी पवित्रतावाद से ही वह समाज चल सकता था। इसके लिए कई देशों में तो हाथ तक काट लिए जाते थे, जबकि आज संपन्न समाजों में कई बार सिर्फ चेतावनी दें कर छोड़ दिया जाता है।

भौतिकता में कोई दोष नहीं है। चेतना अपने को भौतिकता के माध्यम से ही व्यक्त करती है। शरीर अगर पदार्थ है, तो पदार्थ की भूख भी पैदा होगी। यह भूख जितनी ज्यादा मिटाई जा सके, मिटाई जानी चाहिए। कसौटी सिर्फ यही हो सकती है कि इस प्रक्रिया में किसी और की भूख को वंचित तो नहीं किया जा रहा है। समाजवादी विचार इसी से पैदा हुआ है। उसकी स्थापना है कि सृष्टि पर मेरा उतना ही अधिकार है जितना किसी और का। इसी का मौजूदा विस्तार पर्यावरण की चिंता है। प्रदूषित या क्षतिग्रस्त पर्यावरण अंततः मनुष्य का ही नुकसान करता है। यही कारण है कि पर्यावरण आंदोलन में गहरी नैतिक अनुगूँजें सुनाई पड़ती हैं। लेकिन इसे किसी प्रकार का नव-अध्यात्मवाद करार देना ज्यादती है। यह एक शुद्ध भौतिकतावादी आंदोलन है और मनुष्य के भौतिक सुखों के हित में ही पदार्थ से जायज रिश्ते की माँग करता है।

सवाल किया जा सकता है कि लेकिन यह जायज है क्या? इसकी पहचान कैसे हो? हम अन्य प्रजातियों या अपनी भावी पीढ़ियों की चिंता क्यों करें? अपनी ही प्रजाति के अन्य सदस्यों की चिंता क्यों करें? ऊपरी तौर पर यह सवाल जितना चतुर और ठोस प्रतीत होता है, उतना वस्तुतः है नहीं। सच तो यह है कि नैतिकता के किसी बाहरी आधार पर तलाश अब बंद ही कर देनी चाहिए। किसी को कुछ बनाया नहीं जा सकता। कोई भी चीज वही हो सकती है, जो वह है। यही मनुष्यता का भी यथार्थ है। मनुष्य यदि मूलतः नैतिक प्राणी नहीं है, तो उसे नैतिक बनाने की तमाम कोशिशें विफल होने को बाध्य हैं। मनुष्य यदि नैतिक प्राणी है, तो कोई व्यवस्था उसे ज्यादा दिनों तक अनैतिक नहीं बनाए रख सकती। अतः नैतिकता या अनैतिकता के उद्गम की तलाश मानव स्वभाव या मानव स्थिति में ही की जानी चाहिए।

अन्य प्राणियों से मानव जीवन की तुलना की जाए, तो कुछ दिलचस्प तथ्य उजागर हो सकते हैं। माना जाना है कि पशुओं के जीवन में नैतिक प्रश्न नहीं होते। पशु बस पशु होता है—न नैतिक न अनैतिक। लेकिन क्या यह सच है? पशु नीतिशास्त्र की पुस्तकें न लिख सकते हैं न पढ़ सकते हैं। 'यह करें या वह' की दुविधा भी उनमें कम देखी जाती है, लेकिन क्या उनके आचरण के कुछ सुनिश्चित प्रतिमान नहीं होते, जिनके आधार पर उनका जीना संभव हो पाता है?

हिंसा और सामूहिकता, प्रेम और वैर, सहयोग और प्रतिद्वंद्विता के वे मूल्य क्या उनमें भी नहीं देखे जाते, जो मनुष्य में मिलते हैं? निश्चय ही पशुओं के जीवन में यह सब ज्यादातर सहज बोध के स्तर पर ही घटित होता है, लेकिन अधिकांश मनुष्यता के बारे में भी क्या यही सच नहीं है? साधारण मनुष्य सचेत निर्णय के द्वारा नैतिक होता है या वह बस नैतिक होता ही है? मनुष्य की चेतना चूँकि ज्यादा विकसित है, उसकी इच्छाओं में ज्यादा विविधता है, वह अपने कर्म और उसके नतीजों की शृंखला को तोड़ सकता है (उदाहरण के लिए चोरी करके या बलात्कार करके बच निकल सकता है) और साथ ही महान-से-महान त्याग भी कर सकता है, इसलिए उसके जीवन में नैतिकता और अनैतिकता दोनों के भाँति-भाँति के खेल देखने में आते हैं। वह औसत से ज्यादा नैतिक भी हो सकता है और औसत से ज्यादा अनैतिक भी। पशु और मनुष्य में अगर कोई फर्क किया जा सकता है, तो यही कि पशु चाह कर भी अनैतिक नहीं हो सकता, क्योंकि वह चाह कर नैतिक नहीं होता, लेकिन मनुष्य चाहे तो असीमित ढंग से अनैतिक हो सकता है, क्योंकि चाह कर वह असीमित ढंग से नैतिक भी हो सकता है। मूलतः तो वह नैतिक और अनैतिक दोनों का पुंज है, क्योंकि वह जितना सामाजिक है उतना ही व्यक्तिनिष्ठ भी यानी जितना उदार है उतना ही स्वार्थी भी। वस्तुतः हमारी इन दो मूल प्रवृत्तियों का द्वंद्व ही हमारा नैतिक द्वंद्व है। बाकी सब उसका भाष्य है, जो देश और काल के अनुसार बदलता रहता है।

मनुष्य स्वभाव से स्वार्थी है, इसलिए वह विषमता की सृष्टि करता है। वह स्वभाव से उदार और संवेदनशील है, इसलिए वह समानता का आग्रही है। मनुष्य स्वभाव से उच्छृंखल है, इसलिए वह दूसरों की स्वतंत्रता का हरण करता है। वह स्वभाव से व्यवस्था-प्रिय है, इसलिए दूसरों की स्वतंत्रता का सम्मान करता है। मनुष्य स्वभाव से लालची है, इसलिए वह दूसरों की चीज हड़प जाना चाहता है। वह स्वभाव से परदुखकातर है, इसलिए अपनी चीज दे कर भी दूसरों को सुखी देखना चाहता है। इस तरह हम पाते हैं कि नैतिकता के बुनियादी मूल्य वही हैं जो मानव स्वभाव की अच्छाई को प्रतिबिंबित करते हैं और अनैतिकता के प्रमुख रूप वे, जो मानव स्वभाव के टुच्चेपन की अभिव्यक्ति है। निस्संदेह यह अच्छाई या टुच्चापन व्यापक समाज के हित के संदर्भ में ही परिभाषित किए जा सकते हैं और आज भी इससे कौन इनकार कर सकता है कि मनुष्य एक सामाजिक प्राणी है। निश्चय ही इस वाक्य में द्वित्व है, क्योंकि प्राणी होना ही सामाजिक होना है, हालाँकि एक खास अर्थ में। इस दायरे से बाहर प्राणी असामाजिक भी हो सकता है। यह उसका व्यक्तिवादी चेहरा है। क्या कोई ऐसा फार्मूला बनाया जा सकता है, जो व्यक्ति और समाज के इस द्वंद्व का ठीक-ठाक संतुलन पैदा कर सके? स्पष्टतः मनुष्य का नैतिक स्तर हमेशा इस बात से निर्धारित होगा कि वह किस हद तक बेहतर

मनुष्य बन सका है यानी इस द्वंद्व को सार्थक ढंग से सुलझा सका है और किस हद तक सामाजिक परिस्थितियाँ ऐसी हैं कि उसमें न तो अनैतिक होने का लालच पैदा करती हैं न इसकी छूट देती हैं।

शायद इस वास्तविकता की समझ में ही उन समस्याओं का कुछ निदान है जो समकालीन भारतीय समाज में दिखाई पड़ती हैं। आज हमारे सामने जो संकट है, वह नैतिकता का नहीं है। संकट नैतिकता का होता, तो हम इस उधेड़बुन में पड़े होते कि क्या नैतिक है और क्या अनैतिक। इस तरह की उधेड़बुन कम ही देखी जाती है। समस्या यह है कि नैतिकता का जो रूप हमें मान्य है, उस पर हम अमल क्यों नहीं कर पाते, हम जानबूझ कर झूठ क्यों बोलते हैं, पड़ोसी की पीठ में छुरा क्यों भोंकते हैं और दूसरों के हितों की लाश पर अपने स्वार्थों का घोड़ा आगे क्यों बढ़ाना चाहते हैं? क्या यह हमारा व्यक्तिगत पतन है या मामला कुछ और दूर तक जाता है?

इस दुखद स्थिति के कम-से-कम दो कारण तत्काल ध्यान में आते हैं। एक, समाज का मौजूदा ढाँचा ऐसा है कि अनैतिकता से ही अपनी इच्छाएँ पूरी की जा सकती हैं। नैतिकता या अनैतिकता अंततः जीवन के लिए ही होती हैं। यानी भारतीय मनुष्य मूलतः उतना अनैतिक है नहीं, जितना वह दिखाई देता है। वह भी दुनिया के शेष मनुष्यों की तरह ही मूलतः और प्रधानतः व्यवस्था और संगति का ही कायल है। लेकिन व्यवस्था के पेच ऐसे हैं कि अनैतिकता एक सकारात्मक विधायी मूल्य जान पड़ने लगती है। जाहिर है, नैतिकता तभी व्यापक रूप में स्वीकार्य हो सकती है जब वह जीवन को सुविधाजनक बनाए। दूसरा कारण भी कहीं-न-कहीं इसी से जुड़ा हुआ है। चूँकि नैतिकता को समाज की संचालक शक्ति के रूप में स्वीकार नहीं किया गया, इसलिए अनैतिकता को निरुत्साहित करने की व्यवस्था नहीं बनाई गई। फलतः अनैतिकता को चिह्नित और दंडित करनेवाली संस्थाएँ निर्जीव या शक्तिहीन हैं। अनैतिक होने पर अंतश्चेतना की रोक जितनी कारगर होती है, उससे कहीं ज्यादा वे सामाजिक संस्थाएँ, जो अनैतिकता को निरुत्साहित करती हैं। कुछ सामाजिक अवरोध के स्तर पर, कुछ दंड व्यवस्था के स्तर पर। हमारे यहाँ दोनों स्तरों पर अद्भुत घपला दीख पड़ता है। सफलता चूँकि एकमात्र मूल्य हो गई है। इसलिए उसके लिए कोई भी कुरबानी कम मानी जा रही है। सवाल यह है कि आपके पास है क्या, यह नहीं कि वह आपके पास आया कैसे। इसे मुख्यतः उस अर्थव्यवस्था के अंग के रूप में देखा जाना चाहिए जो अभाव या सीमित अवसरों की अर्थव्यवस्था है। लेकिन उनका जीवन इसना अनैतिक क्यों है जो वैभव में डोल रहे हैं? एक तो इसलिए कि बिना अनैतिक हुए सामान्यतः वैभव हासिल नहीं किया जा सकता और दूसरे इसलिए कि अनैतिक माध्यमों से ही इस वैभव की रक्षा की जा सकती है। लेकिन अनैतिकता का आज भी भारतीय

समाज में—या किसी भी समाज में—कोई मूल्य नहीं है, क्योंकि अनैतिकता को सहन भले ही किया जा रहा हो या उसका लालच भले ही बड़े पैमाने पर दिखाई पड़ रहा हो, लेकिन मानी जाती है वह 'आपद्धर्म' ही। उसके प्रति कोई व्यापक प्रशंसा भाव पैदा नहीं हो सकता। आज अगर कोई सर्वसत्तावादी राज अनैतिकता के सभी ज्ञात रूपों का उच्छेद कर दे, तो उसे सराहा ही जाएगा।

अब दूसरी विडंबना। अनैतिकता पर अंकुश लगाने में जहाँ समाज असमर्थ हो जाता है, वहाँ राज्य की भूमिका सामने आती है। लेकिन हमारी कठिनाई यह है कि हमारा राज्य स्वयं एक अनैतिक सत्ता बन चुका है। यहाँ तक कि वह उस संविधान के प्रति उत्तरदायी नहीं रहा, जो उसकी वैधता का आधार है। इस राज्य की शक्ति का जन-हित में उपयोग करने के लिए जिन लोगों को चुना जाता है, वे अपने संसदीय जीवन की शुरुआत ही एक महान झूठ से करते हैं। यानी चुनाव खर्च के फर्जी विवरण से। राजनीति दुनिया का शायद सर्वश्रेष्ठ नैतिक कर्म है, क्योंकि राजनीतिज्ञ के जीवन का केंद्र वह स्वयं नहीं, बल्कि उसका समाज होता है। लेकिन दुनिया का सबसे घटिया काम भी यही है, क्योंकि उसके द्वारा एक सर्वाधिक सामाजिक संस्था का निकृष्टतम दुरुपयोग हो सकता है। राज्य पर ऐसे लोगों का कब्जा उसे एक आततायी संस्था बना देता है। राज्य की इस भूमिका के कारण इधर भारतवासियों से राज्य नामक संस्था से ही विरक्ति पैदा हुई है। अंग्रेजी शासन के कारण आधुनिक राज्य के प्रति वैसे भी हमारे यहाँ कोई सद्भाव नहीं रहा है। ब्रिटिश शासन के विरुद्ध निर्णायक संघर्ष का नेतृत्व एक ऐसे आदमी ने किया था, जो आधुनिक राज्य का घोर विरोधी था। उपनिवेशोत्तर अनुभवों ने हमारी इस अनाश्वस्ति को और बढ़ाया ही है। फलतः यह प्रतिपादित किया जाने लगा है कि अब हमें राज्य से समाज की ओर लौट चलना चाहिए। लेकिन यह एक खतरनाक समाज सफर भी हो सकता है। राज्यविहीन समाज परम नैतिक लोगों का ही समाज हो सकता है। जब तक मनुष्यता इस स्तर तक नहीं पहुँच जाती, हमें एक सक्षम और शक्तिशाली राज्य चाहिए ही चाहिए।

मनुष्य और मनुष्य के संबंध ज्यादातर ताकत के संबंध होते हैं, अतः राज्य को भी एक ताकतवर संस्था के रूप में मान्यता दी गई है। उससे यह अपेक्षा की जाती है कि वह अपनी ताकत का इस तरह इस्तेमाल करेगा कि एक नागरिक दूसरे नागरिक पर अपनी ताकत का अवैध इस्तेमाल न कर सके। राज्य के रूप में ताकत का यह केंद्रीकरण औचित्य के स्तर पर ताकत के विकेंद्रीकरण के लिए ही है। अलोकतांत्रिक राज्य चूँकि स्वयं एक अवैध सत्ता है, इसलिए राज्य का जो सर्वश्रेष्ठ रूप हम खोज पाए हैं, वह लोकतंत्र ही है। लोकतांत्रिक सत्ताएँ भी राज्य की सीमा में मानवविरोधी न हो जाएँ, इसलिए कुछ मूलभूत मानव अधिकारों की कल्पना की गई है जो पूरी मनुष्यता के लिए वांछनीय माने जाते हैं। जो राज्य

इन मानव अधिकारों का जितना ज्यादा सम्मान करे, वह उतना ही ज्यादा लोकतांत्रिक होता है।

लेकिन मुश्किल यह है कि लोकतंत्र की व्यवस्था में ही अनैतिकताओं की भयावह गुंजाइश छिपी हुई है। चूँकि राज्यों का आकार बड़ा है, अतः प्रतिनिधित्व आवश्यक हो जाता है और हम अपने अनुभव से जानते हैं कि कोई भी व्यक्ति दूसरे का सही-सही और पूरा प्रतिनिधित्व नहीं कर सकता। यह जनप्रतिनिधियों की एक अनिवार्य कमी है, लेकिन इसमें विकृति के तत्त्व तब और गाढ़े हो जाते हैं जब नागरिक की सत्ता और उसके प्रॉक्सी के रूप में स्थापित सरकार की सत्ता के बीच जनप्रतिनिधि अपनी एक निजी सत्ता विकसित करने लगता है। एक संपन्न समाज में यह कम नुकसान करता है, किंतु विषम और अभावग्रस्त समाज में इसकी भयावहता की कोई सीमा नहीं हो सकती। यद्यपि नियमित चुनाव के द्वारा जनप्रतिनिधियों पर अंकुश लगाने की व्यवस्था होती है, किंतु हम जानते हैं कि चुनाव प्रणाली को भी किस प्रकार अलोकतांत्रिक बना कर नागरिक के वास्तविक विकल्प सीमित कर दिए जाते हैं। इस तरह अनैतिकता का, खासकर सार्वजनिक जीवन में अनैतिकता का, एक बड़ा उत्स लोकतांत्रिक प्रणाली की अपूर्णताएँ ही हैं। क्या इन अपूर्णताओं को दूर किया जा सकता है? शायद नहीं। लेकिन मानवकृत कौन-सी संस्था पूर्ण है? हाँ, इन अपूर्णताओं को न्यूनतम अवश्य किया जा सकता है और किया ही जाना चाहिए।

राज्य की भूमिका पर यह कुछ ज्यादा जोर देना लग सकता है। लेकिन आधुनिक दुनिया में नैतिकता के सवाल का इससे गहरा ताल्लुक है। हम अपने आप क्या करते हैं, इससे नैतिकता का शायद बहुत ज्यादा सरोकार नहीं। नैतिक प्रश्न यह है कि हम दूसरों के साथ क्या करते हैं। क्या इसके कुछ स्पष्ट निष्कर्ष बनाए जा सकते हैं? नैतिक प्रेरणा मूल्यवान होती है और वही हमें परिचालित करती है, लेकिन क्या सिर्फ उसी पर निर्भर रहा जा सकता है? जब तक धर्म एक ताकतवर शक्ति था, तब तक यह शायद काफी दूर तक संभव था। यह व्यक्ति ही नहीं, पूरे सामाजिक अवचेतन को निर्धारित करता था। लेकिन आज मनुष्य सच्चे अर्थों में स्वतंत्र है। वह करणीय और अकरणीय की अपनी कसौटियाँ बना सकता है। इस कारण भी हमारा नैतिक जीवन काफी दिग्भ्रांत नजर आता है। लेकिन इससे बचने का उपाय क्या है? आप नैतिकता की अपनी संहिता दूसरों पर कैसे लाद सकते हैं? यह दिग्भ्रांतता खतरनाक न हो जाए, इसलिए अब हम कर्तव्यों की अपेक्षा अधिकारों पर ज्यादा जोर देते हैं। वह समाज उतना ही नैतिक माना जाएगा, जिसमें मानव अधिकार जितने अधिक सुरक्षित हों। स्पष्टतः दूसरों के अधिकारों की रक्षा हमारा कर्तव्य बन जाती है, लेकिन मानव अधिकारों के संदर्भ में ये कर्तव्य आंतरिक प्रेरणा तक सीमित नहीं रह जाते। निर्णायक तत्त्व इन अधिकारों को

उपलब्ध कराना है। जाहिर है कि इसके लिए शक्तिशाली संस्थाएँ चाहिए। राज्य इनमें से एक है। राज्य स्वयं मानव अधिकारों का हनन करते हैं—इससे मूल तर्क कमजोर नहीं होता, क्योंकि राज्य से ही माँग की जा सकती है कि वह मानव अधिकारों को लागू करे। राज्य नहीं रहेगा, तब आप यह माँग किससे करेंगे? तब अच्छा बनना क्या व्यक्ति की अपनी मर्जी की चीज नहीं रह जाएगा? मनुष्य को कैसे अच्छा बनाया जाए, यह अब तक एक गुत्थी ही है। उसे बुरा होने से कैसे रोका जाए, यह जरूर कुछ हद तक हमारे बस में है। यह ध्यान देने की बात है कि स्वीकृत मानव अधिकारों की सूची लगातार बढ़ती जा रही है। यह मनुष्यता की नैतिक चेतना के विकास का ही एक आयाम है। वह दिन नैतिकता के उत्कर्ष का होगा जब वे सारी स्थितियाँ मानव अधिकारों की सीमा में आ जाएँगी जो सुखी और स्वतंत्र जीवन के लिए आवश्यक हैं।

लेकिन नैतिक बनने की प्रेरणा मनुष्य के भीतर से ही आती है—किसी को ठोंक-पीट कर अच्छा नहीं बनाया जा सकता। लेकिन यह प्रेरणा तभी पूरी तरह प्रस्फुटित होगी जब मनुष्य की भौतिक परिस्थितियाँ उसके अनुकूल हों। नैतिकता वस्तुतः मनुष्य की सामाजिकता का ही उत्कर्ष है। अतः नैतिक मनुष्य को जन्म देने के लिए एक नैतिक समाज चाहिए। ऐसा समाज, जिसमें अनैतिकता न केवल भीतरी प्रतिरोध पैदा करती हो, बल्कि बाहरी प्रतिरोध भी। यह एक ऐसी व्यवस्था में ही संभव है, जो मनुष्य को स्वाधीन करती हो और जिसमें विषमता के कम-से-कम अवसर हों।

प्रश्न किया जा सकता है कि एक नैतिक समाज बनाने के लिए क्या हमें सारा जोर उसके अनुकूल भौतिक परिस्थितियाँ पैदा करने पर ही होना चाहिए? यह एक खतरनाक सरलीकरण होगा। मनुष्य अपने परिवेश की उपज होता है, लेकिन वही उसका निर्माता भी होता है। अतः पहली बात तो यह है कि अनुकूल भौतिक परिस्थितियाँ पैदा करने में ही यह निहित है कि हम एक खास तरह का नैतिक परिवेश भी पैदा कर रहे हैं। आखिर जो लोग बाहर का संसार उम्दा बनाएँगे, क्या वे भीतर की दुनिया भी नहीं बदल देंगे? अतः बेहतर भौतिक परिवेश का संघर्ष उच्चतर सामाजिक मनोविज्ञान का संघर्ष भी होता है। यह अकारण नहीं है कि आज हमारी शिक्षा प्रणाली में सामाजिकता के तंतु मजबूत करनेवाला कोई पाठ्यक्रम नहीं दिखाई देता। जब धर्म एक नैतिक शक्ति था, तब वह यह काम कई तरह से किया करता था। अब यह काम परिवार, समाज और राज्य की विभिन्न संस्थाओं को सँभाल लेना चाहिए। मानव अधिकारों पर जोर उचित है, किंतु उन्हें संभव बनानेवाले मानव कर्तव्यों की शिक्षा भी अनवरत मिलते रहनी चाहिए। इसके लिए सिर्फ नागरिकशास्त्र काफी नहीं, हमें एक नया समाजशास्त्र भी बनाना होगा और उसे सबके संस्कारों का अंग बनाना होगा। समाज के प्रति मेरा भी कुछ कर्तव्य

है–यह प्रशिक्षण देने का काम सिर्फ राजनीतिक दलों के भरोसे नहीं छोड़ दिया जाना चाहिए।

यदि छोड़ दिया गया है, तो इसका अर्थ है कि नैतिक समाज बनाने का कोई संगठित प्रयत्न हमारे यहाँ नहीं हो रहा। व्यक्तिगत नैतिक प्रतिबद्धता के ह्रास का यह भी एक महत्वपूर्ण कारण है। प्रश्न किया जा सकता है कि अनैतिक व्यक्ति और अनैतिक समाज का यह दुश्चक्र टूटे कैसे? नैतिक समाज नैतिक व्यक्ति पैदा करेगा या नैतिक व्यक्ति नैतिक समाज बनाएँगे? क्या आखिरकार कोई समाज अपने व्यक्तियों से ही नहीं बनता? निस्संदेह नैतिक समाज बनाने की दिशा में शुरुआत कुछ अधिक नैतिक व्यक्तियों या वर्गों द्वारा ही होती है और उनके उद्यम से नई व्यवस्था कायम होती है, तो समाज का आम सैनिक स्तर भी ऊँचा उठेगा ही। अपने अगले पैरों का हाथ की तरह इस्तेमाल करने की शुरुआत किसी प्रतिभाशाली वानर ने ही की होगी। आग का आविष्कार भी किसी छोटे समूह ने ही किया होगा। लेकिन आज हम चार पैरों पर नहीं चलते या जन्म से ही आग को जानते हैं, तो इसीलिए कि हमारी पूरी व्यवस्था इसी पर आधारित है। अच्छा समाज वही है, जिसमें मनुष्य आदतन नैतिक हो। लेकिन ऐसा समाज तभी बन सकता है जब व्यक्ति और समाज के सभी द्वंद्व, जहाँ तक संभव है, सुलझा लिए जाएँ और यह संतुलन लंबे समय तक कायम रह सके। फिलहाल तो यह एक महास्वप्न ही है। लेकिन इससे उन संघर्षों का महत्व कम नहीं हो जाता, जो अनैतिकता के विभिन्न रूपों को पहचानने और उन्हें नष्ट करने के लिए किए जा रहे हैं। अच्छाई और बुराई का यह द्वंद्व और तेज क्यों नहीं होता, इसका जवाब हममें से हर व्यक्ति अपने आपसे ही माँगे, तो बेहतर है।

नई नैतिकता के आयाम

गमे इश्क भी, गमे रोजगार भी

प्रफुल्ल कोलख्यान

1. विभिन्न अवसरों पर विभिन्न मंचों से सभ्यता के संकट की बात की जाती है। कुछ लोग संकट का ऐसा तूमार बाँधते हैं कि लगता है सबकुछ समाप्त होने के कगार पर है। दूसरी ओर, कुछ लोग ऐसे भी हैं, जिनकी बातों से ऐसा लगने लगता है कि कहीं कोई संकट नहीं है। सबकुछ हरा-भरा है। दुनिया इसी तरह चलती रही है। अतः 'खाओ-पीओ, मौज करो!' बात इतनी सरल नहीं है। यह सच है कि सबकुछ समाप्त होने के कगार पर नहीं है, लेकिन संकट है और गहरा है। सभ्यता विकास के दौरान एक-से-बढ़ कर-एक विपदाओं का मुकाबला करते हुए मनुष्य आगे बढ़ता आया है। सभ्यता विकास का मार्ग निष्कंटक कभी नहीं रहा है, अलग-अलग दौर के संकटों का चरित्र जरूर भिन्न रहा है। युग परिवर्तन के साथ ही नैतिक आयाम में भी परिवर्तन हो जाता है। नैतिकता मनुष्य की सामाजिक चेतना की ही परम अभिव्यक्ति होती है। समाज के लोग अपने और अपने समाज के अन्य सदस्यों के आचरण के नियमन के लिए नैतिक मान्यताओं की विरासत को आत्मार्पित करते हैं। कानून का राज्य से और नैतिकता का समाज से संबंध होता है। कानून दिमाग से और नैतिकता मन से समझी जाती है। नैतिकता आर्थिक तथा अन्य सामाजिक संबंधों में परिवर्तनों के दौरान स्वतः विकसित, स्वतःस्फूर्त ढंग से गठित तथा सामान्य रूप से स्वीकृत होती है। नैतिक मान्यताओं को कोई जारी नहीं करता, बल्कि जीवन-यापन के दौरान ये स्वतः विकास पाती हैं। कानून से नैतिकता इस अर्थ में भिन्न है कि व्यक्ति द्वारा नैतिक अपेक्षाओं के पालन को समाज नियंत्रित करता है, नैतिकता सरकारी कर्तव्यों की तरह नहीं होती, नैतिक अपेक्षाओं को ज्ञान से अधिक विवेक, तर्क से अधिक भावना के समर्थन की जरूरत होती है। 'नैतिक-समाज से विधि-समाज में परावर्तन संस्कृति पर राजनीति के वर्चस्व को स्थापित करता है। यद्यपि विधि-समाज संस्कृति-समाज की

कतिपय विकृतियों को दूर करने में और तेजी से बदलते परिप्रेक्ष्य की अनुकूलता में वांछित जीवन-शैली की मान्यताओं की दृष्टि से अधिक उपयुक्त होता है, तथापि यह काम समग्रता, सार्थकता और सफलता से तभी संभव हो सकता है जब संस्कृति-समाज के विधि-समाज में और विधि-समाज के संस्कृति-समाज में परावर्तन की अबाध प्रक्रिया जारी रहे। ऐसा नहीं होने पर विधि-समाज एक अनैतिक समाज बन कर रह जाता है। इसकी स्वाभाविक परिणति यह होती है कि नैतिकता संविधान की धाराओं में मुँह चुराती फिरती है और विधि-समाज का नेता क्रिकेट ग्राउंड और फुटबॉल ग्राउंड की स्थिति को तो स्वीकार करता है, लेकिन मोरल ग्राउंड की अवहेलना बड़ी आसानी से कर जाता है। पारंपरिक मान्यताओं के अनुसार और उसकी संगति में कानून के न बनने और कानूनी संगति के अनुसार मान्यताओं की परंपरा विकसित न होने से नैतिकातीत विधि-समाज में घोड़ा और घास दोनों एक साथ अपने अस्तित्व रक्षा के लिए अपने-अपने तरीके से सक्रिय और संघर्षशील होते हैं।'[1] नैतिकता व्यक्तिगत भावनाओं और सामाजिक मान्यताओं में सामंजस्य और संतुलन बनाती है। खंडित समाज में विवेक भंजित रहता है; विखंडित समाज में नैतिकता भी विभाजित रहती है। इसलिए, सामाजिक संतुलन में विचलन की स्थिति बनी रहती है। 'नैतिकता की समस्या' सभ्यता-संकट के चरित्र की बीज-समस्या रही है। विषमता की गहरी घाटी में तेजी से फँसती जा रही सभ्यता की क्षिप्र मति-गति के दबाव और तनाव के कारण 'नैतिकता की समस्या' आज भयावह है। एक बड़ी चुनौती 'नैतिकता की समस्या' के वास्तविक रूप और चरित्र को उद्घाटित करने की है, उस तोते को पहचानने की है जिसमें इस संकट के प्राण बसते हैं।

1.1 'युग परिवर्तन' के बाद 'नैतिक आयाम में परिवर्तन' होता है या 'नैतिक आयाम में परिवर्तन' के बाद 'युग परिवर्तन' होता है? 'पहले मुर्गी कि पहले अंडा' जैसे संदर्भों में इसे नहीं देखना चाहिए। परिवर्तन की बहुतेरी प्रक्रियाएँ साथ-साथ चलती रहती हैं। सारे परिवर्तन 'युग परिवर्तन' के अंतर्वर्ती होते हैं। कहना न होगा कि कुछ अंतर्वर्ती प्रक्रियाएँ अंतर्घाती भी होती हैं। सरंचना और भौतिक विकास का नैरंतर्य कभी तेज तो कभी मंद गति से बना रहता है। भौतिक और वैज्ञानिक विकास का सामाजिक प्रतिफलन बहुत तेजी से प्रकट हुआ है। उतनी ही तेजी से नैतिक चेतना का विकास नहीं हो सका है। विज्ञान के उपकरणों का जीवन में जितना दखल बढ़ा है, नैतिक संकाय उतना दृढ़ नहीं हुआ है। नतीजा यह है कि इतने विकास के बावजूद मनुष्य का दुख कम होने के बदले लगातार बढ़ ही रहा है। वैज्ञानिक विकास के लाभ का वितरण मानवीय गरिमा की मर्यादा का उल्लंघन करता गया है। वैज्ञानिक विकास के लाभ को 'संपन्नों' ने अपने पक्ष में मोड़ लिया है। प्रकृति में न्यस्त संतुलन और प्राकृतिक संसाधनों की स्वचालित

वितरण व्यवस्था वैज्ञानिक शक्तियों के दुरुपयोग से बाधित हुई है। आज धूप हो, चाँदनी, हवा, आकाश, समुद्र, नदी या पहाड़ आदि ही क्यों न हो—इन पर सबके अधिकार समान नहीं हैं। मनुष्य की 'निर्मिति' का ही नहीं, 'प्रकृति' का भी 'पब्लिक स्फीयर'[2] संकुचित हो रहा है। विश्वव्यापी पर्यावरण संकट का चरित्र है कि इसकी चपेट में वे लोग और समुदाय सबसे ज्यादा हैं, जो संकट पैदा करनेवाले संदर्भों के लाभ से सबसे ज्यादा वंचित हैं। मनुष्य आज उपलब्ध के अनुपलब्ध होने के दंश से त्रस्त है, जैसे 'जल बीच मीन प्यासी'[3] है। वैज्ञानिक विकास अंततः आर्थिक विकास में परिघटित होता है। जिस वैज्ञानिक विकास के लाभ के वितरण में भारी विषमता के बीज हैं, उस वैज्ञानिक विकास का आर्थिक विकास में परिघटन भी तार्किक रूप से भारी विषमता को ही जन्म देता है। इस विषमता से सभ्यता के नैतिक संतुलन में भारी विचलन आया है। इस विचलन का ही नतीजा है कि एक ओर 'स्वतंत्रता' को 'समृद्धि' में बाधक बताकर 'निःशर्त समर्पण' को जीवन की अनिवार्य शर्त बनाया जाता है, तो दूसरी ओर 'स्वतंत्रता' को 'समानता' का विरोधी बता कर 'विषमता' को उसकी अनिवार्य परिणति के रूप में लक्षित किया जाता है। *'सब कुछ को छोड़ कर मेरे शरण में आओ'*[4] गीता का नैतिक संदेश है, तो ईसाई नैतिकता भी ईश्वर की अनुकंपा में बिना शर्त आस्था को मनुष्य का सर्वोच्च नैतिक सद्‌गुण मानती है। यह कोई बिलकुल नई भावना नहीं है। 'समर्पण' और 'बिना शर्त आस्था' एक ही सिक्के के दो पहलू हैं। जिस ऐतिहासिक परिप्रेक्ष्य में इन्हें मनुष्य के नैतिक आयाम से जोड़ा गया था, वह आज परिप्रेक्ष्य बदल चुका है। परिप्रेक्ष्य बदल जाने के बावजूद प्रवृत्ति नहीं बदली है। दुखद यह है कि सभ्यता विकास के साथ विश्व नैतिकता के अंतःसंबंधों को 'समानता' से गहराने के बदले 'समर्पण' से ही बनाने पर नए सिरे से जोर दिया जा रहा है। मतलब यह कि बौद्धिक विमर्श में 'स्वतंत्रता' 'समृद्धि' और 'समानता' परस्पर विरोधी तार्किकता में उपस्थित करते हुए 'सामंजस्य' को 'शरणागत' के 'उत्तर-चरित्र' के रूप में पेश किया जा रहा है।

1.2 'स्वतंत्रता' और 'समानता' मनुष्य की जन्मजात 'नैतिक आकांक्षा' है। जन्मजात होने से ये आकांक्षाएँ मौलिक भी हैं। मौलिक आकांक्षा होने के कारण इनके लक्षित वैपरीत्य में विरोध का सिर्फ आभास हो सकता है, प्रतीति हो सकती है, यथार्थ नहीं हो सकता है—वृक्ष की जड़ नीचे की ओर आगे बढ़ती है और फुनगी आकाश की ओर लपकती है। वृक्ष की जड़ और फुनगी के आगे बढ़ने की दिशा का वैपरीत्य एक-दूसरे का विरोधी नहीं है। सभ्यता 'नैतिक आकांक्षाओं' के अविभाज्य और 'नैसर्गिक संबंध' की बार-बार पुष्टि करती आई है। देखना दिलचस्प होगा कि 'स्वतंत्रता' और 'समानता' की इस नव-अन्वेषित पारस्परिक विरोधिता का मनुष्य की 'नैतिक आकांक्षा' के साथ कैसा संबंध बनाने का प्रयास किया जा

रहा है। इस प्रयास से उत्पन्न 'नैतिक संकट', जिन अर्थों में इसे 'नैतिक विचलन' अथवा 'नैतिक संक्रमण' भी कहा जा सकता है, का गहरा संबंध है। 'नैतिक आकांक्षा' की आत्मसंगतियों को समझने के लिए, 'स्वतंत्रता' और 'समानता' के अंतःसंबंधों के आयामों, अंधबिंदुओं, इनकी आंतरिक संयुक्तियों, वियुक्तियों और अंतर्विरोधों को तो समझना ही होगा, साथ ही, उनमें अंतर्निहित सामंजस्य के नए बिंदुओं और नई रेखाओं की संभावनाओं को भी उद्घाटित करना होगा। 'विरुद्धों में भी सामंजस्य' सभ्यता की निर्मिति में विन्यस्त प्रवृत्ति है। चिंता की बात यह है कि इधर सभ्यता को अपने पदाघात से गतिशील बनाने के गरूर में विश्व शक्तियों की ओर से 'अ-विरुद्धों में अ-सामंजस्य' की स्थिति निर्मित कर सभ्यता को संघाती बनाने की अ-नैतिक मुहिम चलाई रही है। इसलिए, इस अ-नैतिक मुहिम से नव-नैतिकता के अनिवार्य संघात की बढ़ती आशंकाओं को भी ध्यान में रखना जरूरी है। (देखें 1.13)

1.3 उत्पादन, वितरण और समाज विकास के विभिन्न चरणों में मानवीय संबंधों में बदलाव का असर 'जनता की चित्तवृत्ति' पर पड़ता है। आचार्य रामचंद्र शुक्ल जनता की चित्तवृत्ति में होनेवाले बदलाव को युग परिवर्तन का लक्षण मानते थे। प्रेमचंद भी मानते थे कि 'समाज का संगठन आदि काल से आर्थिक भित्ति पर होता आ रहा है। जब मनुष्य गुफाओं में रहता था, उस समय भी उसे जीविका के लिए छोटी-छोटी टुकड़ियाँ बनानी पड़ती थीं। उनमें आपस में लड़ाइयाँ भी होती रहती थीं। तब से आज तक आर्थिक नीति ही संसार का संचालन करती चली आ रही है, और इस प्रश्न से आँखें बंद करके समाज का कोई दूसरा संगठन चल नहीं सकता।'[5] पिछले बीस-पच्चीस साल में युगांतकारी भौतिक परिवर्तन हुए हैं। परिवर्तन यह कि 'आर्थिक, राजनीतिक और तकनीकी ज्ञान के आधार पर दुनिया इतनी आजाद पहले कभी नहीं थी और न इतनी अन्यायपूर्ण!'[6] मुट्ठी भर लोगों ने दुनिया मुट्ठी में कर ली है! थोड़े-से लोगों के लिए दुनिया 'आजाद' और बहुत सारे लोगों के लिए 'अन्यायपूर्ण' हो गई है। नैतिक चेतना से मुक्त 'आर्थिक, राजनीतिक और तकनीकी ज्ञान' के आधार पर होनेवाले विकास का व्याकरण विषमता का अनुमोदन करता है। ध्यान में रखना होगा कि 'मानव विकास का महत्वपूर्ण आधार है—आजीविका। अधिकतर लोगों के लिए इसका अर्थ है, रोजगार। लेकिन, परेशान करनेवाला तथ्य यह है कि औद्योगिक और विकासशील देशों की आर्थिक वृद्धि से रोजगार के पर्याप्त अवसर नहीं बन पा रहे हैं। इसके अलावा आजीविका से वंचित रह जाने की स्थिति, रोजगारविहीन लोगों की योग्यताओं के विकास, महत्व और आत्मसम्मान को भी नष्ट कर देती है।...तेजी से आर्थिक वृद्धि कर रही अर्थव्यवस्था में भी रोजगार के पर्याप्त अवसर नहीं बन रहे हैं।'[7] रोजगार का सवाल आर्थिक दृष्टि से ही नहीं, नैतिक दृष्टि से भी महत्वपूर्ण है। 'विषयभोग'

और 'तप' की दो परम अतियों के त्याग और 'मध्यम मार्ग' को अपनाने का संदेश देनेवाले महात्मा बुद्ध ने 'दुखों' से मुक्ति के लिए 'अष्टांगिकमार्ग' का संधान किया था; 'सम्यक् कर्मांत' और 'सम्यक् आजीविका' उनमें से दो मार्ग हैं। यह बात बिलकुल साफ है कि जिस सभ्यता में 'सम्यक् आजीविका' के अवसर कम होते हैं, उस सभ्यता में 'सम्यक् कर्मांत' का पालन करते हुए भी मनुष्य के दुखों का अंत नहीं हो सकता है। संसार का सबसे बड़ा दुख भूख है। दुनिया में भूख के रहते नैतिकता की बात बेमानी होकर रह जाती है। नैतिकता पर चिंता करनेवालों को भूख के बारे में सोचना होगा, साथ ही आधुनिक विश्व से भूख को मिटाने के उपायों के बारे में भी सोचना होगा। प्रोफेसर अमर्त्य सेन कहते हैं, 'आधुनिक विश्व से भूख को मिटाने के लिए अकालों की सृष्टि की प्रक्रिया को ठीक से समझना जरूरी है। यह केवल अनाजों की उपलब्धता और जनंसख्या के बीच किसी मशीनी संतुलन का मामला नहीं है। भूख के विश्लेषण में सबसे अधिक महत्व व्यक्ति या उसके परिवार की आवश्यक मात्रा में खाद्य भंडारों पर स्वत्वाधिकार स्थापना की स्वतंत्रता का है। यह दो प्रकार से संभव है : या तो किसानों की तरह स्वयं अनाज का उत्पादन करके या फिर बाजार से खरीदी द्वारा। आसपास प्रचुर मात्रा में अनाज उपलब्ध रहते हुए भी यदि किसी व्यक्ति की आय के स्रोत सूख जाएँ तो उसे भूखा रहना पड़ सकता है।...कुपोषण, भुखमरी और अकाल सारे अर्थतंत्र और समाज की कार्यपद्धति से भी प्रभावित होते हैं (केवल खाद्यान्न-उत्पादन और कृषि कार्यों का ही इन पर प्रभाव नहीं पड़ता)। आर्थिक-सामाजिक अंतर्निर्भरताओं के आज के विश्व में भुखमरी पर पड़ रहे प्रभावों को ठीक से समझना अत्यावश्यक हो गया है। खाद्य का वितरण किसी धर्मार्थ (मुफ्त में) अथवा प्रत्यक्ष स्वचालित विधि से नहीं होता। खाद्य सामग्री प्राप्त करने की क्षमता का उपार्जन करना पड़ता है।...खाद्य उत्पादन या उसकी सुलभता में कमी आए बिना भी अकाल पड़ सकते हैं। सामाजिक सुरक्षा/बेरोजगारी बीमा आदि के अभाव में रोजगार छूट जाने पर किसी भी मजदूर को भूखा रहना पड़ सकता है। यह बहुत आसानी से हो सकता है। ऐसे में तो खाद्य उत्पादन एवं उपलब्धिता का स्तर उच्च होते हुए भी अकाल पड़ सकता है।'[8] भूख से बचने का एक मात्र रास्ता 'आधिकारिता' है, जो 'सम्यक् रोजगार' से ही संभव है। रोजगार के अभाव में आदमी हर अच्छे एहसास से दूर होता जा रहा है; 'दुनिया ने तेरी याद से बेगानः कर दिया/तुझसे भी दिलफ़रेब है ग़म रोजगार के।'[9]

1.4 अन्याय और अनैतिकता सहोदर हैं, विषमता इनकी जननी है। अन्याय और अनैतिक स्थिति में मनुष्य जी नहीं सकता है, इसलिए 'दुनिया मुट्ठी में' करनेवालों को भी कदम-कदम पर न्याय और नैतिकता की जरूरत होती है। इस न्याय और नैतिकता की जरूरत के तहत ऐसे लोग शेष मनुष्यों से अलग अपना

गोल बनाते हैं। इस प्रकार मनुष्यता को खंडित करने की अनैतिकता में शामिल होते हैं। मनुष्यता को खंडित कर मनुष्यता को पाने की आत्मविरोधी नैतिक विडंबना आज के भौतिक परिवर्तन का दुखद लक्षण है। इन भौतिक परिवर्तनों को मनो-रासायनिक परिवर्तन में बदलने की प्रक्रिया भी यहाँ से शुरू होती है। कहना न होगा कि भौतिक परिवर्तन उस परिवर्तन को कहते हैं जिस परिवर्तन में बदलाव के सारे कारकों के निजी गुण बने रहते हैं, उनकी सघनता में विषमता होती है, उन्हें पहचाना जा सकता है, विलगाया भी जा सकता है, जबकि रासायनिक परिवर्तन में बदलाव के कारकों के निजी गुण विलुप्त होकर एक अलग नया गुण प्रकट होता है, कारकों की अलग-अलग पहचान आसान नहीं होती है, न उन्हें विलगाया जा सकता है। जहाँ तक समाज की बात है, इसके मनोभाव में एक स्तर पर भौतिक और दूसरे स्तर पर रासायनिक परिवर्तन की प्रक्रिया साथ-साथ चलती रहती है। भौतिक परिवर्तनों के मनो-रासायनिक परिपाक बनने में समय लगता है। मानवीय सभ्यता और संस्कृति मनो-रासायनिक बदलाव के नए दौर में है। यह प्रक्रिया जटिल होती है। भौतिक परिवर्तन के मनो-रासायनिक परिवर्तन में बदलने की जटिल प्रक्रिया को संक्रमण कहा जाता है। इस नए दौर के संक्रमण की जटिलताओं को समझना होगा। कोई भी संक्रमण अंतर्विरोधमुक्त नहीं होता है। इस संक्रमण के अंतर्विरोध को समझना होगा। अन्य किसी बदलाव की तरह, इस बदलाव में भी कुछ शुभ है, तो कुछ अ-शुभ भी है। कुछ लोग होते हैं जो हर बदलाव का न सिर्फ स्वागत खुले और खाली दिमाग से करते हैं, बल्कि बिना ठीक से जाने उसकी माँग भी बढ़-चढ़ कर करते हैं। कुछ लोग किसी भी बदलाव से घबराते हैं और बहुत मुश्किल से इसे स्वीकार करने के लिए तैयार हो पाते हैं, अकसर ऐसे लोगों के सिर पर बदलाव लद जाता है। कुछ लोग ऐसे भी होते हैं जो किसी भी स्थिति को गुण-दोष के आधार पर परखते हैं। समझ कर तय करना होगा कि इस संक्रमण के साथ हमारा सलूक कैसा हो, परिवर्तन के मनो-रासायनिक परिपाक के पूरा होने के आसपास तक पहुँचने के बाद उभरनेवाले सामाजिक मूल्य-समुच्चय को पहचानना, उसके हितकर एवं अहितकर चरित्र को पकड़ने की कोशिश करना और तदनुसार अपने समाज को समझना, सतर्क और सन्नद्ध करना दायित्व है।

1.5 समाज को समझनेवाले लोगों ने नैतिकता पर गंभीरतापूर्वक विचार किया है। अमेरिकी समाजशास्त्री डेविड रिजमेन ने समाजों को उनकी प्रवृत्तियों के आधारों पर, तीन श्रेणियों में विभाजित किया है। ये हैं : (I) परंपरा-निर्देशित समाज : जो पूर्वजों की बनाई राह पर चलते हैं। इन समाजों में नवाचार कम होते हैं, नई माँगों का दायरा भी कम होता है। (II) अंतःप्रेरण द्वारा निर्देशित समाज : इन समाजों में निर्णय का आधार व्यक्ति का आंतरिक विवेक होता है। ऐसे समाज के सदस्य संपूर्ण परंपरा को न तो पूजनीय मानते हैं और न सारे नवाचारों को ही स्वीकार्य;

ये दोनों को अपने विवेक से परखते हैं। (III) अन्य निर्देशित समाज : ऐसे समाज का सदस्य बाह्य प्रभाव को बड़ी सरलता से ग्रहण कर लेता है। परंपरा की शक्ति क्षीण हो जाती है, अतः विवेक को विकसित होने का मौका नहीं मिलता है। व्यक्ति को उपभोक्ता बनाए जाने के लिए यह समाज सबसे अधिक उपयोगी होता है। रंगीन मनमोहक विज्ञापनों की बौछार उसे संज्ञा-शून्य बना देता है। रिझाने की यह प्रक्रिया बच्चों को भी नहीं छोड़ती है। मनोविज्ञान और समाजविज्ञान के सूक्ष्म अध्ययन से ऐसा संचार तंत्र विकसित करते हैं, जिससे बाल अवस्था से ही व्यक्ति की रुचियाँ और रुझान उपभोगवाद की ओर मोड़ लेने लगती है। यह उपभोग में सुख की परिभाषा खोजने लगता है। यह उपभोगवाद संतोष की कोई सीमा रेखा नहीं तय करता है।[10] कहना न होगा कि किसी भी जीवंत समाज में इन तीनों ही प्रकार के लक्षण विभिन्न अनुपातों में पाए जाते हैं। 'सुखिया होने और सोने' की स्थिति से बाहर निकल कर 'जागने और रोने' की जरूरत है।[11] जाहिर है कि क्यों 'आर्थिक विकास को व्यक्तिगत स्पर्धा पर नहीं छोड़ा जा सकता, विकास की सामाजिकता पर भी ध्यान रखना आवश्यक होता है।'[12] दुनिया को आजाद और न्यायपूर्ण बनाने के लिए, आनेवाले समय के स्वभाव को समझते हुए उसकी संगति में विकास की सामाजिकता और नैतिक विकास के संकुचित होते 'पब्लिक स्फीयर' के सामाजिक प्रबंध में विषमतारोधी एवं समताकारी प्रवृत्तियों की संभावनाओं को पहचानना तथा बरतना जरूरी है। विकास के सामाजिक संदर्भ में जनतंत्र का अंतःप्रवेश ही एक मात्र रास्ता है। हमारे देश में जनतंत्र की जड़ें बहुत गहरी हैं लेकिन फल? फल की मधुरता और पौष्टिकता जनसुलभ नहीं है। इसे जनसुलभ बनाने का काम विकास की यांत्रिकता से ही संभव नहीं है, वितरण की नवनैतिकता भी आवश्यक है। जनतंत्र के अनुदार होते जाने के संदर्भ में फरीद जकारिया कहते हैं, 'भारतीय जनतंत्र के भीतर झाँकने पर जटिल और परेशान करनेवाला यथार्थ दीखता है। हाल के दशकों में भारत अपने प्रशंसकों के मन में बनी छवि से बहुत कुछ बदल गया है। यह नहीं कि यह कम जनतांत्रिक हुआ है, बल्कि एक तरह से यह अधिक जनतांत्रिक ही हुआ है। लेकिन इसमें सहिष्णुता, धर्मनिरपेक्षता, कानून के पालन और उदारता की कमी हुई है। और ये दोनों प्रवृत्तियाँ—जनतांत्रिकता और अनुदारता—प्रत्यक्षतः संबंधित हैं।'[13] बावजूद इसके नवनैतिकता की माँग को जनतंत्र के परिप्रेक्ष्य के सही होने पर ही हासिल किया जा सकता है।

1.6 अभिप्राय और प्रयोजन से नैतिकता का गहरा संबंध होता है। 'स्वतंत्रता' और 'समानता' मनुष्य की जन्मजात नैतिक आकांक्षा है। 'किससे किसकी, किस हद तक स्वतंत्रता' और 'किसकी किससे किन मामलों में कहाँ तक समानता' भी विचार का जरूरी मुद्दा है। इस विचार में यह बराबर ध्यान में रखने की जरूरत है कि जब हम मनुष्य कहते हैं, तो एक स्तर पर हमारा आशय व्यक्ति-मनुष्य

से तो होता ही है, लेकिन अपने बृहत्तर आशय में सामाजिक मनुष्य से भी होता है। अभिव्यक्ति के किसी एक आशय पर अतिकेंद्रन से विमर्श के विचलन का खतरा हो जाता है। कहना न होगा कि नैतिकता व्यक्ति की सामाजिक-सांस्कृतिक प्रपत्ति है। नैतिकता पर विमर्श की नैतिक जरूरत सामाजिक-सांस्कृतिक सापेक्षता से ही तय होती है। इस सापेक्षता में 'व्यक्ति' और 'समाज' के संबंध के संतुलन बिंदु पर विमर्श को कायम रखना आवश्यक है। विमर्श की एक और कूट-पद्धति पर ध्यान रखना जरूरी है। कई बार हम अपनी अति पर खड़े होकर दूसरे की अतियों में निहित असंगतियों को अपने आक्रमण का लक्ष्य बना कर बहस तो जीत लेते हैं, लेकिन बात बनती नहीं है। व्यक्ति और समाज को एक-दूसरे से अलग नहीं किया जा सकता। लेकिन यदि किन्हीं खास परिस्थितियों में विकास की 'व्यक्ति सापेक्षता' और 'समाज सापेक्षता' में से किसी एक ही पर टिकने की विवशता सामने खड़ी हो जाए, तो अंततः 'समाज सापेक्षता' को अपनाना ही श्रेयस्कर होता है। मुश्किल यह कि विकास की वर्तमान अवधारणा के जनकों के मन में विकास की 'समाज सापेक्षता' की नैसर्गिक आकांक्षा की वरेण्यता के विरुद्ध 'व्यक्ति सापेक्षता' की वरेण्यता की पूर्वाग्राही आकांक्षा बनी हुई है। वरेण्यता का यह पार्थक्य विमर्श को उलझाव में डाल देता है। दुहराव के जोखिम पर भी कहना जरूरी है कि नैतिकता सामाजिक-सांस्कृतिक प्रपत्ति है। जाहिर है कि नैतिकता का संबंध समाज विकास की 'समाज सापेक्षता' में ही वैध ठहरता है। इसलिए विकास के नैतिक आयतन में 'समाज सापेक्षता' को विस्थापित कर 'व्यक्ति सापेक्षता' को समाविष्ट करना दवा की शीशी में जहर भरने जैसा है। यहाँ यह ध्यान में रखना जरूरी होगा कि नैतिकता सामाजिक प्रपत्ति है, लेकिन नैतिकता की कसौटी पर तो व्यक्ति होता है। इसलिए विकास के नैतिक आयतन में 'समाज सापेक्षता' के अंदर 'व्यक्ति सापेक्षता' का संस्थापन भी जरूरी है। प्रोफेसर अमर्त्य सेन कहते हैं, 'किसी सामाजिक व्यवस्था में एक व्यक्ति की स्थिति को दो प्रकार से परखा जा सकता है : (1) उसकी वास्तविक उपलब्धि की दृष्टि से, और (2) उसकी उपलब्धि की स्वतंत्रता की दृष्टि से। उपलब्धि का संबंध इससे है कि हम क्या-क्या कर पाते हैं, और स्वतंत्रता का संबंध जिसे हम महत्वपूर्ण समझते हैं उसे कर पाने के *वास्तविक अवसर* से है। जरूरी नहीं कि दोनों समान हों। विषमता पर विचार उपलब्धियों और स्वतंत्रताओं की दृष्टि से किया जा सकता है और दोनों का सहधर्मी होना आवश्यक नहीं है। यह अंतरदक्षता को परखने के लिए भी महत्वपूर्ण है जिसे वैयक्तिक उपलब्धियों या उपलब्धि की स्वतंत्रताओं के आधार पर परखा जा सकता है। इस तरह उपलब्धि और स्वतंत्रता का अंतर सामाजिक मूल्यांकन के लिए केंद्रीय महत्व का है।'[14] उपलब्धियों और स्वतंत्रता की मात्राओं से चयन के अवसर और चयन की क्षमताओं, जिसमें इच्छाशक्ति भी शामिल है, का सीधा संबंध होता है।

विषमतामूलक समाज में व्यक्तियों को जन्म जैसे अतार्किक आधार पर उपलब्धियों और स्वतंत्रताओं की मात्रा में उल्लेखनीय अंतर होता है। इसलिए विषमतामूलक समाज नैतिक संकट से घिरा हुआ होता है। जाहिर है कि उपलब्धियों और स्वतंत्रताओं के बढ़ते अंतर से नवनैतिकता का गहरा संबंध है। स्वभावतः नवनैतिकता का उपलब्धियों और स्वतंत्रताओं के बढ़ते अंतर से टकराव अनिवार्य हो जाता है। यह टकराव अपने नैरंतर्य और फैलाव में; व्यापकता और गहराई में जा कर सभ्यता संघात में तब्दील होने की स्थिति तक पहुँच सकता है। (देखें 1.13)

1.7 'बसकि दुश्वार है, हर काम का आसाँ होना/आदमी को भी मुय्यसर नहीं इन्साँ होना'[15]। 'आकांक्षा' कहने से ही कुछ बातें साफ होती हैं। मनुष्य अपने जन्म से न तो स्वतंत्र और न ही समान होता है। 'आदमी' को 'इन्साँ' बनने के संघर्ष से गुजरना पड़ता है। प्राकृतिक या सांस्कृतिक रूपों में मनुष्य अपने प्रदत्त और उपलब्ध जीवन-स्थितियों में सचमुच 'स्वतंत्र' और 'समान' होता, तो उसे इनकी 'आकांक्षा' ही क्यों होती? हासिल की 'आकांक्षा' का कोई मतलब नहीं होता है। इसलिए 'मनुष्य जन्म से समान होता है' या 'मनुष्य जन्म से स्वतंत्र होता है' जैसे सद्भावनामूलक सूक्तियों की पड़ताल कठोरतापूर्वक की जानी चाहिए। मनुष्य की इन जन्मजात आकांक्षाओं के पूरे होने में बाधक तत्वों की पड़ताल भी उतनी ही कठोरता से किए जाने की जरूरत है। संस्कृति के विभिन्न तत्वों के कारण भी मनुष्य के जीवन में विविधता का समावेश होता है। संसार के जिन प्राणियों में संस्कृति का विकास नहीं हुआ है, वहाँ भी विविधता पाई जाती है। असल में, प्रकृति वैविध्यपूर्ण है। प्रकृति और संस्कृति में अंतर्निहित विविधताओं की स्वाभाविकता को अकसर विषमताओं की स्वाभाविकता के तर्क के रूप में पेश किया जाता है। विचार का विषय यह है कि क्या 'विविधता' अंततः 'विषमता' का अनिवार्य पर्याय है? क्या 'विविधताओं' की ही अंतिम परिणति "विषमताएँ" हैं? ध्यान में रखने की जरूरत है कि 'विविधताओं' का संबंध प्रकृति से है, जबकि 'विषमताएँ' विकास की सामाजिक अवहेलना से पैदा होती हैं। प्रकृति में विविधता को बचाना जितनी बड़ी नैतिक जरूरत है, उतनी ही बड़ी नैतिक जरूरत विकास को विषमता से बचाने की है। प्रकृति की विविधता को खत्म करने और समाज में विषमता को पैदा करनेवाली शक्ति की प्राणशिरा एक ही है। इस प्राणशिरा को पहचान कर इससे संघर्ष करना आज की नैतिक जरूरत है। 'क्योटो प्रोटोकॉल संधि' की आवश्यकताओं और विषमता पैदा करनेवाले विकास के कारण होनेवाले पर्यावरण क्षरणों के संबंधों के 'नैतिक दृष्टिकोण' के आलोक में इसे आसानी से समझा जा सकता है। संयुक्त राष्ट्र के अवर महासचिव नीतिन देसाई ने एल. पणिक्कर के साथ बात करते हुए कहा कि प्राकृतिक संसाधनों का उपयोग गरीबी उन्मूलन में किया जाना चाहिए। 2015 तक गरीबी को घटा कर आधा करने की संयुक्त राष्ट्र की योजना को पूरा

करने के लिए जरूरी है कि आर्थिक भूमंडलीकरण की जगह पर्यावरणीय भूमंडलीकरण की नई दृष्टि अपनानी होगी।[16] अजित झा चिरंतन आजीविका पर आधारित 'पर्यावरणीय भूमंडलीकरण'[17] में अर्थशास्त्री डेविड सी. कोस्टेन को उद्धृत करते हुए लिखते हैं, 'रोजगार के साथ पैसा जुड़ा होता है, आजीविका के साथ पैसा जुड़ा हुआ हो भी सकता है और नहीं भी हो सकता है; सामान्यतः रोजगार किसी दूसरे के पर्यवेक्षण के अधीन होता है, आजीविका स्वयं-संचालित।'[18] 'आर्थिक भूमंडलीकरण' की जगह 'पर्यावरणीय और मानवीय भूमंडलीकरण' की नई दृष्टि नवनैतिकता की जायज माँग है। लेकिन 'आर्थिक भूमंडलीकरण' के झंडाबरदार इस माँग के मर्म को आसानी से कभी नहीं समझ पाएँगे। (देखें 1.12) इसके लिए संघर्ष करना होगा और उस संघर्ष को वैधता नवनैतिकता से ही प्राप्त होगी। प्रोफेसर अमर्त्य सेन ने इस पर विचार किया है कि 'अगर सामाजिक व्यवस्था के नीतिशास्त्र के इतने सारे भिन्न सिद्धांतों में यह साझी विशेषता है कि वे सभी किसी वस्तु—किसी महत्वपूर्ण वस्तु—की समानता की माँग करते हैं तो ऐसा क्यों है, यह सवाल करना उपयोगी हो सकता है। मेरे विश्वास के अनुसार यह तर्क किया जा सकता है कि उस तरह की विश्वसनीयता पाने के लिए सामाजिक प्रश्नों संबंधी नीतिशास्त्रीय तर्कों में किसी ऐसे स्तर पर सभी के लिए समान प्रारंभिक व्यवहार की माँग शामिल होनी चाहिए जिसे महत्वपूर्ण समझा जाता हो। ऐसी समानता के अभाव में कोई भी सिद्धांत मनमाने ढंग से भेदभाव करनेवाला हो सकता है जिसका पक्ष लेना कठिन होगा। हो सकता है कि अनेक चरों के आधार पर कोई सिद्धांत विषमता को न सिर्फ स्वीकारे, बल्कि उसकी माँग करे। मगर उन विषमताओं का समर्थन करते हुए किसी-न-किसी तरह, पर्याप्त ठोस ढंग से अंततः सभी के लिए समान व्यवहार से उन विषमताओं को जोड़ने की आवश्यकता से आँखें चुराना मुश्किल होगा। संभवतः इस विशेषता का संबंध इस जरूरत से है कि खासकर सामाजिक व्यवस्थाओं के बारे में नीतिशास्त्रीय तर्क दूसरों—और संभावित रूप से दूसरे सभी—के दृष्टिकोण से विश्वसनीय होने चाहिए। 'यह व्यवस्था क्यों?', इस प्रश्न का उत्तर गोया कि व्यवस्था के सभी भागीदारों के हित में देना होगा।...हाल में टॉमस स्कैलन (1982) ने इस अपेक्षा की प्रासंगिकता और शक्ति का विश्लेषण किया है कि व्यक्ति को 'अपने कर्मों का औचित्य दूसरों के सामने ऐसे आधारों पर सिद्ध करने योग्य होना चाहिए कि उसे बुद्धिसंगत आधारों पर रद्द न किया जा सके।'[19]

1.8 अकसर 'स्वतंत्रता' को भी 'समानता' की विरोधी और 'विषमता' का कारण ठहराने की कोशिश की जाती है। 'स्वतंत्रता' को बचाने के लिए 'समानता' के मुद्दे पर समझौता करना पड़ता है और 'समानता' को सुनिश्चित करने के लिए 'स्वतंत्रता' को संयमित एवं नियंत्रित करना पड़ता है। अकसर समझौते की शर्त को कठिन और 'संयम' एवं 'नियंत्रण' को अप्रभावी बना दिया जाना स्वीकार

कर लिया जाता है। 'स्वतंत्रता' के प्रति मनुष्य के मन में बसे आग्रह को देखते हुए उसे 'समानता' से भिड़ाने की भी कोशिश की जाती है। आज उदारीकरण-निजीकरण-भूमंडलीकरण का त्रैत जीवन को बहुविध प्रभावित कर रहा है। इस त्रैत की परियोजनाओं के अंतर्गत 'स्वतंत्रता' के संयम और नियंत्रण को शिथिल बनाया जा रहा है। परिणाम यह कि मनुष्य के जीवन में 'समानताएँ' तेजी से कम हो रही हैं और 'विषमताएँ' उससे भी अधिक तेजी से बढ़ रही हैं। 'समानताओं'[20] की स्वाभाविक आकांक्षाओं को 'समरूपताओं'[21] का शिकार बनाया जा रहा है। कहना न होगा कि 'समानताओं' का मुख्य सरोकार मनुष्य की सारगत क्षमताओं और वास्तविकताओं से और 'समरूपताओं' का मुख्य सरोकार बाहरी अभिव्यक्तियों और प्रतीतियों से होता है। 'स्वतंत्रता' और 'समानता' के प्राकृतिक और सांस्कृतिक पक्षों की 'विविधताओं' के पारस्परिक संबंधों की भी पड़ताल की जानी चाहिए। नैतिकता का गहरा संबंध मनुष्य की प्रकृति से भी है और संस्कृति से भी है। कहना चाहिए कि मनुष्य की 'प्रकृति' और 'संस्कृति' के अंतर्द्वंद्वों के बीच सामंजस्य की तलाशों में ही नैतिकता की विनिर्मिति संभव हुई है। जाहिर है, प्राकृतिक और सांस्कृतिक धरातलों पर 'स्वतंत्रता', 'समानता' और 'नैतिकता' परस्पर अंतर्ग्रंथित[22] और अंतर्बंधित[23] है। इसलिए नैतिकता के प्राकृतिक और सांस्कृतिक पक्षों के संदर्भों का 'स्वतंत्रताओं' और 'समानताओं' की जीवन-स्थितियों के पड़ताल से प्रगाढ़ संबंध है। इस जटिल पड़ताल में नैतिकता एक महत्वपूर्ण आधार और औजार है। कहना न होगा कि इस नैतिक आकांक्षा ने ही मनुष्य के बनने की राह तैयार की है।

1.9 मनुष्य की मौलिक आकांक्षा होने के कारण 'स्वतंत्रता' और 'समानता' मनुष्य की सांस्कृतिक निर्मिति के मूलाधार हैं। संस्कृति को समझने में ये प्रवृत्तियाँ बहुत ही सहायक होती हैं। इस समय, 'स्वतंत्रता' और 'समानता' को परस्पर विरोधी साबित करने की कोशिश बहुत सतर्क हो कर की जा रही है। असल बात यह है कि मनुष्य की मौलिक प्रवृत्तियाँ एक-दूसरे के विपरीत होने के बाद भी एक-दूसरे की विरोधी नहीं होतीं (देखें 1.2) स्वतंत्रता और समानता एक-दूसरे के पूरक और एक-दूसरे पर निर्भरशील होते हैं। एक न्यायपूर्ण समाज में समानता स्वतः अंतर्निहित हुआ करती है। दूसरी ओर समानता सुनिश्चित करनेवाला समाज अपने आपमें एक न्यायपूर्ण समाज भी होता है। नैतिकता के किसी भी विमर्श के लिए 'स्वतंत्रता' और 'समता' की अविभाज्यता, अनुपूरकता, अंतर्निर्भरशीलता सर्वस्वीकृत पक्ष[24] है। अब तक के मानव विकास से यह बात मोटे तौर पर साफ है कि मनुष्य ने चाहे जितनी प्रगति कर ली हो, लेकिन अपनी इन आकांक्षाओं को पूरा करने में पूरी तरह वह सक्षम नहीं हो पाया है। ऐसा नहीं हो पाने के कारणों को विस्तार से समझने की जरूरत है। आज के समाज में विकास जितनी तेजी से हो रहा

है, प्रगति उतनी तेजी से नहीं हो रही है। विषमता की खाई बढ़ रही है और अपने सही अर्थ के संदर्भ में समाज में उसी अनुपात में अन्याय भी बढ़ रहा है। अधिकतर मामलों में यह बढ़ती हुई विषमता और अन्याय समाज में अदृश्य और धुँधली बनी रहती है। जिस कोण से इन विषमताओं और अन्याय को बढ़ावा मिल रहा है, उसी कोण से इसे अदृश्य और धुँधला बनाए जाने का भी पुरजोर प्रयास होता है। बढ़ती हुई इन विषमताओं और अन्याय को अधिक दृश्य बनाया जाना आज की बौद्धिकता और सामाजिकता की साहसिक चुनौती है। एक विषम और अन्यायपूर्ण समाज में आदमी जिस एक भरोसे पर अपने को टिकाए रखता है, उस भरोसे का नाम नैतिकता है। नैतिकता विषमताओं और अन्यायों के बीच संतुलन की तलाश निरंतर जारी रखने की कोशिश करती है। नैतिकता के आधार पर करते हुए ही आदमी उस न्यूनतम न्याय और समानता के हासिल होते रहने पर भरोसा कर पाता है जिसके बिना जीवन संभव ही नहीं हो सकता है।

1.10 न्याय और समानताओं की नैसर्गिक आकांक्षाओं की जटिलताएँ जीवन में बहुतेरे ढंग से रोशन होती हैं। किसी भी समय और समाज को समझने के लिए उस समाज की नैतिक स्थितियों को भी समझ लेना प्राथमिक दायित्व होता है। नैतिकता के प्राणतंतु देशकाल, समुदाय, समाज, राष्ट्र और विश्व-मानवता से जुड़े होते हैं। मानवीय सभ्यता अपनी समग्रता में सदैव गतिशील रहती है। उसकी इस चिर-गत्यात्मकता में संक्रमणकालीन प्रवृत्तियाँ भी सूक्ष्म एवं स्थूल रूप में सक्रिय रहती हैं। गति की भी अपनी एक स्थिति होती है और स्थिति में भी एक गति होती है। जो समुद्र ऊपर से एकदम शांत प्रतीत होता है, उसके विभिन्न स्तरों पर धाराओं के विभिन्न प्रवाह गतिमान रहते हैं। यह अलग बात है कि सीधे-सीधे और प्रत्यक्ष ढंग से सुनामी लहरें कभी-कभी दृश्यमान होकर जीवन को प्रभावित करती हैं। संस्कृति के समुद्र में भी ऐसी लहरें निरंतर उठती रहती हैं। नैतिकता का गहरा संबंध संस्कृति से होता है। देशकाल, समुदाय, समाज, राष्ट्र और विश्व मानवता के परिप्रेक्ष्य में मानवता को उनकी सामान्य और विशिष्ट सांस्कृतिक सापेक्षता की पृष्ठभूमि में ही समझना होता है। यह ठीक है कि कभी-कभी किसी समाज में ऊपर से सबकुछ स्थिर प्रतीत होता है लेकिन यह ध्यान में रखने की जरूरत है कि यह स्थैर्य की गति है। सभी समुदायों और समाजों में नैतिकता, आचार संहिता के अपने पारंपरिक मानदंड होते हैं। ये मानदंड अपेक्षाकृत अनम्य होते हैं। आचार भले बदल जाए संहिता नहीं बदलती है; नीति के बदल जाने पर भी नैतिकता नहीं बदल पाती है। भारतीय समाजों में भी यह अनम्यता है। नवनैतिकता की जरूरतों के तहत इन मानदंडों को नमनीय बनाने के लिए, 'भारतीयता की खोज आज के संदर्भ में दो दृष्टियों से आवश्यक है। स्वाधीनता प्राप्ति के बाद देश में एक सांस्कृतिक अराजकता व्याप्त हो गई है। स्वदेश और

स्वदेशी की भावनाएँ अशक्त होती जा रही हैं। हम बेझिझक पश्चिम का अनुकरण कर अपनी अस्मिता खोते जा रहे हैं। यह प्रवृत्ति एक छोटे, पर प्रभावशाली तबके तक सीमित है, पर उसका फैलाव हो रहा है। यदि इसे हमने बिना बाधा बढ़ने दिया तो हमें परंपराओं की संभव ऊर्जा से वंचित होना पड़ेगा और हमारी स्थिति बहुत कुछ त्रिशंकु जैसी हो जाएगी। दूसरा कारण और भी महत्वपूर्ण है। संस्कृति आज की दुनिया में एक राजनीतिक अस्त्र के रूप में उभर रही है, न्यस्त स्वार्थ, जिसका उपयोग खुल कर अपने उद्देश्यों के लिए कर रहे हैं। उन पर रोक लग सकती है, यदि हम निष्ठा और प्रतिबद्धता से भारतीयता की तलाश करें।'[25] 'भारतीयता की खोज आज के संदर्भ' में आज कुछ सावधानी बरतना भी बहुत जरूरी है। क्योंकि 'यह बात माननी ही होगी कि ऐतिहासिक रूप से एक सामान्य भारतीय संस्कृति का अस्तित्व कभी नहीं रहा है। ऐतिहासिक रूप से भारत तीन रहा है—ब्राह्मण भारत, बौद्ध भारत और हिंदू भारत। इन तीनों की अपनी अलग-अलग संस्कृति रही है।...यह बात भी माननी होगी कि मुसलमानों के वर्चस्व के पहले ब्राह्मणवाद और बौद्धवाद के बीच गहरे नैतिक संघर्ष का भी इतिहास रहा है।'[26] यह भी याद रखने की जरूरत है कि 'आधुनिक भारतीय राष्ट्र' को गर्भ में ही 'संप्रदायवाद' का भयानक रोग लग गया। 'आंतरिक उपनिवेश' का रोग तो उससे भी पुराना है। भारतीयता की किसी भी खोज में 'आधुनिक भारतीय राष्ट्र' के इन भयानक रोगों के निदान की खोज को भी पूरी तत्परता के साथ शामिल किया जाना जरूरी है। इन्हीं रोगों के कारण भारतीयता 'बाह्य विभाजन' अर्थात देश के राजनीतिक विभाजन और 'आंतरिक विभाजन' अर्थात देश के सामाजिक विभाजन का शिकार बन गई। गांधी जी की मान्यता थी कि 'अस्पृश्यता जैसे ही खत्म होगी, स्वयं जाति प्रथा भी शुद्ध हो जाएगी, अर्थात मेरे स्वप्नों के अनुसार शुद्ध हो जाएगी। यह सच्ची वर्णाश्रम व्यवस्था बन जाएगी, जिसके अंतर्गत समाज चार भागों में विभाजित होगा और प्रत्येक भाग एक-दूसरे का पूरक होगा, कोई छोटा या बड़ा नहीं होगा। हिंदू धर्म के समग्र अंग के लिए प्रत्येक भाग समान रूप से आवश्यक होगा या एक भाग उतना ही आवश्यक होगा जितना दूसरा।'[27] लेकिन अस्पृश्यता खत्म कैसे होगी? और खत्म हो भी जाए तो भी 'समाज चार भागों में विभाजित होगा' ऐसा तो वे स्वीकार ही करते हैं। कहना न होगा कि तर्क-वितर्क चाहे जो हो, हकीकत यही है कि 'आधुनिक भारतीय राष्ट्र' ने चौतरफा संघर्ष के बदले 'विभाजन' को अपनी नियति के रूप में स्वीकार लिया था। नवनैतिकता के संदर्भ में 'भारतीयता की खोज' को विभाजन की इन दरारों को पाटना ही होगा। इन दरारों को पाटे बिना 'भारतीयता की खोज' की किसी भी कोशिश को औंधे मुँह गिरने से बचाना असंभव होगा।

1.11 'कथनी' और 'करनी' में एक हद तक अंतराल होना स्वाभाविक है।

'कथनी' व्यक्ति की आकांक्षा और सहमति को सामने लाती है और 'करनी' उपस्थित परिस्थिति में भी उपलब्ध विकल्पों के चयन और उसे बरते जाने की क्षमता और साहस को सामने लाती है। नैतिक संकट को समझने के लिए, 'कथनी' और 'करनी' के अंतराल को 'आकांक्षा' और 'क्षमता' के अंतराल के रूप में समझे जाने की जरूरत है। इस अंतराल को कम करने का संघर्ष सभ्यता का संघर्ष है। चिंता की बात यह है कि यह संघर्ष कमजोर पड़ता दिख रहा है। 'कथनी' और 'करनी' के अंतराल से उत्पन्न नैतिक तनाव को बहुत देर तक झेल पाना आदमी के लिए मुश्किल होता है। 'कथनी' और 'करनी' अंतराल को पाटने का एक खतरनाक तरीका यह देखा जा रहा है कि अब 'करनी' की ही 'कथनी' हो रही है। मनुष्य के स्वभाव में एक आत्म-विरोधी प्रवृत्ति सक्रिय रहती है। इस आत्मविरोधिता का गहन संबंध उसके 'सार्वजनिक और अंतरंग'[28] चरित्र और स्थिति से है। 'सार्वजनिक' तौर पर व्यक्ति जिन मूल्यों की दुहाई देते नहीं थकता है, अपने अंतःकरण में वह उन मूल्यों के प्रति बहुत सम्मानशील नहीं रह पाता है। पारंपरिक ढंग से इस संदर्भ को 'कथनी' और 'करनी' के अंतर से समझने की कोशिश की जाती रही है। कहा जा सकता है कि नैतिकता की समस्या नैतिक मानदंडों को अपनाने में व्यक्ति की द्विधाग्रस्त मनःस्थिति और बहुधा खंडित जीवनस्थितियों एवं क्षमताओं से उपजती है। 'सर्वोत्तम' की बात और 'अधम' का आचरण करता है अर्थात ऊँचे विचारों और सिद्धांतों की आकांक्षा एवं व्याख्या करते हुए भी आचरण के चयन के समय अकसर 'अधम' को अपना लेता है। सार्वजनिक और अंतरंग जैसे मोटे विभाजनों की अंतर्वर्तिता में व्यक्तित्व को विभाजित करनेवाली और भी कई महीन रेखाएँ होती हैं। विश्व, राष्ट्र, जनपद, धर्म, काम के स्थान, बाजार, समाज, समुदाय, परिवार, सहमर्मी, प्रेमप्रसंगों आदि जैसे असंख्य बिंदु मिल कर व्यक्तित्व के कई-कई बहिरंगों और अंतरंगों की रचना करते हैं। 'हम' और 'अन्य' के जितने वृत्त होते हैं, बहिरंग और अंतरंग के उतने ही क्षेत्र होते हैं; व्यक्तित्व के उतने ही केंद्र और उतनी ही परस्पर अतिक्रामी[29] परिधियाँ होती हैं। सार्वजनिक और अंतरंग चरित्र में जितना आत्मविरोध होता है, 'कथनी' और 'करनी' में भी उतना ही अंतराल होता है, उतने ही नैतिक मानदंडों को बरता जाता है। मानदंडों की बहुलता से नैतिक समस्या उत्पन्न होती है। बचपन से ही आदमी अपने परिवार (देखें 1.14) में नैतिक मानदंडों की बहुलता को बरते जाते हुए देखता है, पहले थोड़ा-बहुत व्यथित होता है फिर जल्दी ही दुहरे बरताव की 'विवशताओं' को समझने और उबरने लगता है। इस समझ से मानसिक अनुकूलन की प्रक्रिया शुरू हो जाती है। अंततः आदमी दुहरे मानदंडों को बरतने में धीरे-धीरे कुशल हो जाता है। कहना न होगा कि नैतिकता के संदर्भ में किए जानेवाले विचार का एक महत्वपूर्ण संदर्भ परिवार के साथ जुड़ता है। परिवार की बनावट और उसके संबंधों को परखना जरूरी है।

लोगों के ऊपर 'कथनी' और 'करनी' के अंतराल का बोझ डाल कर निश्िंचत हो जाना ठीक नहीं है, व्यक्तियों की सामाजिक विवशताओं को समझना भी जरूरी है। 'कथनी' और 'करनी' के 'अंतराल' को 'उपलब्धियों' और 'स्वतंत्रताओं' के अंतराल से जोड़ कर भी देखना जरूरी है। (देखें 1.6)

1.12 न्याय का गहरा संबंध 'वितरण' से होता है। वितरण का असंतुलन सामाजिक असंतुलन को जन्म देता है। 'पैरेटो-कुशलता'[30], जो किसी को हानि पहुँचाए बिना किसी को लाभ पहुँचाना संभव नहीं मानती है, की गहन तार्किकता से निकलना तभी संभव है जब वितरण को सामाजिक संदर्भ से जोड़ कर विचार किया जाए। ऐसा नहीं करने से तर्क में 'प्रवर्गीय दोष'[31] आ जाता है। क्योंकि इस संदर्भ में यह स्पष्ट है कि अकसर इस प्रणाली में सामाजिकता को हानि पहुँचा कर व्यक्ति को लाभ पहुँचाए जाने का अवसर बनता है। इसलिए 'उपलब्धियों' और 'स्वतंत्रताओं' के 'वितरण' के मामले को व्यक्ति के लाभ-हानि के मुहावरे से अलग हट कर सामाजिक संतुलन के लाभ के नजरिए से देखे जाने की जरूरत है। वितरण का असंतुलन सिर्फ व्यक्तियों के संदर्भ में ही नहीं उठता है। परिवारों, समुदायों, समाजों, राष्ट्रों के संदर्भ में भी उठ सकता है। इसलिए स्वभावतः 'पैरेटो-कुशलता' से बाहर निकलने के लिए 'वितरण' को न सिर्फ व्यक्तियों की निरपेक्षता में, बल्कि परिवारों, समुदायों, समाजों, राष्ट्रों की निरपेक्षता के संदर्भ में भी देखना जरूरी है। यहाँ हमारा ध्यान सहज ही 'साझी मानवता' की ओर जाता है। और तब एक गंभीर सवाल से हमें जूझना पड़ता है कि क्या 'उदारीकरण-निजीकरण-भूमंडलीकरण' के त्रैत की वर्तमान परियोजनाओं में इस प्रकार की साझा मानवता की कोई गुंजाइश बनती है? (देखें 1.7) दुखद सच्चाई यह है कि इस सवाल का हमारे पास इस समय नकारात्मक जवाब ही उपलब्ध है। 'वितरण की न्याय्यता' का गहरा संबंध व्यक्तियों, परिवारों, समुदायों, समाजों, राष्ट्रों की 'ग्रहण की क्षमता' से भी होता है। 'वितरण की न्याय्यता' के लिए 'ग्रहण की क्षमता' में संभाव्य समता का अर्जन एक नैतिक सवाल से आगे बढ़ कर एक राजनीतिक सवाल बन जाता है। 'उदारीकरण-निजीकरण-भूमंडलीकरण' के त्रैत के अतिचार से बचाव के लिए व्यक्तियों, परिवारों, समुदायों, समाजों, राष्ट्रों की निरपेक्षता में साझी मानवता के नैतिक नवाचार के विकास की जरूरत है। नवनैतिकता के मानदंड और आयाम को साझा मानवता के नैतिक नवाचार की बहुविध जटिलताओं के संदर्भ में समझना जरूरी है।

1.13 'यूँ ही हमेशा उलझती रही है ज़ुल्म से ख़ल्क/न उनकी रस्म नई है न अपनी रीत नई/यूँ ही हमेशा खिलाए हैं हमने आग में फूल/न उनकी हार नई है न अपनी जीत नई'[32]। इसलिए यह विश्वास सहज ही किया जा सकता है कि मनुष्य संकट की इस घड़ी को भी झेल ले जाएगा। सफलता की इस गाथा में जो

बात सूक्ष्म रूप में कहीं अंदर बनी हुई है, उस पर हमारा ध्यान सहज ही नहीं जाता है। बात यह कि हर दौर की सफलता के पीछे त्याग और बलिदान की करुण कहानी भी हुआ करती है। इधर 'विकास के साथ मनुष्य का मन बदलने लगा है। इस बदलाव के कारण, त्याग और बलिदान के बदले जीवन में लोभ और भोग का व्यक्तिवादी वर्चस्व बढ़ने लगा है। व्यक्तिवाद का दबाव जितना बढ़ता गया, व्यक्तित्व का प्रसार उतना ही संकुचित होने लगा है। सामाजिक दृष्टि से यह शुभ लक्षण नहीं माना जा सकता। आधुनिक विकास की संरचना का स्वरूप पिरामिड की तरह बना। इस विकास में 'एक के साथ एक' नहीं, 'एक के ऊपर एक' के विकास का ही ढाँचा बनता है। पढ़े-लिखे लोगों में एक विचित्र किस्म की आपाधापी शुरू हो गई है। 'सबके साथ' नहीं 'सबके आगे' निकल जाने की होड़ लगी हुई है! इस होड़ में पढ़े-लिखे लोग तो सबसे आगे हैं! जो जितना पढ़ा-लिखा है, वह इस आपाधापी को बढ़ाने में उतना ही आगे है।'[33] फ़ैज़ ने अपने समय के संघर्ष की 'रस्म' और 'रीत' के साथ 'हार' और 'जीत' को ठीक पहचाना था। इधर 'रस्म' और 'रीत' बदल गई है। आग में कागजी फूल नहीं खिलाए जा सकते हैं! फ़ैज़ के ही शब्दों को याद करें; 'अब कहाँ रस्म घर लुटाने की।'[34] 'घर बसाने' की संभावनाओं के संघर्ष में 'घर लुटाने' की भावना थी; बीसवीं सदी की 'रस्म' और 'रीत' हो या 'हार' और 'जीत', इक्कीसवीं सदी में इनका ठीक वही अर्थ नहीं रह गया है। 'त्याग' और 'बलिदान' की भावनाओं को निरर्थक या व्यर्थ बना दिया जाए, तो मनुष्य की इस जययात्रा पर विराम लग सकता है—ऐसा माननेवाले लोगों की कोई कमी नहीं है। कुछ लोग इस परियोजना पर काम भी कर रहे हैं। 'त्याग' और 'बलिदान' की भावना को मारना इतना आसान नहीं है, क्योंकि 'त्याग' और 'बलिदान' की भावनाओं के गर्भ में मनुष्य के सुखद भविष्य की सहज आकांक्षा के स्वप्निल बीज बने रहते हैं। इन सपनों का पीछा करते हुए ही मानवता ने अपनी सभ्यता यात्रा जारी रखी है। यह सच है कि 'आज अन्याय और दासता की पोषक और समर्थक शक्तियों ने मानवीय रिश्तों को बिगाड़ने की प्रक्रिया में वह स्थिति पैदा कर दी है कि अपने अधिकारों के लिए संघर्ष करनेवाले जन मानवीय अधिकार की अपनी हर लड़ाई को एक पराजय बनता हुआ पा रहे हैं। संघर्ष की रणनीतियाँ उन्हीं के आदर्शों की पूर्ति करती दिखाई दे रही हैं जिनके विरुद्ध संघर्ष है, क्योंकि संघर्ष का आधार नए मानवीय रिश्तों की खोज नहीं रह गया है। न्याय और बराबरी के लिए हम जिस समाज की कल्पना करते हैं, उसमें मानवीय रिश्तों की शक्ल क्या होगी, यह उस समाज के लिए संघर्ष के दौरान ही तय होना चाहिए।'[35] मानवीय रिश्तों की नई शक्ल के लिए सामाजिक संघर्ष की जरूरत बदलाव के हर दौर की जरूरत होती है। मानवीय रिश्तों की नई शक्ल में नवनैतिकता अभिव्यक्त होती है। पुरानी नैतिकता का प्राण-तत्त्व 'सिर झुकाने' की विनयशीलता में है, नवनैतिकता

का प्राण-तत्त्व 'सिर उठाने' की साहसिकता में है। 'नयन' बदल जाए तो 'नैतिकता' भी आसानी से बदल जाती है। आदमी शरणागति को ही प्रगति समझे, इसके लिए धर्म आदमी की आँख ही बदल देता है।[36] कहना न होगा कि साम्राज्यवादी विस्तार की आकांक्षा से सन्नद्ध सत्ता और शोषण के सबसे बड़े औजार 'उदारीकरण-निजीकरण-भूमंडलीकरण' के त्रैत में धर्म तत्त्वों का इस्तेमाल पहले से अधिक घातक ढंग से हो रहा है। इस घातक ढंग का 'बौद्धिक विमर्श' उत्तर-आधुनिकता का अमेरिकी संस्करण तैयार करता है। 'उत्तर-आधुनिकता की प्रवृत्तियों पर ध्यान देने से इसकी कुछ मान्यताएँ स्पष्ट हो जाती हैं। मुख्य शक्ति स्रोत के रूप में विज्ञान, तकनीक और बाजार की स्वीकृति। मुख्य भाव ईश्वर संबंधी रहस्य। उसके भय से मुक्ति के लिए ईश्वर के अस्तित्व या तत्संबंधी विश्वास के सामाजिक निषेध पर जोर नहीं, बल्कि जो लोग ईश्वर और धर्म से उद्‍भूत मान्यताओं में आस्था रखते हैं उनकी आस्था को और मजबूत करते हुए अपने मनोरंजन और उनके शोषण की अनुकूलता की रचना करना। यहाँ धर्म और बाजार के नवसंश्रय को समझा जा सकता है। नायकत्व से इनकार, लेकिन साथ ही बाजार की सुविधा और जरूरत के अनुसार छलनायकों का सृजन और विसर्जन करते हुए मनुष्य के अंदर निहित वीर पूजा के संस्कार को इस्तेमाल के लायक बनाए रखना। समाजवादी राष्ट्रीय-जनतंत्र के बदले मुख्य प्रवृत्ति के रूप में समाज विमुख व्यक्तिवादी बहुराष्ट्रीय पूँजीवादी-धनतंत्र की ओर आकृष्ट करने के लिए मनुष्य को निर्बाध भोग की असीम संभावनाओं की कल्पित मरीचिकाओं में फाँसे रखना।'[37] जाहिर है, धर्म की घातकता के बढ़ने का कारण साम्राज्यवादी विस्तार की बाजारवादी आकांक्षा में वैज्ञानिक उपकरणों के सहारे धर्म के मूलार्थ का सुनियोजित अभिनिवेश है। हार्वर्ड विश्वविद्यालय के प्रोफेसर सैमुएल हंट्टिंगटन विश्व व्यवस्था के समरस मानवीय सभ्यता की ओर बढ़ने के बदले विखंडित सभ्यता सचेतनता के कारण सभ्यताओं के नियामक और विधायक तत्वों के रूप में धर्मीय और नस्लीय संदर्भों की नृतात्विकता को महत्व देते हुए सभ्यता के विश्वव्यापी संघात[38] की अनिवार्यता की 'आशंका' करते हैं, तो हमारी चिंता और बढ़ जाती है। संतोष की बात यह है कि यह 'आशंका' गलत साबित होने के सारे आसार हैं! क्योंकि आदमी फिर से नई आँख पाने के संघर्ष में जुट जाता है। यह संघर्ष धर्म की परिधि में बने रह कर भी होता है। जैसा कि 'भक्ति काल' में हुआ, जैसा कि 'नवजागरण' में हुआ। नवजागरण का उदय मूलतः धर्म के जड़ और वंचक इस्तेमाल से बने दमघोंटू सामाजिक वातावरण में प्राणवायु के रूप में हुआ। लेकिन संघात की आशंका तो बनी हुई है। यह अलग बात है कि यह संघात रोजगार, समता, स्वतंत्रता और न्याय के सवाल हल नहीं होने के कारण संपन्नों और विपन्नों के बीच होगा। मुश्किल यह है कि विशाल भूखंड अब विशाल नहीं रहा। प्रकाशपुंज पर 'ताकतवर

लोगों' का कब्जा होता चला गया है। इस गहन अंधकार में बृहत्तर मानव समाज के लिए न कोई शशधर है, न कोई तारा है।[39] सच है, पृथ्वी पर अंधकार का हमला पहली बार नहीं हुआ है। फिर भी इस बार का अंधकार पहले से अधिक खतरनाक है। क्योंकि पृथ्वी के अंधकार में पहला पुरुष अकेला नहीं था, न पहली स्त्री। सूर्योदय का रंग, अंधकार में, दोनों के साथ होने से बन रहा था। और आज? साथी को नहीं जानते, अधिक-से-अधिक साथ चलने को जानते हैं।[40] सभ्यता को संघात से बचाने के लिए सामाजिक समूहों को बचाना होगा। विडंबना यह कि सभ्य आदमी समूह में मिल कर नहीं गाते, समूह में मिल कर नहीं नाचते, समूह में मिल कर समय नहीं गँवाते, सभ्य आदमी अकेला रहना पसंद करते हैं, सभ्य आदमी समूहों में नहीं पाए जाते हैं?[41] जब तक सभ्यता और संस्कृति नए सूरज की आमद से समृद्ध नहीं हो जाती, तब तक इस घनघोर अँधेरे से बचने के लिए लालटेन जलाना बहुत जरूरी है। मुश्किल यह है कि लालटेन जलाना उतना आसान बिलकुल नहीं है, जितना उसे समझ लिया गया है।[42] इस संघात के बीच से उभरनेवाली नवनैतिकता के लिए जरूरी होगा 'क्रांति, समता, प्रगति, जनवाद' जैसे शब्दों से काम लिए जाने की संभावनाओं को बचाए रखना! (देखें 1.6)

1.14 अंत के पहले वह प्रसंग, जो नैतिकता पर होनेवाली किसी बात की शुरुआत में ही अकसर उपस्थित होती है—'स्त्री-पुरुष' के संबंध, खासकर 'यौन साहचर्य' की नैतिकता! इस संदर्भ में डॉ. राममनोहर लोहिया की बहुचर्चित उक्ति है। नैतिकता को पूरी तरह 'यौन साहचर्य' पर केंद्रित कर देना नैतिकता के सवाल को उसकी केंद्रीयता से भटकाना है। अन्य संदर्भों में जिस तरह 'संबंध' का सवाल महत्वपूर्ण है, उसी तरह 'यौन साहचर्य' का सवाल भी महत्वपूर्ण है। 'यौन साहचर्य' में उच्छृंखलता से बहुत सारी नैतिक समस्याओं का सूत्रपात होता है। फिर भी नैतिकता के सवाल को 'यौन साहचर्य' पर केंद्रित कर दिए जाने के अपने खतरे हैं। 'यह सही है कि नैतिकता का मूलाधार सिर्फ यौन संदर्भों से ही न तो तय होता है और न सीमित ही होता है। फिर भी, यह तो स्वीकारना ही पड़ेगा कि समाज की नैतिक संरचना का क्षेत्र चाहे जितना विस्तृत हो, उसकी नाभिकीयता में यौन संदर्भों का महत्वपूर्ण स्थान होता है। परिवार, सामाजिक पहचान और संपत्तियों के उत्तराधिकार के मामलों में किसी भी समाज में यौन संबंधों और संदर्भों का अपना महत्व होता है। फिर आज के युग में जब तमाम तरह की विषमताओं, खासकर लैंगिक विषमताओं, जो निश्चित रूप से एक तरह की सामाजिक त्रुटि है, के हवाले से 'फ्री सेक्स' और 'सेक्स वर्कर' की सामाजिक स्वीकृति की माँग को वैध बनाने की आवाज धीरे-धीरे मजबूत हो रही है, ...'स्वतंत्र' और 'आत्मनिर्भर' होने की सापेक्षिक आकांक्षा हर हाल में मनुष्य की नैतिक जरूरत के रूप में स्वीकार्य होनी ही चाहिए। अपने 'स्वत्व' का त्याग करके नारी क्या, कोई भी नैतिक नहीं

बना रह सकता है। क्योंकि बिना इच्छा स्वातंत्र्य के, नैतिकता का कोई प्रसंग ही नहीं बनता है और जिसने अपने 'स्वत्व' का त्याग कर दिया हो, उसके प्रसंग में इच्छा स्वातंत्र्य का कोई संदर्भ नहीं बनता है!'[43] इसलिए नैतिकता का प्रधान सरोकार 'स्वतंत्रता' और 'आत्मनिर्भरता' के संदर्भ से ही तय होता है। कहना न होगा कि 'आत्मनिर्भरता' के अभाव में 'अंतर्निर्भरता' का कोई प्रसंग ही नहीं बनता है। 'यौन साहचर्य' पर नैतिकता के अतिकेंद्रन का ही नतीजा है कि शोषण और तिकड़म से अवैध धन-संपदा में वृद्धि करनेवाला अपनी पोल खुलने पर भी 'नैतिक' और 'आदरणीय' बना रहता है, जबकि विवाहेतर यौन साहचर्य का आरोपी मुँह चुराता फिरता है। हालाँकि यह स्थिति थोड़ी बदल भी रही है, लेकिन यह बदलाव नैतिकता के परिप्रेक्ष्य को सही करने के बदले नैतिकता को बेमानी बनाने की दिशा में ही आगे बढ़ रहा है। (देखें 1.11)

1.15 यौन साहचर्य पर नैतिकता को केंद्रित करने में धर्म भी एक बड़ी भूमिका अदा करता है; माइकल जैक्सन की टोपी पहन कर वैलेंटाइन डे का विरोध करता है! अपनी इस भूमिका के अनुरूप ही नैतिकता के केंद्रन का दूसरा प्रक्षेत्र 'धर्म' प्रदान करता है। नैतिकता अकसर अपना अनुमोदन धार्मिक मान्यताओं और आसमानी किताबों से प्राप्त करता है। 'धर्म' अपने स्वभाव से ही विषमता, चाहे वह सामाजिक हो, लैंगिक हो या फिर किसी अन्य आधार पर विकसित होनेवाली विषमता ही क्यों न हो, का पोषक होता है। उसके शीर्ष पर ईश्वर होता है और निचले पायदानों पर 'भाग्य-विधाता का गुन गाता हुआ फटा सुन्ना पहने हरचरना होता है।'[44] दरअसल, धर्म का नैतिक आग्रह सामाजिक विषमता को मुलायम बनाता है। धर्म अपने माननेवालों के एक होने की बात बताता है। 'राजा' और 'रंक', 'चोर' और 'गृहस्थ', 'शोषक' और 'शोषित' के एक होने का भ्रम फैलाता है। आधुनिक राष्ट्रवाद के उदय के साथ ही नैतिकता का एक केंद्र 'देशप्रेम' हुआ। राष्ट्र के साथ व्यक्ति और समुदाय के समतामूलक संबंधों को स्पष्ट रूप से सुपरिभाषित किए बिना फैलाया गया राष्ट्रवाद न सिर्फ कुत्सित और भ्रामक होता है, बल्कि आर्थिक शोषण के साथ ही लोगों के देश प्रेम की निश्छल भावनाओं के शोषण का आधार भी रचता है। राष्ट्र प्रेम को धार्मिक प्रतीकों से अभिव्यक्त एवं पुष्ट करने के कारणों का अनुमान सहज ही लगाया जा सकता है। नवनैतिकता को 'यौन साहचर्य', 'धर्म' और 'कुत्सित राष्ट्रवाद' पर अतिकेंद्रन से बचा कर रोजी-रोजगार, आधिकारिता एवं अवसर की स्वतंत्रता, वैज्ञानिक सचेतनता, साझी-मानवीयता और पर्यावरणीय भूमंडलीकरण की समतामूलक आकांक्षाओं से जोड़ कर समझा जाना चाहिए। (देखें 1.13) इतिहास से भरोसा प्राप्त करते हुए माना जा सकता है कि नवनैतिकता के लिए निश्चित ही नए नायकों का आविर्भाव होगा।

1.16 बहरहाल, छलनायक नवनैतिकता के साथ चल नहीं सकते हैं।

नवनैतिकता की कशिश है कि 'निसार मैं तेरी गलियों के ऐ वतन के: जहाँ/चली है रस्म के: कोई न सर उठा के चले/जो कोई चाहनेवाला तवाफ़ (परिक्रमा) को निकले/नज़र चुरा के चले जिस्म-ओ-जाँ बचा के चले'।[45] नवनैतिकता की गहरी आकांक्षा में एक ऐसे समाज का सपना निहित है जहाँ 'चित्त भयशून्य हो, जहाँ सिर ऊँचा हो, जहाँ ज्ञान मुक्त हो।'[46] सिर्फ कुछ लोगों का नहीं, बल्कि अधिकतम लोगों का चित्त भयशून्य हो, सिर ऊँचा हो, ज्ञान मुक्त हो। यह सपना नवनैतिकता की आँख में बसता है। इस सपना का संबंध नैतिकता की प्रगतिशील चेतना से है। इसका सीधा संबंध रोजगार से है। रोजगार आज का केंद्रीय सरोकार है। इश्क, इसमें देह भी शामिल है और देहातीत भी शामिल है, मनुष्य की चेतना की प्रमुख संचालिका शक्ति है। आदमी को रोजगार भी चाहिए और इश्क भी चाहिए, और एक ही साथ चाहिए! ग़ालिब को संतोष था कि 'गम अगरचे जाँगुसिल है, प कहाँ बचें, कि दिल है/ग़म-ए-अिश्क न होता ग़म-ए-रोजगार होता'।[47] नवनैतिकता को 'ग़म-ए-अिश्क' और 'ग़म-ए-रोजगार' दोनों को एक साथ पाने की तैयारी करनी है।

संदर्भ

1. प्रफुल्ल कोलख्यान : साहित्य समाज और जनतंत्र : आलोचना–सहस्राब्दी अंक चार–जनवरी 2001/आनंद प्रकाशन, 2003
2. हैबरमास का संदर्भ लें।
3. कबीरदास : मोहे सुनि सुनि लागे हाँसी, जल बीच मीन प्यासी।
4. गीता : अध्याय-18(66) : 'सर्वधर्मान्परित्यज्य मामेकं शरणं व्रज। अहं त्वा सर्व पापेभ्यो मोक्षयिष्यामि मा शुचः।।'
5. प्रेमचंद : विविध प्रसंग-2 : राष्ट्रीयता और अंतर्राष्ट्रीयता
6. मानव विकास रिपोर्ट, 2002
7. मानव विकास रिपोर्ट, 1996
8. प्रो. अमर्त्य सेन : आर्थिक विकास और स्वातंत्र्य–अकाल और अन्य आपदाएँ (अनु. भवानी शंकर बागला), राजकमल प्रकाशन, 2001
9. फ़ैज़ अहमद फ़ैज़ : सारे सुख़न हमारे : राजकमल प्रकाशन, 1987 : नक़्शे-फ़रियादी
10. श्यामाचरण दुबे : संक्रमण की पीड़ा : भौतिक विकास : व्यक्ति का विकास
11. कबीरदास : सुखिया सब संसार है, खावे अरु सोवे। दुखिया दास कबीर है, जागे अरु रोवे ॥
12. श्यामाचरण दुबे : संक्रमण की पीड़ा : सामाजिक विकास के आयाम
13. फरीद जकरिया : द फ्यूचर ऑफ फ्रीडम : इल्लिबरल डेमोक्रेसी एट होम एंड एब्रॉड
14. अमर्त्य सेन (अनुवाद नरेश 'नदीम') : विषमता एक पुनर्विवेचन : राजकमल

प्रकाशन, 1999 : स्वतंत्रता, उपलब्धि और संसाधन : स्वतंत्रता और चयन

15. ग़ालिब : दीवान-ए-ग़ालिब : राजकमल पेपर बैक्स—सातवीं आवृत्ति 2004 : अली सरदार जाफ़री
16. द टाइम्स ऑफ इंडिया (नई दिल्ली), 21 मार्च, 2002
17. इकोलॉजिकल ग्लोबलाइजेशन बेस्ट ऑन सस्टेनेबुल लाइवलिहुड्स
18. रिओ, जोहोनसबर्ग एंड बियांड, ओरिएंट लांग्समैन, 2002
19. अमर्त्य सेन (अनुवाद नरेश 'नदीम') : विषमता : एक पुनर्विवेचन : राजकमल प्रकाशन, 1999 : समानता किस चीज की : निष्पक्षता और समानता
20. Equalities के अर्थ में
21. Uniformities के अर्थ में
22. Inter-linked के अर्थ में
23. Inter-locked के अर्थ में
24. Postulate के खास अर्थ में
25. प्रो. श्यामाचरण दुबे : समय और संस्कृति : भारतीयता की तलाश
26. डॉ. बाबासाहब आंबेडकर : रिवॉल्यूशन एंड काउंटर—रिवॉल्यूशन इन एंशिएंट इंडिया, राइटिंग्स एंड स्पीचेज, खंड 3, महाराष्ट्र सरकार, मुंबई, 1987
27. एम. के. गांधी : वर्णाश्रम धर्म, नवजीवन ट्रस्ट, 1926
28. Public and Private
29. Overlaping के अर्थ में
30. Pareto Optimality—अन्य किसी को हानि पहुँचाए बिना किसी को लाभ पहुँचाना संभव न हो, तो यह पैरेटो-कुशलता कहलाती है।
31. Categorical Mistake के अर्थ में
32. फ़ैज़ अहमद फ़ैज़ : प्रतिनिधि कविताएँ : राजकमल पेपरबैक्स, 2003 : निसार तेरी गलियों के....
33. प्रफुल्ल कोलख्यान : माँ का क्या होगा : आलोचना त्रैमासिक, सहस्राब्दी अंक, अप्रैल-सितंबर 2004
34. फ़ैज़ अहमद फ़ैज़ : प्रतिनिधि कविताएँ : राजकमल पेपरबैक्स, 2003 : अब कहाँ रस्म घर लुटाने की
35. रघुवीर सहाय : लोग भूल गए हैं : राजकमल प्रकाशन : 1982, पहले संस्करण के निवेदन से : 14 जनवरी, 1982
36. गीता : अध्याय-11(8) : 'न तु मां शक्यसे द्रष्टमनेनैव स्वचक्षुषा। दिव्यं ददामि ते चक्षुः पश्य मे योगमैश्वरम।।'
37. प्रफुल्ल कोलख्यान : समकालीन सृजन, आधुनिकता की पुनर्व्याख्या अंक; साहित्य, समाज और जनतंत्र, आनंद प्रकाशन, 2003

38. हंटिंग्टन : क्लैशिस ऑफ सिविलाइजेशंस
39. निराला
40. विनोदकुमार शुक्ल : अतिरिक्त नहीं
41. भगवत रावत : सच पूछो तो
42. विष्णु खरे : सबकी आवाज के पर्दे में : लालटेन जलाना
43. प्रफुल्ल कोलख्यान : यशपाल साहित्य–नैतिकता की सामाजिक तलाश : इंद्रप्रस्थ भारती, 2003
44. रघुवीर सहाय : अधिनायक : आत्महत्या के विरुद्ध–1967 : राजकमल प्रकाशन
45. फ़ैज़ अहमद फ़ैज़ : प्रतिनिधि कविताएँ : राजकमल पेपरबैक्स, 2003 : निसार मैं तेरी गलियों के...
46. रवींद्रनाथ ठाकुर : नैवेद्य : प्रार्थना
47. दीवान-ए-ग़ालिब : राजकमल पैपरबैक्स–सातवीं आवृत्ति, 2004 : अली सरदार जाफ़री

नैतिकता के नए तकाजे

ज्ञान पाठक

हम कुछ विशेष प्रकार के व्यवहार को अच्छा समझते हैं और कुछ को खराब। सभ्यता के विकास के क्रम में जिन बातों को खराब समझा गया, उन्हें समाप्त करने के उद्देश्य से कुछ नीतियाँ बनाई जाती रहीं, कुछ जीवन मूल्य निर्धारित किए जाते रहे। इन्हीं जीवन मूल्यों को नैतिकता की संज्ञा दी गई। स्पष्टतः नैतिकता का इस्तेमाल समाज में अच्छाइयों को बढ़ाने और बुराइयों को समाप्त करने के लिए किया जाता रहा है।

इस तरह नैतिकता बहुत पुरानी परिकल्पना है। स्वाभाविक तौर पर इससे उभरनेवाले मूलभूत सवाल भी पुराने हैं। अच्छा क्या है और बुरा क्या है? जब इस सवाल पर ही विवाद बना रहा है, तो यह कैसे संभव है कि नैतिकता पर सवाल न उठाए जाएँ! यह सवाल भी बना हुआ है कि आखिर नैतिकता बरती ही क्यों जाए? उस समय यह सवाल और भी महत्वपूर्ण हो जाता है जब नैतिकतापूर्ण आचरण करनेवाले दुख झेलते हुए पाए जाते हैं और अनैतिकता को जीवन मूल्य मान कर चलनेवाले सुखी दिखाई देते हैं। दुनिया के साहित्य और इतिहास में अनेक उदाहरण मिलेंगे जिनमें नैतिकता को तिलांजलि देकर भी अच्छाई हासिल की गई और जिन्होंने नैतिकता का त्याग नहीं किया उन्हें अनैतिक लोगों ने नष्ट कर दिया। प्रकारांतर से नैतिकता ही उनकी कमजोरी या खराबी बन गई। इसलिए प्रश्न उठाए जाते रहे हैं कि सिर्फ नैतिकता से क्या बुराइयों को समाप्त कर अच्छाइयों को स्थापित किया जा सकता है?

नैतिकता व्यक्तिगत स्तर पर भी हो सकती है और समाज के स्तर पर भी। फिर अनेक समाजोंवाले राष्ट्र और अनेक राष्ट्रोंवाले विश्व के स्तर पर भी, अर्थात पूरी मानव सभ्यता के स्तर पर भी। जब भी कोई महान व्यक्ति अवतरित होता है तो उनकी नैतिकता समाज में फैलती है और समाज की नैतिकता का प्रभाव भी व्यक्ति पर पड़ता है। अर्थात नैतिकता का प्रसार एक से अनेक की ओर भी

होता है और अनेक से एक की ओर भी।

यह ज्ञान कि अच्छा क्या है और बुरा क्या है, दो तरीकों से ही प्राप्त होता है। एक चिंतन के स्तर पर और दूसरा अनुभव के आधार पर। जब किसी भी आधार पर यह निर्धारण हो जाता है कि अमुक बात अच्छी है और अमुक बुरी, तो उसी के इर्द-गिर्द नैतिकता निर्धारित हो जाती है।

चूँकि समय बदलता है और सब कुछ बदल जाता है, इसलिए लोगों के अनुभव भी बदल जाते हैं और चिंतन की प्रक्रिया भी। इसलिए नैतिकता परिवर्तनशील रही है। आधुनिक मानव सभ्यता की नैतिकता इसी कारण अतीत की नैतिकताओं से भिन्न है। नैतिकता में परिवर्तन के साथ ही कुछ नए सवालों का उभरना लाजिमी है। लेकिन इसका अर्थ यह भी नहीं कि पुरानी नैतिकताएँ पूरी तरह समाप्त हो गई हैं। उनमें से अनेक अब भी प्रासंगिक हैं।

मानव सभ्यता दो तरह के नियमों से चलती रही है। एक तरह के नियम हमारे कानूनों में लिपिबद्ध हैं और दूसरे तरह के नियम इन्हीं नैतिकताओं के इर्द-गिर्द अलिखित, परंतु सशक्त रूप से विद्यमान हैं। दरअसल, हमारे लिखित कानून भी हमारी उन नैतिकताओं के आधार पर ही बने हैं, जिन्हें समाज या मानव सभ्यता के व्यापक हित में पाया गया।

एक समाज की नैतिकता किसी दूसरे समाज की नैतिकता से भिन्न और विपरीत भी हो सकती है। एक समाज किसी जीवन मूल्य को अच्छा मान सकता है और दूसरा उसी को खराब। इसलिए नैतिकता के सवालों पर विचार करने के पहले यह निर्धारित करना आवश्यक है कि हमारी आज की सभ्यता क्या है। यदि हम आज की सभ्यता को हिंदुओं, मुसलमानों, ईसाइयों आदि धार्मिक खाँचे में देखेंगे, तो हर समाज के जीवन मूल्य अलग-अलग पाएँगे। उसी तरह यूरोपीय, अफ्रीकी या भारतीय आदि खाँचे में देखेंगे, तो सबके मानदंड अलग होंगे। यदि भारतीय समाज में हिंदुओं में भी ब्राह्मणों, क्षत्रियों, वैश्यों, और शूद्रों में बाँट कर देखेंगे तो फिर अलग नैतिकताएँ देखने को मिलेंगी। फिर ब्राह्मणों में भी विभाजन मिलेगा और उनके मानदंडों में भी। तो ऐसी स्थिति में किसकी नैतिकता की बात की जानी चाहिए?

इस सवाल को खाँचे की संकीर्णता में देखने से ऐसी स्थिति उत्पन्न होगी ही और हम अपने सवालों की पहचान करने में ही भटक जाएँगे। इसलिए बुद्धिमानी तो इस बात में है कि हम आज की पूरी मानव सभ्यता को एक आधुनिक सभ्यता की इकाई के रूप में देखें और यह जानने की कोशिश करें कि आज के जीवन मूल्य क्या हैं और उसके खतरे क्या हैं। कौन-से नए सवाल हैं जो हमारे समक्ष यक्ष प्रश्न बन कर आ धमके हैं?

ऐसा करना इसलिए भी आवश्यक है कि जीवन के मानदंडों के बदलने के

साथ ही नैतिकता का बदलना और फिर उनसे नए सवालों का जन्म लेना मानव सभ्यता के विकास की अनवरत प्रक्रिया का स्वाभाविक अंग है। हर समाज को इन नए सवालों के जवाब देने होते हैं और उनके साथ तालमेल बिठाना पड़ता है। जिन समाजों ने बदलते परिवेश में स्वयं को नहीं ढाला और नए सवालों का माकूल जवाब नहीं दिया, वे नष्ट हो गए। नष्ट होनेवाले समाज में ग्रीस की सभ्यता को लिया जा सकता है जो पूरी तरह नष्ट हो गई और आज ग्रीस के धर्म को माननेवाला एक भी व्यक्ति इस धरती पर नहीं बचा है, इस तथ्य के बावजूद कि ग्रीस की सभ्यता की देन दुनिया नहीं भूल सकती। ठीक इसके विपरीत भारतीय समाज को लिया जा सकता है जो सबसे पुरानी जीवित सभ्यता है और जिसने समय के साथ नए सवालों का समुचित जवाब ढूँढ़ने की कोशिश की और स्वयं को बचते बचाते यहाँ तक आगे बढ़ाया है।

आज की विश्व मानव सभ्यता को एक इकाई के रूप में देखने के अलावा कोई विकल्प नहीं है, क्योंकि कोई भी व्यक्ति आज पूरी तरह कोई एक समाज की सभ्यता के दायरे में नहीं है। उसके रहन-सहन, खान-पान, नौकरी-कारोबार, संस्कृति-धर्म, और भाषा के स्तर पर भी हर व्यक्ति पर अनेक समाजों का सीधा असर है। इससे चिंतन की प्रक्रिया का आयाम भी वैश्विक हो गया है, क्योंकि हम अपनी जरूरतों के लिए विश्व समुदाय पर ज्यादा-से-ज्यादा निर्भर होते जा रहे हैं। आज जैसी स्थिति है, पहले कभी नहीं रही। इसलिए यदि हम विश्व मानव सभ्यता को एक इकाई के रूप में देखें, तो साफ जाहिर है कि इसे बहुधार्मिक, बहुराष्ट्रीय, बहुप्रजातीय, बहुसांस्कृतिक, बहुभाषाई आदि मानने में किसी को कोई कठिनाई नहीं होगी। स्वाभाविक रूप से सह-अस्तित्व का सवाल सबसे प्रमुख है। यह सवाल सर्वाधिक महत्वपूर्ण इसलिए भी है, क्योंकि धर्म, राष्ट्र, प्रजाति आदि के सवाल पर दुनिया बँटी हुई है और संघर्ष जारी है। हिंसा और विनाश के खतरे मँडरा रहे हैं। आतंकवाद तक की समस्या का सामना करने को हम विवश हो गए हैं और कुछ देश अपने से कमजोर देशों के प्रति दादागिरी दिखा रहे हैं। धार्मिक और प्रजातीय आधार पर भी उदारता का अभाव हिंसा को जन्म देता रहा है। उदारता बरतने की नैतिकता का सवाल एक लंबे अरसे से बना हुआ है। इसलिए यह सवाल भी नया नहीं है।

हम कह सकते हैं कि आज की मानव सभ्यता दुनिया की किसी भी पुरानी सभ्यता से बेहतर है। यदि आप चाहें तो ज्यादा सुख से जी सकते हैं और ज्यादा सुख से मर भी सकते हैं, क्योंकि मरने और जीने के लिए बेहतर साधन इस सभ्यता को उपलब्ध हैं। परंतु समस्या यह है कि हमारी सभ्यता के विकास के क्रम में कुछ ही लोग कदम से कदम मिला कर चल पा रहे हैं और अधिकांश लोग अब भी काफी पीछे हैं। संपन्नता और विपन्नता में जी रहे लोगों के बीच काफी अंतर

है। खतरा यह है कि यदि इसे नहीं पाटा जा सका, तो इससे संभव है कि संघर्ष बढ़ेगा और पूरी सभ्यता ही नष्ट हो जा सकती है। इसलिए नैतिकता का तकाजा यह है कि सभी को वर्तमान सभ्यता के साथ कदम से कदम मिला कर चलने के लायक बनाया जाए।

यह युग मशीनों का है, विज्ञान का है और ज्ञान का है। इनका इस्तेमाल कर हम काफी सुख तो बटोर रहे हैं, लेकिन साथ-साथ इसके उचित और अनुचित उपयोग के सवाल भी काफी संख्या में हर क्षेत्र में खड़े हो गए हैं। अनेक बार तात्कालिक लाभ के लिए व्यापक जनहित को भी नजरअंदाज कर दिया जाता है। इनके कारण जहाँ एक ओर आम जनजीवन को लाभ हुआ है वहीं अनेक लोगों को नुकसान भी हुआ है। आज के यक्ष प्रश्नों में एक यह भी है कि इनका इस्तेमाल किस हद तक किया जाए? नए खतरों में इनका अनुचित इस्तेमाल शामिल है, जिनके कारण अधिकांश लोग, जो पीछे हैं, पीछे ही रह जा सकते हैं।

सुरक्षा और व्यवस्था का सवाल अहम बना हुआ है, इसके बावजूद कि आधुनिक मानव सभ्यता में हम अतीत की सभ्यताओं के मुकाबले ज्यादा सुरक्षित हैं। हम जितनी तेजी से विकास कर रहे हैं, उसका एक कारण यह भी है कि हम ज्यादा सुरक्षित भाव से अपना काम कर पा रहे हैं। फिर भी आम जन जीवन में सुरक्षा का भाव वांछित स्तर पर नहीं है। सुरक्षा और व्यवस्था के कार्य में लगे लोगों में भ्रष्टाचार व्यापक पैमाने पर है। अधिकारी तंत्र, राजनीति, और अपराध जगत में मिलीभगत सर्वत्र दिखाई देता है। आम लोगों के आचरण और व्यवहार में भी नैतिकता का वांछित स्तर नहीं दिखाई देता है।

राष्ट्रों के स्तर पर भी दुनिया पहले से ज्यादा सुरक्षित है। लेकिन कुछ देशों की दादागिरी अब भी बनी हुई है। युद्ध के खतरे कम जरूर हो गए हैं, लेकिन पिछले कुछ वर्षों में कुछ देशों को युद्धों का सामना करना पड़ा है। पूर्व की अनेक सभ्यताएँ तो युद्धों के कारण समाप्त हो गईं, जिनमें असभ्य और अनैतिक सभ्यताओं ने सभ्य और नैतिक सभ्यताओं को नष्ट कर दिया था। उदाहरण के लिए रोम की सभ्यता द्वारा ग्रीस की सभ्यता को नष्ट करना। बेबीलोन, एसिरिया जैसी सभ्यताओं का भी यही हश्र हुआ।

ऐसे खतरे आज नहीं हैं, लेकिन युद्धों का खतरा पूरी तरह टला नहीं है। सरकारों द्वारा आतंकवाद तक को प्रश्रय दिया जाना और आतंकवाद की समाप्ति के नाम पर युद्ध हमने पिछले कुछ वर्षों के अंदर ही देखे हैं। व्यापक संहार करनेवाले हथियारों का निर्माण और संग्रह बढ़ता जा रहा है और यदि ये आतंकवादियों के हाथ लगे, तो कितना विनाश होगा, कहा नहीं जा सकता। सरकारें भी संयमित नहीं रहीं और युद्ध हुआ तो भारी विनाश होगा। इसलिए नैतिकता का सवाल यहाँ दोतरफा है। सभ्य राष्ट्रों को न सिर्फ नैतिकता के उच्च मानदंड स्थापित करने

होंगे, बल्कि कम सभ्य राष्ट्रों को नैतिकता के उच्च मानदंडों के आधार पर आचरण करने लायक बनाना होगा। यह एक बड़ी चुनौती है।

स्पष्टतः शिक्षा के क्षेत्र में काफी कुछ करने की आवश्यकता है। शिक्षा का ढाँचा जितना लोकतांत्रिक बन पड़ेगा, उतना ही फायदा होगा। सभी राष्ट्रों को अपनी शिक्षा व्यवस्था से पूर्वाग्रह निकालने के तरीके अपनाने होंगे। नैतिकता के समान मानदंड के लिए यह आवश्यक है। पिछले कुछ वर्षों में अधिकारों के प्रति सजगता बढ़ी है, लेकिन दुर्भाग्यजनक बात यह कि कर्तव्यों को व्यापक पैमाने पर नजरअंदाज किया जा रहा है। किसी भी शर्त पर दोनों में संतुलन बनाने के उपाय करने होंगे। यह सब उच्च नैतिक मानदंडों के आधार पर ही हासिल हो सकता है।

राजनीतिक और सैद्धांतिक स्तर पर आज आदमी आदमी में भेद नहीं है और न ही पुरुष और स्त्री में। दुनिया भर के राष्ट्रों में, कुछ अपवादों को छोड़ कर, समानता के कानून हैं और वे ही निर्धारित करते हैं कि वे किस तरह से शासित हों। यह अच्छी बात है। लेकिन धन के बँटवारे को ले कर भीषण विषमताएँ और शोषण का माहौल अब भी बना हुआ है। कुछ लोग संपन्नता में रह रहे हैं, लेकिन उनके चारों ओर भयावह विपन्नता में अधिकांश लोग जी रहे हैं। इसके कारण स्वास्थ्य और शिक्षा तक के स्तर में भारी अंतर है। यह अंतर नैतिकता के मानदंडों में स्वयमेव रूपांतरित हो रहा है।

किसी भी व्यक्ति, समाज और राष्ट्र का सुख तो तभी सुनिश्चित हो सकता है जब उनके इर्द-गिर्द सुख-शांति हो। व्यक्तिवादी सोच का परित्याग इसलिए आवश्यक है। यह एक नया सवाल है, क्योंकि आधुनिक सभ्यता के मानदंडों में व्यक्तिवाद हावी होता जा रहा है।

नैतिक लोकतंत्र की तलाश

मस्तराम कपूर

सुकरात, प्लेटो, अरस्तू आदि यूनानी दार्शनिकों के समय लोकतंत्र एक बदनाम शब्द था। इसे तब अनैतिक और अराजक भीड़तंत्र का पर्याय माना जाता था। यूनानी दार्शनिकों की नजर में कुलीनतंत्र ही सर्वश्रेष्ठ राजनीतिक व्यवस्था थी। रोमन साम्राज्य के दिनों में राजतंत्र के साथ कुलीनतंत्र की व्यवस्था रही अर्थात राजा के साथ-साथ ऊँचे वर्गों की सत्ता। यही व्यवस्था दुनिया के सभी देशों में अच्छी राज्य-व्यवस्था के रूप में आधुनिक काल के पहले तक स्वीकार की जाती रही। आधुनिकता की शुरुआत दैवी अधिकारों वाले राजतंत्रों के खिलाफ बगावत से शुरू हुई, जिसके प्रमुख पड़ाव थे इंग्लैंड में क्रामवेल की क्रांति, अमेरिका का स्वतंत्रता युद्ध, फ्रांस की क्रांति और अंत में रूस की क्रांति। इनसे लोकतंत्र का जो स्वरूप उभरा वह सिद्धांत रूप में नैतिक ही था। मसलन, फ्रांसीसी क्रांति के फलस्वरूप सामने आए मूल्यों स्वतंत्रता, समता और बंधुता को सार्वभौम माना गया और इनका विस्तार समाज के प्रत्येक वर्ग, बल्कि प्रत्येक व्यक्ति तक माना गया। लेकिन व्यवहार में इन मूल्यों का स्वरूप औद्योगिक क्रांति ने निश्चित किया जो उपनिवेशवाद और साम्राज्यवाद का वरदान थी। वास्तव में आधुनिक युग की शुरुआत औद्योगिक क्रांति से ही हुई, जिसने सामंत और कृषिदास से भिन्न एक तीसरे वर्ग—बुर्जुआ वर्ग—को पैदा किया जो इतना शक्तिशाली हो गया कि उसने साहित्य, कला, राजनीति आदि के लिए नए मूल्य स्थापित किए जो आधुनिक मूल्य कहलाए जिससे आधुनिक सभ्यता की बुनियाद पड़ी। इस प्रकार आधुनिक सभ्यता जो पश्चिमी सभ्यता भी कहलाती है, औद्योगिक क्रांति से विकसित होने के कारण औद्योगिक सभ्यता के नाम से भी जानी जाती है। यह सभ्यता उपनिवेशवाद और साम्राज्यवाद की प्रक्रिया को तीव्र करनेवाली थी और इसने अपने लिए जो व्यावहारिक या कामचलाऊ मूल्य तय किए, वे उन नैतिक मूल्यों को विकृत करने लगे जो क्रांतियों से सृजित हुए थे। कहने को इन्हें भी लोकतांत्रिक मूल्य कहा गया और इन्हें स्वतंत्रता-समता और बंधुता का वाहक बताया गया, लेकिन वास्तव में इनका स्वरूप नैतिक मूल्यों के

विपरीत था। औद्योगिक सभ्यता के वास्तविक मूल्य थे शक्तिशाली की उत्तरजीविता, अधिकतम उत्पादन एवं अधिकतम उपभोग और उसके लिए निर्बाध बाजार। शक्तिशाली की उत्तरजीविता के सिद्धांत ने कमजोर देशों-समूहों और व्यक्तियों के स्वतंत्रता, समता आदि अधिकारों को कुचला, अधिकतम उपभोग ने कमजोर देशों और समूहों के लिए अभाव एवं गरीबी की स्थितियाँ पैदा कीं और निर्बाध बाजार की तलाश ने दुनिया के दो-तिहाई हिस्से को गुलाम बनाने का काम किया। अपने लक्ष्यों को प्राप्त करने के लिए उसने पर्यावरण के विनाश (उसके विकास की कल्पना प्रकृति के विनाश पर ही आधारित थी) और हिंसक तथा महाविनाशक प्रौद्योगिकी के विकास का रास्ता अपनाया। जाहिर है, सभ्यता की इस गति में कुछ भी नैतिक नहीं था। यह घोर स्वार्थ से चालित थी और उसके लिए दूसरों का शोषण करना, उन्हें गुलाम बनाना तथा उनका समूल नाश करना भी उसके मूल्यों के अनुसार जायज और नैतिक था। इस सभ्यता का चरम रूप आज जार्ज बुश के अमेरिका में दिखाई देता है जो अपने को लोकतंत्र का सबसे बड़ा रखवाला कहता है।

पश्चिमी सभ्यता के लोकतंत्र की इस विकृति को महात्मा गांधी ने पहचाना। उन्होंने हमारे स्वाधीनता आंदोलन के दौरान पश्चिम के इस स्वार्थ-चालित लोकतंत्र को अस्वीकार कर नैतिक लोकतंत्र की रूपरेखा प्रस्तुत की। उन्होंने शक्तिशाली की उत्तरजीविता को नकार कर निर्बल की उत्तरजीविता का सिद्धांत रखा। पर्यावरण और प्रकृति के विनाश के स्थान पर प्रकृति के साथ सहजीविता को अपनाया। असीम उपभोग को सीमित उपभोग, सादगी और अपरिग्रह से प्रतिस्थापित किया। हिंसक साधनों के स्थान पर सत्याग्रह, सविनय अवज्ञा जैसे अहिंसक साधनों के इस्तेमाल को लोकतंत्र का आधार बनाया। उन्होंने लोकतंत्र के लिए लोक शक्ति का संधान किया और उसका निर्माण समाज की सबसे छोटी इकाई की नींव पर किया। उन्होंने जो स्वाधीनता आंदोलन चलाया, उसके पीछे केवल नैतिक बल था और जिस साम्राज्यवाद के खिलाफ यह आंदोलन चला, उसके पास अपार हथियारी बल था। 'भारत छोड़ो' आंदोलन की घोषणा करनेवाले उनके भाषण में उन्होंने साम्राज्यवादियों को साफ शब्दों में बताया कि वे जिस स्वतंत्रता और लोकतंत्र की बातें करते हैं वह सच्ची स्वतंत्रता और सच्चा लोकतंत्र नहीं है, उसका ज्ञान उन्हें हमारे स्वतंत्रता आंदोलन में शामिल हो कर मिल सकता है। हमारा स्वतंत्रता आंदोलन स्वार्थ से चालित विकृत लोकतंत्र के खिलाफ नैतिक लोकतंत्र का युद्ध था।

लेकिन जिस नैतिक भावना से हमने महात्मा गांधी ने नेतृत्व में स्वाधीनता की लड़ाई लड़ी थी, उस नैतिक भावना को हम स्वाधीन होने के बाद जारी नहीं रख सके। इसकी एक वजह तो यह थी कि महात्मा गांधी के विचारों को कांग्रेस के अधिकांश नेताओं ने रणनीति के रूप में तो स्वीकार किया था, लेकिन उनकी

उन पर सच्ची आस्था नहीं थी। इसका सर्वप्रथम एहसास गांधी जी को असहयोग आंदोलन के दौरान मिला था जब अधिकांश कांग्रेसी नेता उनसे असहमति जता कर विधान मंडलों में प्रवेश के पक्ष में हो गए थे। बाद में चौरीचौरा कांड के बाद उनके द्वारा असहयोग आंदोलन वापस लेने पर उनके निकट अनुयायी भी उनके खिलाफ हो गए थे। फिर सविनय अवज्ञा आंदोलन के बाद उन्हें लगा कि उनके सिद्धांतों को मात्र रणनीति माननेवालों का कांग्रेस में वर्चस्व होता जा रहा है और उन्होंने कांग्रेस से निराश हो कर उसकी चवन्नी सदस्यता भी छोड़ दी। लेकिन उनके बिना स्वाधीनता आंदोलन की लड़ाई तो चल नहीं सकती थी क्योंकि स्वाधीनता आंदोलन के पीछे जो नैतिक शक्ति थी, उसका स्रोत तो गांधी ही थे। उन्हें फिर कांग्रेस का नेतृत्व सँभालना पड़ा तथा स्वाधीनता आंदोलन को उसकी तार्किक परिणति तक पहुँचाना पड़ा। किंतु एक बार फिर जब सत्ता हस्तांतरण का समय आया, तो उन्हें किनारे कर दिया गया। सत्ता प्राप्त करने के लिए अधीर कांग्रेस के नेताओं ने न सिर्फ़ उनकी इच्छा के विरुद्ध विभाजन को स्वीकार कर लिया, बल्कि स्वाधीन भारत की राजनीति की जो रूपरेखा तैयार की गई, उसमें भी उनके विचारों और भावनाओं को नजरअंदाज कर दिया गया। जब गांधी जी ने जवाहरलाल नेहरू को अपने 'ग्रामस्वराज' के सपने की याद दिलाई, जो जवाहरलाल नेहरू ने उन्हें दो टूक जवाब दे दिया कि यह विचार कभी कांग्रेस के मुख्य एजेंडे में नहीं रहा और अब इस पर विचार करना कांग्रेस का वक्त बरबाद करना ही होगा। इस प्रकार गांधी जी के मन में जो नैतिक लोकतंत्र की कल्पना थी, उसे तिलांजलि दे दी गई। स्मरणीय है कि 1945-46 के चुनावों के समय जब कांग्रेस के नेता चुनाव-फंड इकट्ठा करने लगे तो गांधी जी ने सरदार पटेल से कहा कि चुनावों के लिए धन इकट्ठा करने की क्या जरूरत है, कांग्रेस को अपनी सेवा से ही मतदाताओं को अपनी ओर आकृष्ट करना चाहिए। जाहिर है, कांग्रेस के लिए यह नसीहत बेकार थी। वह अपने ढर्रे पर चलती गई और नैतिक-अनैतिक तरीकों से चुनाव जीतने तथा सत्ता पर कब्जा करने की मशीन बनती गई।

हत्यारे की गोली का शिकार बनने के कुछ ही घंटे पूर्व उन्होंने स्वाधीन भारत के राजनीतिक दलों के स्वरूप के संबंध में अपनी इच्छा प्रकट की थी। इसमें स्वाधीनता आंदोलन के साझा मंच कांग्रेस के विघटन और उसे लोक सेवा संघ बनाने की बात कही गई थी और सत्ता की राजनीति के लिए अलग दल के गठन की सलाह कांग्रेस को दी गई थी। शायद इसके पीछे उनका विचार रहा होगा कि कांग्रेस स्वाधीनता आंदोलन की विरासत पर अपना एकाधिकार न जमाए और सब पार्टियाँ अपने-अपने स्पष्ट कार्यक्रमों और आदर्शों के आधार पर बनें, ताकि जनता को विचारधारा और कार्यक्रम के आधार पर अपनी पार्टी चुनने का अवसर मिले। कांग्रेस के नेताओं ने इस सुझाव को भी नहीं माना। उन्होंने कांग्रेस को उसी रूप में जारी

रख कर स्वाधीनता आंदोलन की विरासत पर एकाधिकार जमा लिया। इतना ही नहीं, उन्होंने सत्ता की राजनीति के उद्देश्य से सभी तरह के तत्वों को कांग्रेस में समेटने की मुहिम शुरू कर दी। जब गांधी जी की हत्या के बाद राष्ट्रीय स्वयंसेवक संघ पर प्रतिबंध लगा, तो उसने राष्ट्रीय स्वयंसेवक संघ, हिंदू महासभा, वर्णाश्रम स्वराज संघ आदि से जुड़े सांप्रदायिक तत्वों को बड़ी संख्या में कांग्रेस में शामिल किया। जवाहरलाल नेहरू और सरदार पटेल के बीच चली राजनीतिक प्रतिद्वंद्विता ने इस मुहिम को तेज किया। उत्तर प्रदेश की कांग्रेस तो हिंदू पार्टी ही बनती दिखाई दी। वहाँ के नेताओं ने बाबरी मस्जिद में चोरी-छिपे हिंदू देवताओं की मूर्तियाँ रखवाईं और आचार्य नरेंद्र देव जैसे समाजवादियों के विरुद्ध चुनाव-प्रचार में हिंदू धर्म और हिंदू संस्कृति को खुल कर भुनाया। आचार्य जी को नास्तिक, रावण और हिंदू धर्म एवं संस्कृति का दुश्मन कहा गया। अल्पसंख्यकों को यह कह कर कांग्रेस से जोड़ा कि वे भारत के प्रति अपनी निष्ठा व्यक्त करना चाहते हैं (जो उन्हें करनी चाहिए) तो उन्हें कांग्रेस को ही वोट देना चाहिए। सोशलिस्टों के साथ सहयोग की बात चला कर उस पार्टी में फूट डाली और उसके कई नेताओं तथा कार्यकर्ताओं को कांग्रेस में जज़्ब कर लिया। कुछ समय बाद उसने राजाओं और जागीरदारों को बड़ी संख्या में पार्टी में जगह दी। बड़े उद्योगपति और पूँजीपति तो उसके साथ हमेशा ही रहे। कम्युनिस्टों को बँधुआ मजदूरों की तरह अपने साथ जोड़े रखने के लिए कांग्रेस समाजवाद की बातें करती रही और सोवियत रूस के साथ गहरी दोस्ती की बातें करती रही, हालाँकि उसने अपने कुछ मंत्रियों को अमेरिकी खेमे से बाँध रखा था।

दूसरे शब्दों में, कांग्रेस ने सुरसा की तरह अपना मुँह खोल दिया जिसमें हर कोई समाता जा रहा था। वह सर्वभक्षी पार्टी बन गई और इसके साथ ही उसका कोई चरित्र नहीं रहा। वह गांधीवादी भी थी, समाजवादी भी। हिंदू धर्म और संस्कृति की रक्षक संप्रदायवादी भी और राजाओं तथा जागीरदारों को शरण देनेवाली सामंतवादी भी। आर्थिक नीतियों के मामले में बाहर से समाजवादी और भीतर से पूँजीवादी साठ के दशक तक रही तथा बाद में निपट पूँजीवादी बन गई। जैसे अल्पसंख्यकों को वैसे दलितों को भी हमेशा भय की खुराक दे कर उनका संरक्षक होने का नाटक करती रही जैसे शहरों के 'दादा' करते हैं। कुल मिला कर उसके बारे में कहा जा सकता था कि वह सब कुछ है और कुछ भी नहीं है। यह चरित्र उसका आज तक बना हुआ है। एक अरसे तक इस सुरसा रूप ने उसे दो-तिहाई से ज्यादा वोट दिलाए और उसका सत्ता पर एकाधिकार बना रहा। फिर इसी चरित्र के कारण उसका पतन होने लगा। वह वोट बटोरने की राजनीति ही करती रही। फिर उसके साथ जुड़े विभिन्न तबके उसकी नीतियों से निराश हो कर छिटकने लगे। पहले पिछड़े और किसान तबके अलग हुए, फिर अल्पसंख्यक और दलित। उसके

लोकतंत्र ने वंशतंत्र का रूप ले लिया और उसके लिए उसने लोकतंत्र के संवैधानिक ढाँचे को भी तोड़ने-मरोड़ने का प्रयास किया। इसके कारण एक बार तो वह गड्ढे में ही जा गिरी। लेकिन इससे उसने सबक नहीं लिया। फिर उसी रास्ते चलने लगी और अब तक चल रही है हालाँकि अब भी बूढ़ी गाय बन गई है।

जो लीक सबसे बड़ी पार्टी ने डाली, उसी पर दूसरी पार्टियाँ भी चलने लगीं। जनसंघ ने शुरू में अपना स्पष्ट लक्ष्य निर्धारित किया था। वह हिंदूवादी पार्टी थी और राष्ट्रीय स्वयंसेवक संघ के सपने को साकार करना चाहती थी। उसकी लोकतंत्र में कोई आस्था नहीं थी, क्योंकि वह संघ के 'एक चालकानुवर्तित्व' के सिद्धांत को मानती थी। उसका स्वाधीनता आंदोलन के मूल्यों से भी कोई लगाव नहीं था और संविधान पर भी उसकी आस्था नहीं थी, क्योंकि संघ देश में स्मृतियों-शास्त्रों पर आधारित हिंदू संविधान लागू करना चाहता था। लेकिन उसे भी चूँकि कांग्रेस से होड़ करनी थी, उसने लोकतंत्र का मुखौटा पहन लिया। उसके चरित्र में थोड़ा-सा बदलाव आया जब गैर-कांग्रेसवाद के दिनों में उसने अन्य विपक्षी दलों के साथ मिलकर काम करना शुरू किया। जनता पार्टी में कुछ समय रह कर उसे लोकतंत्र के संस्कार मिले और उसे प्रतिष्ठा भी मिली। फिर जनता पार्टी के टूटने के बाद (जिसमें उसकी दोहरी निष्ठा और दोहरा चरित्र खुल कर सामने आया) उसने गांधीवाद समाजवाद के आदर्श को अपना कर अपने को भारतीय जनता पार्टी बना लिया। यह पहले से भी बड़ा पाखंड था और गांधीवाद समाजवाद के मुखौटे की आड़ में उसने शुद्ध सांप्रदायिक राजनीति का रास्ता पकड़ लिया। हिंदू वर्णाश्रम धर्म की रक्षा के लिए उसने राष्ट्रीय स्वयंसेवक संघ और उसके तमाम संगठनों का खुल कर सहारा ले कर अपनी राजनीति गरमाई और जब मंडल आयोग की रिपोर्ट के लागू होने पर वर्ण व्यवस्था के टूटने की स्थितियाँ पैदा हुईं तथा पिछड़े वर्गों का उसका आधार खिसकने लगा तो उसने 'मस्जिद गिराओ, मंदिर बनाओ' का अभियान छेड़ कर लोकतांत्रिक मर्यादाओं का उपहास करना शुरू कर दिया। सांप्रदायिक जहर फैला कर वोट बटोरने की उसकी राजनीति कुछ समय सफल भी होती दिखी लेकिन अंततः उसकी स्थिति ऐसी हो गई कि किसी गाय की पूँछ पकड़े बिना उसके लिए चुनाव की वैतरणी पार करना असंभव हो गया।

अन्य विपक्षी पार्टियों में, साम्यवादी पार्टियों के सिद्धांतों में लोकतंत्र आता ही नहीं। इनमें रक्त क्रांति, सर्वहारा की तानाशाही और केंद्रवाद का आकर्षण अब भी बना हुआ है। संसदीय लोकतंत्र इनके लिए सत्ता-प्राप्ति की रणनीति मात्र है। स्वाधीन भारत में सिर्फ सोशलिस्ट पार्टी स्पष्ट लक्ष्यों और कार्यक्रमों को ले कर चली थी, किंतु कुछ सोशलिस्ट नेताओं के कांग्रेस-मोह के कारण उसमें ऐसी फूट पड़ी कि वह अंत तक भरी ही नहीं और आखिर उसका अंत ही हो गया। अलबत्ता उसके आंदोलन ने दबे-पिछड़े तबकों में राजनीति की भूख जगा कर मुरदा पड़े

लोकतंत्र को जगा दिया। लेकिन इस क्रांति को जो दिशा दे सकते थे ऐसे बड़े नेता लोहिया और जयप्रकाश चल बसे और दबी-पिछड़ी शक्तियाँ अनेक जातीय एवं क्षेत्रीय दलों में बँट कर उच्च वर्णों का अनुकरण कर वंशवादी राजनीति के रास्ते सत्ता की लूट-खसोट में लग गईं। अब स्थिति यह हो गई है कि किसी भी पार्टी में न तो लोकतंत्र के लिए कोई स्थान रह गया है और न स्पष्ट विचारधारा या कार्यक्रम के लिए। आंतरिक चुनाव किसी पार्टी में नहीं होते सिर्फ अध्यक्ष द्वारा नामजदगियाँ होती हैं। दलबदल विरोधी कानून ने सांसदों, विधायकों को पार्टी के दादाओं का बँधुआ मजदूर बना दिया है। पार्टियाँ राजनेताओं की जागीरें बन गई हैं। सत्ता हथियाना सर्वोपरि लक्ष्य बन गया है और इसके लिए राजनेता अपनी जमीर बेच कर कभी सांप्रदायिक बन जाते हैं, कभी धर्मनिरपेक्ष। आर्थिक और सामाजिक मुद्दे गैर-जरूरी हो गए हैं, इसलिए सारी व्यवस्था देशी-विदेशी प्राइवेट कंपनियों के हाथ में चली जा रही है जो भ्रष्टाचार के रास्ते जनता को निरीह बकरी मान कर दूह रही हैं।

राजनेताओं और राजनीतिक पार्टियों का स्वरूप और चरित्र ही राजनीति के चरित्र को गढ़ता है। 'राजा कालस्यकारणम्' की उक्ति हमारी राजनीति के संदर्भ में बिलकुल सही ठहरती है। पार्टियों के लोकतंत्र-विरोधी चरित्र और राजनेताओं के लोकतंत्र-विरोधी आचरण ने सारी व्यवस्था को लोकतंत्र का विद्रूप बना दिया है। अब लोकतंत्र सिर्फ चुनावों के समय दिखाई देता है जो आए दिन होते ही रहते हैं। कभी लोक सभा के कभी विधान सभाओं के तो कभी पंचायतों या अन्य स्थानीय निकायों के। यह सिलसिला चलता ही रहता है। कालेधन, बाहुबलियों और असामाजिक तत्वों के बिना कोई चुनाव संपन्न नहीं होता। धन का खेल तो इस कद्र कि जनप्रतिनिधि यदि ईमानदारी से काम करें और भ्रष्टाचार के रास्ते अवैध कमाई न करें तो उनके लिए चुनाव लड़ना असंभव हो जाए। साधारण आदमी चुनाव लड़ ही नहीं सकता। पार्टियाँ टिकट की बोली लगा कर धन इकट्ठा करती हैं, वैध-अवैध चंदों के अलावा, जिसका कोई हिसाब-किताब नहीं रखा जाता। कहने को चुनाव आयोग ने इसके लिए नियम बनाए हैं, लेकिन खुद चुनाव आयोग ने ही खर्च की सीमा इतनी बढ़ा दी है कि भला और ईमानदार आदमी चुनाव लड़ने की बात सोच भी नहीं सकता। मतदाता सूचियों की धाँधली और बूथ लूटने की घटनाओं और बाहुबलियों के आतंक के कारण करोड़ों मतदाता वोट दे ही नहीं पाते। संविधान की कल्पना यह थी कि पाँच साल में एक बार, एक साथ सभी संस्थाओं के चुनाव करा लिए जाएँगे, ताकि इन पर न्यूनतम पैसा और वक्त खर्च हो। चुनाव आयोग इसकी व्यवस्था करने में असमर्थ है। इस पर तुर्रा यह कि बार-बार के चुनावों में भारी खर्च का बहाना कर इस लोकतांत्रिक प्रक्रिया को ही स्थगित किया जाता है और घूस तथा सौदेबाजी से बेमेल सरकारें बनाई जाती हैं जो कोई

ढंग का काम नहीं करतीं और सिर्फ जनता की गाढ़ी कमाई का पैसा लूटती और लुटाती हैं। इस चुनाव प्रक्रिया से जो प्रतिनिधि चुन कर आते हैं वे पुराने जमाने के राजाओं और नवाबों की तरह रहते हैं। सरकार एक सांसद पर लगभग 5 लाख रुपये हर महीने खर्च करती है। विधायकों और स्थानीय निकायों के प्रतिनिधियों पर इससे थोड़ा कम खर्च होता होगा लेकिन उन्हें ऊपर की कमाई अधिक होती है। फिर हर जनप्रतिनिधि के लिए 2 करोड़ रुपए की निर्वाचन क्षेत्र निधि निश्चित की गई है जिसमें से काफी हिस्सा इनकी जेबों में जाता है। इतना ही नहीं, एक बार चुनाव जीत लेने के बाद उम्र भर के लिए उनकी पेंशन बँध जाती है और सारे देश में मुफ्त यात्रा और मुफ्त चिकित्सा आदि की सुविधाएँ मिल जाती हैं। पाँच सौ रजवाड़े खत्म कर हमने हर साल करीब पाँच हजार नए राजा-नवाब पैदा करने की व्यवस्था कर ली है। इस लोकतंत्र पर कौन बलिहारी नहीं जाएगा?

चुन कर आए जनप्रतिनिधियों में से कुछ तो सरकारें बनाते और चलाते हैं और बाकी लोक सभा और विधान सभाओं में बैठ कर सरकार के कामों पर निगरानी रखते हैं। सरकार द्वारा बनाए जा रहे कानूनों की बारीकी से छानबीन करने के अलावा उन्हें सरकार से सवाल पूछने होते हैं, जनता की तकलीफें सरकार के सामने रखनी होती हैं, सरकारी तंत्र की धाँधलियों को उजागर कर उन पर अंकुश रखना होता है और जनता का पैसा कैसे खर्च होता है उस पर नजर रखनी पड़ती है जिसके लिए उसे बजट की एक-एक मद पर बहस करनी होती है। लेकिन ये सब काम विधायिकाएँ कहाँ करती हैं? सदन का सारा समय हो-हल्ला, जूतम-पैजार, बॉयकाट और छुट्टियों में बीत जाता है। बजट को फाँसी के छुरे के नीचे पलक झपकते ही हलाल कर दिया जाता है। सदन की स्थायी समितियाँ सिर्फ भत्ते कमाने का जरिया बन गई हैं। जाँच आयोगों की महत्वपूर्ण रिपोर्टों पर बहस ही नहीं होती। कई-कई साल तक जाँच आयोग काम करते हैं, उन पर लाखों-करोड़ों रुपया खर्च होता है लेकिन उनकी रिपोर्टें रद्दी का ढेर बन कर रह जाती हैं। जिन रोगों के कारणों की खोज के लिए उन्हें नियुक्त किया जाता है वे उन पर पर्दा डालने का ही काम करती हैं। लोकतंत्र का सबसे पवित्र और जीवंत यह मंत्र शोरगुल और अराजकता का अड्डा बन गया है। लोग इसकी उपमा कॉफीघर और मछली बाजार से देने लगे हैं लेकिन कॉफीघरों और मछली बाजारों में भी कुछ सार्थक काम होता है किंतु यहाँ तो कुछ होता ही नजर नहीं आता। इस पर उसकी कार्रवाई टेलीविजन कैमरों द्वारा घर-घर दिखाई जाती है जिस पर करोड़ों रुपया बर्बाद होता है। विधायिका का एक हिस्सा जो ऊपरी सदन कहलाता है, जनता पर फालतू का बोझ बना हुआ है। ये सदन बूढ़ी गायों के पिंजरापोल मात्र हैं। अंग्रेजों के जमाने की दोहरी शासन प्रणाली के ये भग्नावशेष सिर्फ इसलिए जारी रखे गए हैं ताकि सरकारें अपने दरबारियों की फौज बढ़ा सकें या फिर कुछ बुद्धिमान व्यक्तियों

के मुँह बंद रखे जा सकें जिसे डॉ. लोहिया सच के मुँह को सोने से ढकना कहते थे। विचित्र बात यह भी है कि यदि कोई जनप्रतिनिधि अपने मन की बात कहना चाहता है जो जनता की आवाज तो होती है लेकिन पार्टी की नहीं, तो उसे जनप्रतिनिधि न मान कर पार्टी प्रतिनिधि मान कर रोका जाता है लेकिन अगर कोई घूस लेकर पाला बदलता है तो सबसे ऊँची अदालत भी उसका संज्ञान नहीं लेती और सदन के पीठासीन अधिकारियों को ऐसी शक्तियाँ मिली हुई हैं कि उनके 'पर्वर्स' निर्णयों पर भी सर्वोच्च न्यायालय चुप रह जाता है।

विधायिका के अलावा राज्य का एक महत्वपूर्ण अंग है न्यायपालिका। लोकतंत्र में यह स्वच्छ व पवित्र संस्था मानी जाती है और इसकी शान के खिलाफ कोई शब्द कहना ईश-द्रोह के समान अपराध माना जाता है। यह संविधान की रक्षक है और सच की अंतिम निर्णायक भी है। हालाँकि अपने निचले स्तर के भ्रष्टाचार के लिए यह हमेशा ही बदनाम रही है, इस पर कोई भ्रष्टाचार का आरोप नहीं लगा सकता। हालाँकि इसका सिद्धांत है कि विलंबित न्याय, न्याय का नकार होता है, लेकिन जो आदमी इसके पास न्याय माँगने के लिए जाता है, उसकी पूरी उम्र अदालतों के चक्कर काटते बीत जाती है। जो अपमान उसे झेलना पड़ता है, सो अलग। अगर औरत कहीं इन्साफ माँगने पहुँच जाती है तो उसे भँवरी देवी की तरह अपनी इज्जत ही खोनी पड़ती है। इसके निचले स्तरों पर जो स्थिति है सो तो है, ऊपर के स्तर पर भी स्थिति सुखद नहीं है। संविधान की रखवाली होने के नाते यह लोकतंत्र की भी रखवाली है, किंतु अपने ऊपर वह किसी लोकतांत्रिक मर्यादा को नहीं लागू देखना चाहती। उसके जजों और वकीलों का पेशा हमेशा खानदानी रहा और अब भी काफी हद तक बना हुआ है। कुछ ऊँची जातियों को छोड़ कोई उसमें प्रवेश नहीं कर सकता। यदि यह सुझाव दिया जाता है कि दलित-पिछड़ी जातियों को भी उसमें कुछ प्रतिनिधित्व मिलना चाहिए तो पूरी न्यायपालिका उसके खिलाफ खड़ी हो जाती है भले ही सुझाव राष्ट्रपति ने दिया हो। अपनी नियुक्ति के बारे में भी वह किसी दूसरे पर निर्भर नहीं रहना चाहती। लोकतंत्र का एक मूल सिद्धांत है कि इसमें कोई भी संस्था अपने को नियुक्त नहीं कर सकती और वह किसी-न-किसी के आगे जवाबदेह होती है। हमारी न्यायपालिका इस सिद्धांत को नहीं मानती। वह अपनी नियुक्ति खुद करना चाहती है यानी वह ईश्वर की तरह स्वयंभू बनना चाहती है और किसी के आगे जवाबदेह नहीं बनना चाहती, लोकतंत्र के मूल स्रोत जनता के आगे भी नहीं। संविधान को वह जैसे मरजी तोड़-मरोड़ सकती है। वह परामर्श को वीटो शक्ति बना सकती है, राष्ट्रपति के विवेकाधिकार को भी न्यायिक समीक्षा के अधीन मान सकती है, कार्यपालिका और विधायिका के काम में हस्तक्षेप कर सकती है, भंग विधान सभा के बाद बनी नई विधान सभा को भंग कर पुरानी विधान सभा को पुनर्जीवित कर सकती है।

लेकिन वह निरंकुश शासकों के आगे घुटने टेक कर नागरिकों की जान की रक्षा के अधिकार की हत्या का भी औचित्य ढूँढ़ लेती है और निरंकुश शासक का गुणगान करने से भी परहेज नहीं करती। वह उन कानूनों की समीक्षा करने से भी बचती है जिनकी आड़ में हवाला कांड जैसे अपराधों में फँसे बड़े लोग साफ बच जाते हैं। वह न्याय की देवी है लेकिन सच को बर्दाश्त नहीं कर सकती। यदि सच में उसे अपनी बदनामी दीखती है तो वह सच बोलनेवाले का मुँह बंद कर सकती है। वह संपत्ति धारक वर्गों के संपत्ति अधिकारों के लिए जी-जान लगा सकती है, लेकिन जिनके पास एक झोंपड़ी और दो-चार बर्तन ही होते हैं उन्हें अपने घरों से बेदखल करने में उसकी अंतरात्मा को जरा-सी भी टीस नहीं होती।

कार्यपालिका राज्य का सबसे महत्वपूर्ण अंग है। राज्य का सारा काम इसे ही चलाना होता है। विधायिका और न्यायपालिका के फैसलों को अमल में लाने की जिम्मेवारी इसी की होती है। इसे हमेशा राज्य की नैतिक सत्ता के प्रतीक (राष्ट्रपति) के अधीन काम करना पड़ता है जिसका मतलब है इसके काम कानून-सम्मत ही नहीं, नैतिकता-सम्मत भी होने चाहिए। इसका मुख्य औजार—जिसके माध्यम से वह काम करती है, नौकरशाही तंत्र है। इसमें पुलिस तंत्र और सेनातंत्र भी शामिल है। दरअसल, सरकार का मतलब ही पुलिस-सेना और अफसर-बाबू तंत्र बन गया है। वैधानिक और नैतिक दोनों दृष्टियों से यह तंत्र जनता का सेवक होता है लेकिन व्यवहार में यह तंत्र जनता को मक्खी-मच्छर समझता है। पुलिस तंत्र को तो हाई कोर्ट के एक जज ने अपराधियों का सबसे बड़ा गिरोह तक कहा था। जनता के मन में इस तंत्र का इतना खौफ होता है कि वह उसके संपर्क में आने के बजाय आत्महत्या करना बेहतर समझती है। स्वाधीन भारत के नेताओं का सबसे बड़ा गुनाह गुलामी के इस हथियार को ज्यों का त्यों बनाए रखना है। इसके सुधार के लिए गिरिजाशंकर वाजपेयी समिति से लेकर पी सी होता आयोग तक जितने भी प्रयास हुए, उनमें इस तंत्र के नाखून और दाँत ही पैने किए गए। लोहिया इन्हें दो नंबर के राजा कहते थे। एक नंबर के राजा तो बदलते रहे लेकिन ये दो नंबर के राजा जनता की छाती पर मूँग दलने के लिए हमेशा बने रहे। पटवारी और दरोगा जैसे अदने कर्मचारियों की मुट्ठी में आम जनता (जो लोकतंत्र की मालिक होती है) गरदन जकड़ी होती है। एक बार जो इस मुट्ठी में फँस जाता है, उसे ऊपर तक कोई निजात देनेवाला नहीं होता। कमाल यह है कि जनता की कमाई और उस पर चढ़े विदेशों के कर्ज का 85 प्रतिशत हिस्सा इस तंत्र के पेट में चला जाता है। इसे एक पूर्व प्रधानमंत्री ने भी स्वीकार किया है। जनता जिन्हें चुनकर सरकार में भेजती है वे भी इनके हाथों के कठपुतले बन जाते हैं। यह तंत्र जितना सरकार से पाता है उससे कई गुणा जनता से वसूल करता है।

लोकतंत्र इसके लिए पिंजरे में बंद तोता है जिसकी गर्दन वह कभी भी मरोड़ सकता है। लालफीता उसका ब्रह्मास्त्र है जिससे वह किसी भी कानून और किसी भी योजना का भुरथा बना सकता है। ऊँचे अधिकारी तो खुदा होते हैं जिनके आगे सुप्रीम कोर्ट की भी पेश नहीं चलती क्योंकि 'एकल निर्देश' के चलते इनकी अपनी अनुमति के बिना इनकी पुलिसिया जाँच भी नहीं हो सकती। यह तंत्र जो भाषा बोलता है वह जनता के लिए अजनबी होती है। वह खुद जनता की भाषा न समझता है और न समझना चाहता है। उसे सिखाया और सिधाया ही इस तरह जाता है कि वह जनता से अपनी दूरी बनाए रखे। रहन-सहन, खान-पान, वेशभूषा और भाषा के मामले में वे जनता की नजरों में किसी अंतरिक्ष लोक के प्राणी होते हैं। राज्य का सारा कारोबार यही चलाते हैं। प्रधान मंत्री और उनकी परिषद के सदस्य तो नौसिखिए होते हैं उन्हें वे जैसे मरजी वैसे चलाते हैं। वैसे भी अब जिस तरह के लोग चुन कर आते हैं और मंत्री-फंत्री बनते हैं उनसे डरने की उन्हें कोई जरूरत नहीं होती क्योंकि उनके पीछे सौ बलाएँ लगी होती हैं। और अगर प्रधान मंत्री भी उनकी बिरादरी का हो तब तो सइयाँ भये कोतवाल का मजा आ जाता है।

लोकतांत्रिक व्यवस्था को चलानेवालों का जब यह हाल है तो लोक यानी आम जनता को इसका कितना लाभ मिलता होगा, इसका सहज ही अनुमान लगाया जा सकता है। आजादी के समय हमारे देश में जितने भूखे-नंगे थे, आज उनकी तादाद कई गुना ज्यादा होगी। हमारी गरीबी की रेखा (जो मात्र आदमी को जिंदा रखने का माप है) के नीचे कुछ लोगों के अनुमान से 30-35 प्रतिशत और कुछ के अनुसार 40-45 प्रतिशत लोग जीते हैं। अगर 30 प्रतिशत भी मानें तो भी आज आधे भूखे और आधे नंगे लोगों की संख्या उतनी होगी जितनी आजादी मिलने के समय सारे भारत की आबादी थी। उससे ऊपर के करीब 40 प्रतिशत लोग भी जैसे-तैसे गुजारा करते हैं। सिर्फ सबसे ऊपर के 15-20 प्रतिशत लोग खुशहाल हैं जो शाइनिंग इंडिया बनाते हैं। बाकी सब भारत बनाते हैं जो दुनिया के सबसे पिछड़े देशों की श्रेणी में आता है। आदमी की प्रति व्यक्ति आय और सर्वाधिक आय का तो कहना ही क्या, प्रति व्यक्ति आय और जनप्रतिनिधियों की आय में ही एक और 150 का अंतर है। 15-20 प्रतिशत लोगों की अय्याशी के लिए देश को 1,24,555 करोड़ रुपए का ब्याज हर साल देशी-विदेशी कर्ज पर चुकाना पड़ता है जिसकी मात्रा क्रमशः (2003-2004 में) 11,34,020 करोड़ और 47,408 करोड़ है। हमारे राज्य 7,91,400 करोड़ रुपए के कर्जों से दबे हैं। व्यवस्था के ऊँचे लोगों, उनके दफ्तरों और ताम-झाम पर हर साल 558.68 करोड़ खर्च होते हैं जिनमें राष्ट्रपति और उनके सचिवालय पर 14.55 करोड़, संसद के निम्न सदन पर 244.90 करोड़ और ऊपरी सदन पर 92.25 करोड़, मन्त्रि परिषद पर 122.52 करोड़, बड़े लोगों की सुरक्षा-व्यवस्था पर 77.46 करोड़ खर्च होते हैं।

क्या ये बड़े लोग, जिन पर हमारा देश कम-से-कम 20,000 रुपए प्रति व्यक्ति हर रोज खर्च करता है, उन लोगों की तरफ देखेंगे जो 50 रुपए की दिहाड़ी में छह पेट भरते हैं? क्या सरकारी खजाने का पैसा, बैंकों और बीमा कंपनियों का पैसा और विदेशों से लिए गए कर्ज का पैसा उन लोगों पर खर्च होगा जो गरीबी की रेखा के नीचे या उससे कुछ ऊपर जी रहे हैं? क्या यह पैसा उन्हीं ऐशो-आराम की चीजों पर खर्च नहीं होगा, जिनकी इन्हें या इनके पदचिह्नों पर चलनेवाले 15-20 प्रतिशत लोगों को जरूरत है? यह किसका विकास हो रहा है? किसकी जरूरतें पूरी की जा रही हैं? इन बेहिसाब पेट्रोल पीनेवाली मोटरकारों, मोबाइल फोनों, कंप्यूटरों, चिकनी चुपड़ी सड़कों, हवाई जहाजों, राजधानी और शताब्दी रेलगाड़ियों, पाँच सितारा होटलों, नर्सिंग होमों और शाही पब्लिक स्कूलों आदि की किसको जरूरत है? दो-तिहाई आबादी को जिन चीजों की जरूरत है वे तो बहुत मामूली हैं जैसे सस्ता बीज-खाद, सस्ता अनाज, दालें, तेल, मामूली मकान, मामूली स्कूल, सस्ती चिकित्सा-सुविधाएँ और सस्ता बिजली-पानी। इन चीजों में लगाने के लिए सरकार के पास पैसा नहीं होता। मुनाफे के लोभी उद्योगपति भी इनमें पैसा क्यों लगाएँगे? अतः इनके ठेके दिए जा रहे हैं विदेशी कंपनियों को जो इनकी डट कर कीमत वसूलती हैं और जब लोग उनकी कीमत अदा करने में असमर्थ होते हैं तो उनकी कुर्कियाँ की जाती हैं, उन्हें आत्महत्या की ओर धकेला जाता है और सरकार को इन कंपनियों के संभावी मुनाफे की भलाई करनी पड़ती है (जैसे एनरॉन कंपनी को)। ये बड़े-बड़े कारखाने, बड़ी-बड़ी बाँध परियोजनाएँ (जो लाखों लोगों को उजाड़ कर बनती हैं) ये संचार प्रौद्योगिकी के अजूबे, उन छोटे लोगों के किस काम के हैं जिनसे यह देश भारत कहलाता है? यह कैसा विकास है, जिसमें धन पैदा करनेवाला (उत्पादक) तो हर तरह से मजबूर रहता है, लेकिन उस धन को ठिकाने लगानेवाला (सर्विस सेक्टर) गुलछर्रे उड़ाता है?

लेकिन इन बातों की ओर ध्यान देने की आज किसे फुर्सत है और इनमें किसकी रुचि है? ये सरकारें जो हर बात के लिए अमेरिका-यूरोप की तरफ देखती हैं, जो हर समय अंतरराष्ट्रीय वित्त संस्थाओं के आगे झोली फैलाए रहती हैं, जो विदेशी भाषा में काम करती हैं इसलिए अपने देश के बारे में कुछ नहीं जानतीं और न देश की जनता से जुड़ना चाहती हैं, इन बातों की तरफ ध्यान क्यों देंगी? यह मीडिया जो विदेशी भाषा के उच्छिष्ट पर पलता है, यह शिक्षा-तंत्र और उससे जुड़े बुद्धिजीवी जो विदेशी अनुदान पर पलते हैं और विदेशी भाषा से ही सब कुछ ग्रहण करते हैं क्यों इस नैतिकता-विहीन लोकतंत्र से उबरने और एक नैतिक लोकतंत्र के लिए प्रयास करने को उद्यत होंगे?

तो क्या हम सारी आशाएँ छोड़ दें और मंदिरों में भजन गा कर ऊपर से किसी अवतारी पुरुष के आने की प्रतीक्षा करें जैसा कि हम दो हजार से करते

आ रहे हैं?

नैतिक लोकतंत्र कोई अजीब वस्तु नहीं है। लोकतंत्र हमेशा नैतिक ही होता है बशर्ते वह सही मायनों में लोकतंत्र हो। हमारे स्वाधीनता आंदोलन के दौरान जिस लोकतंत्र की कल्पना की गई थी, वह नैतिक ही था। गांधी ने जिस लोकतंत्र को भारत में लागू करना चाहा, वह नैतिक ही था। इस देश की आम जनता भली-भाँति जानती है कि नैतिक लोकतंत्र क्या होता है। वह यह भी जानती है कि इस समय जिस ढंग का लोकतंत्र चल रहा है, उसमें कुछ भी नैतिक नहीं है। उसे इंतजार है ऐसे किसी मंच का जो नैतिक लोकतंत्र की स्थापना के संकल्प के साथ प्रकट हो। यह मंच तीसरे या चौथे मोर्चे के रूप में प्रकट नहीं होगा। यह एक नया ही मंच होगा जिसकी पहल और अगुआई खुद जनता करेगी। यह कब होगा यह तो नहीं कहा जा सकता, लेकिन होगा जरूर क्योंकि आम जनता जिस चीज की जरूरत शिद्दत से महसूस करेगी वह एक दिन उसे जरूर मिलेगी, बशर्ते कि वह उसके प्रति जागरूक रहे और अपनी शक्ति का, जो वोट के रूप में लोकतंत्र ने उसे दी है, सही ढंग से प्रयोग करने लगे। वह एक दिन अपनी शक्ति को जरूर पहचानेगी और तब अपने आप एक मंच उभरेगा जो नैतिक लोकतंत्र का जरिया बनेगा।

आर्थिक नैतिकता के प्रश्न

आनंद प्रधान

कहते हैं प्यार और युद्ध में सब कुछ जायज है। तात्पर्य यह कि प्यार और युद्ध में जायज-नाजायज और नैतिकता-अनैतिकता का ध्यान रखे बिना सारा जोर मकसद यानी जीत हासिल करने पर होता है। लेकिन मानव सभ्यता के विकास के साथ प्यार और युद्ध में भी सब कुछ जायज नहीं माना जाता और धीरे-धीरे मनुष्य और समाजों ने प्यार और युद्ध की आचार संहिता यानी उनमें क्या नैतिक है और क्या अनैतिक, इस बाबत एक व्यापक समझदारी हासिल कर ली है। आज प्यार और युद्ध जैसे आदिम भावों की भी एक नैतिकता है और उसे व्यापक स्वीकार्यता भी प्राप्त है।

लेकिन प्यार और युद्ध की तरह ही व्यापार और कारोबार के बारे में भी कहा जाता रहा है कि इसमें सब कुछ जायज है यानी मुनाफा कमाने के लिए कुछ भी किया जा सकता है। क्या इसका अर्थ यह है कि व्यापार, कारोबार और आर्थिक संबंधों में नैतिकता जैसी कोई चीज नहीं है? आम धारणा यही है कि व्यापार और कारोबार में कोई नैतिकता काम नहीं करती है या अगर उसके कुछ नैतिक उसूल हैं भी तो वे व्यवहार में लागू नहीं होते। सवाल है कि क्या सचमुच अर्थशास्त्र का नीतिशास्त्र से कोई संबंध नहीं है?

हो सकता है, यह सवाल आपको कुछ अटपटा लगे और शायद बेवजह भी। लेकिन ऐसा नहीं है। इस सवाल को आज उठाने की ठोस वजह है। और वह यह कि जिस तरह से आजकल नव उदारवादी अर्थशास्त्री अर्थव्यवस्था, व्यापार और कारोबार के बारे में चर्चा करते हैं, उसमें वृद्धि दर, वित्तीय घाटा, सब्सिडी, ब्याज दर, मुद्रास्फीति, कारपोरेट बैलेंसशीट, लाभांश, शेयर बाजार से ले कर भूमंडलीकरण, उदारीकरण और निजीकरण सब कुछ होता है, लेकिन बारीकी से देखिए तो इस चर्चा में एक सबसे महत्वपूर्ण चीज गायब रहती है। और वह है आम आदमी और उसकी जरूरतें। ऐसा लगता है जैसे आर्थिक गतिविधियों का आम लोगों और उनकी जरूरतों से कोई रिश्ता ही नहीं रह गया है। जबकि बुनियादी और सैद्धांतिक तौर

पर अर्थशास्त्र के केंद्र में आम लोगों और उनकी आर्थिक जरूरतों को ही होना चाहिए।

लेकिन आज पूरी दुनिया में जिस नव उदारवादी आर्थिक सैद्धांतिकी की तूती बोल रही है, उसके केंद्र में आम आदमी, उसकी जरूरतें, उसका पर्यावरण, उसकी चिंताएँ और उसका भविष्य नहीं है। इन सबको बहस के हाशिए पर धकेल दिया गया है और केंद्र में बड़ी पूँजी और उसका हित चिंता का एकमात्र विषय रह गया है। बाजार को सभी मर्जों के इलाज की तरह पेश किया जा रहा है और दावा किया जा रहा है कि इक्का-दुक्का अपवादों को छोड़ कर बाजार आम तौर पर गलती नहीं करता है। इसलिए बाजार को सभी तरह के हस्तक्षेपों से मुक्त रखने की वकालत की जा रही है।

कहा जा रहा है कि मुक्त बाजार लोगों और उनकी जरूरतों का पूरा ध्यान रखता है। सबूत के तौर पर एक मशहूर जुमला खूब दोहराया जाता है--'उपभोक्ता ही बादशाह है' (कंज्यूमर इज द किंग)। यानी बाजार में उपभोक्ता की ही चलती है और उपभोक्ताओं के पास चयन की स्वतंत्रता होती है। इस बाजार में वस्तुओं और सेवाओं के उत्पादों और विक्रेताओं के बीच प्रतियोगिता के कारण एक अनुशासन बना रहता है। इसी आधार पर नव उदारवादी आर्थिक सैद्धांतिकी अर्थव्यवस्था में राज्य (सरकार) के हस्तक्षेप का विरोध करती है और राज्य को बाजार से दूर रहने की सलाह देती है।

यही नहीं, इस तर्क को आगे बढ़ाते हुए अर्थव्यवस्था को राजनीति से अलग रखने की जोरदार वकालत की जाती है। अर्थनीति को राजनीति से मुक्त करने और अर्थनीति को पूरी स्वायत्तता देने की माँग की जाती है। कहने की जरूरत नहीं है कि नव उदारवादी आर्थिक सैद्धांतिकी ने काफी हद तक अर्थनीति को राजनीति से मुक्त कराने में सफलता भी हासिल की है। यही कारण है कि दुनिया के अधिकांश देशों में राजनीतिक परिवर्तनों यानी सरकारों के बदलने के बावजूद अर्थनीति में कोई बदलाव नहीं होता है। यहाँ तक कि आर्थिक नीतियों से नाराज मतदाताओं द्वारा सरकारों को बदलने के बावजूद नई सरकार भी उन्हीं आर्थिक नीतियों का अनुसरण करती है जिनके खिलाफ जनादेश होता है।

नैतिकता का सवाल यहीं आ खड़ा होता है। दरअसल, नैतिकता का मुद्दा नीतियों से जुड़ा हुआ है। नैतिकता का संबंध आम लोगों से है। लेकिन जब अर्थनीति को राजनीति से अलग या मुक्त करने की बात होती है, तो वह एक तरह से अर्थनीति को लोगों और उनकी इच्छाओं से आजाद करने (और उच्छृंखल व्यवहार करने) की वकालत होती है। आखिर राजनीति क्या है? राजनीति आम लोगों की इच्छाओं और आकांक्षाओं की सामूहिक अभिव्यक्ति का माध्यम और औजार ही तो है। इसलिए जब अर्थनीति को राजनीति से मुक्त रखने की माँग की जाती

है तो वह प्रकारांतर से अर्थनीति को लोगों की इच्छाओं और आकांक्षाओं से अलग करने की माँग होती है।

इससे बड़ी अनैतिक माँग और क्या हो सकती है? लोगों की इच्छाओं और आकांक्षाओं से रहित अर्थनीति एक ऐसे शरीर की तरह होगी जिसमें आत्मा (और इस कारण अंतरात्मा भी) नहीं होगी। नैतिकता का प्रश्न काफी हद तक किसी व्यक्ति की अंतरात्मा से जुड़ा हुआ है, क्योंकि नैतिकता, यानी क्या उचित है और क्या अनुचित, क्या सार्वजनिक (जन) हित में है और क्या निजी स्वार्थ में, का पालन केवल नियम, आचार संहिता और उसूल बना देने भर से नहीं होने लगता है, बल्कि व्यक्ति की अंतरात्मा उसे यह बोध देती है और उसी के मुताबिक वह आचरण करता है।

राजनीति, अर्थनीति की अंतरात्मा है जो उसे उचित और अनुचित, जनहित और निजी स्वार्थ में फर्क करना सिखाती है यानी नैतिक आचरण की ओर प्रेरित कर सकती है। यहाँ यह स्पष्ट करना जरूरी है कि राजनीति का तात्पर्य उस क्षुद्र 'पार्टी-पॉलिटिक्स' से नहीं है जिसके केंद्र में 'बहुजन हिताय' के बजाय नेताओं के व्यक्तिगत हित प्रमुख हो गए हैं और जो राजनीति को बड़ी पूँजी के हितों की सेवा में समर्पित कर चुकी है। असल में, आर्थिक नैतिकता का सवाल राजनीतिक नैतिकता से जुड़ा हुआ है। राजनीति में नैतिकता को मापने की एक ही कसौटी है कि वह कहाँ तक आम लोगों की इच्छाओं और आकांक्षाओं की अभिव्यक्ति और उसे आगे बढ़ाने का उपकरण बन पा रही है।

गांधी जब देश के आखिरी आदमी की आँख से आँसू पोंछने के लक्ष्य को राजनीति के आगे ताबीज की तरह रखते हैं, तो वे एक तरह से राजनीतिक नैतिकता के मापदंड को परिभाषित करते हैं। आखिरी आदमी की आँख से आँसू पोंछने के लक्ष्य को ले कर चलनेवाली नैतिक राजनीति में ही वह नैतिक साहस और दृढ़ इच्छाशक्ति हो सकती है कि अर्थनीति को इस साध्य का नैतिक साधन बनाए। आर्थिक नैतिकता की गारंटी नैतिक राजनीति ही कर सकती है, अन्यथा अर्थनीति को हमेशा मुनाफे के लिए पागल बड़ी पूँजी अनैतिक रास्ते पर चलने के लिए मजबूर करती रहेगी।

स्पष्ट है कि आर्थिक नैतिकता का सवाल व्यक्ति विशेष के आर्थिक व्यवहार में नैतिकता तक सीमित नहीं है, बल्कि वह उस राजनीतिक-आर्थिक व्यवस्था से जुड़ा हुआ है जिसमें व्यक्ति विशेष को अपने आर्थिक क्रियाकलापों को निपटाना होता है। अगर कोई व्यवस्था बड़ी निजी पूँजी के हितों की चाकरी में जुटी है, तो वह आम लोगों यानी व्यापक सार्वजनिक हितों के प्रति अन्यायपूर्ण रवैया अपनाने के लिए अभिशप्त है। ऐसी अन्यायपूर्ण (या अनैतिक) व्यवस्था में किसी व्यक्ति विशेष के ईमानदार, नैतिक और न्यायप्रिय होने से कोई विशेष फर्क नहीं पड़ता

है। भ्रष्ट, अन्यायपूर्ण और जन विरोधी राजनीतिक-आर्थिक व्यवस्थाओं में भी गिने-चुने ईमानदार और न्यायप्रिय राजनेता, अफसर और कारोबारी मिल ही जाते हैं, लेकिन उनसे न तो व्यवस्था के चरित्र में कोई फर्क आता है और न ही लोगों को बहुत राहत मिलती है। उलटे भ्रष्ट व्यवस्था या तो उन्हें निकाल बाहर करती है या फिर उन्हें अपने 'जन संपर्क' (पी आर) मुखौटे की तरह इस्तेमाल करती है।

इसलिए आर्थिक नैतिकता के प्रश्न को युग निर्माण योजना, मथुरा की धारणा—'हम सुधरेंगे, जग सुधरेगा, युग बदलेगा'—से अलग हट कर देखने की जरूरत है। आखिर भ्रष्टाचार क्यों पनपता और फलता-फूलता है? भ्रष्टाचार की जड़ें कहाँ हैं? निश्चय ही भ्रष्टाचार उस राजनीतिक-आर्थिक व्यवस्था में फलता-फूलता है जो निजी पूँजी को इस बात की बेलगाम आजादी देती है कि वह अपने को फैलाए और बढ़ाए। निजी पूँजी अपने आकार को फैलाने-बढ़ाने के लिए तमाम नियम-कानूनों को तोड़ती है, जिम्मेदार पदों पर बैठे लोगों को इसमें साझीदार बनाती है और व्यापक जनहित के मुद्दों को किनारे कर देती है। निजी पूँजी की मुनाफे की भूख का पहला शिकार आर्थिक नैतिकता ही होती है।

इसके बाद मुनाफे की निरंतर बढ़ती भूख का रोड रोलर मनुष्यों और देशों को गुलाम बनाने से ले कर उन पर अनावश्यक और त्रासद युद्ध थोपने, संसाधनों की लूट, पर्यावरण का विनाश, भूख-बीमारी-गरीबी-बेकारी का राज कायम करने के जरिए मनुष्यता जैसे सर्वश्रेष्ठ नैतिक मूल्य को कुचलता जाता है। भूमंडलीकरण की आड़ में आज बहुराष्ट्रीय कंपनियाँ अठारहवीं-उन्नीसवीं शताब्दी की साम्राज्यवादी लूट की कहानी को दोहरा रही हैं। साल-दर-साल दैत्य से दैत्याकार होती इन बहुराष्ट्रीय कंपनियों का एक ही मकसद है, एक ही उसूल और एक ही 'नैतिकता'—अधिक-से-अधिक मुनाफा कमाना! मुनाफे की इस हवस को पूरा करने के लिए उन्हें नियम-कानूनों को तोड़ने में देर नहीं लगती, सरकारों और महत्वपूर्ण पदों पर बैठे व्यक्तियों को खरीदने से परहेज नहीं होता और पर्यावरण तथा संसाधनों को बरबाद करने में संकोच नहीं होता है।

इसलिए आर्थिक नैतिकता की वांछनीयता पर चर्चा करते हुए बहुधा यह सवाल सामने आ खड़ा होता है कि क्या व्यापक सार्वजनिक हित में कंपनियों के मुनाफे पर कोई सीलिंग नहीं लगाई जानी चाहिए? हालाँकि बहुत-से लोगों को यह प्रस्ताव अटपटा, यूरोपियन या अव्यावहारिक लग सकता है और खासकर ऐसे दौर में जब सरकारें कंपनियों को न्यूनतम मुनाफे की काउंटर-गारंटी (एनरॉन प्रकरण) दे रही हों, लेकिन क्या यह कम अटपटा और चुभनेवाला लगता है जब देशी-विदेशी कंपनियाँ सालाना नतीजा घोषित करते हुए अपने मुनाफे में 50 से ले कर सौ और डेढ़ सौ फीसदी तक वृद्धि की घोषणा करती हैं? ठीक है कि मुनाफा जोखिम

का पुरस्कार है, लेकिन बेलगाम मुनाफे की चाह में व्यापक सार्वजनिक हित को जोखिम में डालने को कहाँ तक उचित माना जा सकता है?

यही नहीं, मुनाफा श्रम के शोषण का नतीजा है और अधिक मुनाफे का अर्थ श्रम का और अधिक शोषण है। क्या इसे नैतिक और जायज ठहराया जा सकता है? यह सवाल इसलिए भी प्रासंगिक है कि मुनाफे पर पहले से ही संपन्न मुट्ठी भर लोगों का अधिकार होता है और इसका कोई लाभ आम लोगों तक नहीं पहुँचता है। उलटे इससे संपत्ति के संकेंद्रण की प्रक्रिया को बल मिलता है और समाज में आर्थिक विषमता बढ़ती जाती है। अखबारों और पत्रिकाओं में अकसर करोड़पतियों और अरबपतियों की सूचियाँ इस खबर के साथ छपती रहती हैं कि इस साल उनकी संख्या में कितनी वृद्धि हुई है? लेकिन यह कभी नहीं बताया जाता है कि एक करोड़पति के अरबपति बनने की प्रक्रिया में कितने हजार-लाख लोग गरीबी रेखा के नीचे चले गए?

संयुक्त राष्ट्र विकास कार्यक्रम (यूएनडीपी) की सालाना मानव विकास रिपोर्ट 2003 के मुताबिक दुनिया के सर्वाधिक धनी 20 प्रतिशत और सर्वाधिक गरीब 20 प्रतिशत लोगों की आय के बीच अंतर लगातार बढ़ता जा रहा है। रिपोर्ट के मुताबिक, 1960 में यह अंतर 30:1 का था जो अगले तीस वर्षों यानी 1990 में दुगुना होकर 60:1 हो गया। 1999 में यह अंतर बढ़ कर 74:1 तक पहुँच गया और 2015 तक इसके 100:1 तक हो जाने का अनुमान है। यूएनडीपी की इस रिपोर्ट के मुताबिक अमेरिका के 2.5 करोड़ अमीर लोगों की आय दुनिया के 200 करोड़ लोगों की आय के बराबर है। इसका अर्थ यह हुआ कि एक धनी अमेरिकी की आय दुनिया के 80 लोगों की आय के बराबर है।

यह किसी ईश्वरीय आदेश से नहीं हो रहा है। मुक्त बाजार प्रेरित जिस भूमंडलीकरण को आज हर समस्या के इलाज के बतौर पेश किया जा रहा है, इस स्थिति को बढ़ाने में उसका प्रमुख योगदान है। 90 का दशक पूरी दुनिया में भूमंडलीकरण, उदारीकरण और निजीकरण के दशक के रूप में जाना जाता है। इस दशक की उपलब्धियाँ क्या हैं? यूएनडीपी रिपोर्ट के अनुसार 90 के दशक में दुनिया के 54 देश और गरीब हो गए। 21 देशों में भूखे लोगों की तादाद बढ़ गई। 14 देशों में शिशु मृत्यु की दर बढ़ गई और 12 में प्राथमिक शिक्षा में दाखिले में गिरावट दर्ज की गई। 34 देशों में नागरिकों की औसत आयु में गिरावट का रुझान देखा गया।

बात यहीं खत्म नहीं होती। विश्व बैंक के अर्थशास्त्री ब्रांको मिलानोविच के एक अध्ययन के अनुसार आर्थिक असमानता का आलम यह है कि दुनिया के सर्वाधिक अमीर एक फीसदी धनिकों की कुल आय दुनिया के सर्वाधिक गरीब 57 प्रतिशत लोगों की कुल आय के बराबर है। मिलानोविच के मुताबिक सर्वाधिक

अमीर 5 फीसदी प्रभुओं की आय सर्वाधिक गरीब 5 फीसदी दरिद्र नारायणों की आय से 114 गुना अधिक है, जो कुछ वर्षों पहले 78 गुना अधिक थी। ऐसा क्यों हो रहा है? मिलानोविच के अनुसार इसकी वजह यह है कि सर्वाधिक गरीब 5 फीसदी लोग और गरीब हो गए, क्योंकि उनकी आय में 25 प्रतिशत की गिरावट दर्ज की गई है जबकि सर्वाधिक अमीर 5 प्रतिशत धनिकों की आय में 12 फीसदी की बढ़ोतरी दर्ज की गई है।

क्या भूमंडलीकरण की इस प्रक्रिया को किसी भी दृष्टि से नैतिक ठहराया जा सकता है? सच पूछा जाए, तो यह नैतिक दृष्टि से शर्मनाक और आपराधिक कृत्य है जो फ्रांसीसी क्रांति से निकले 'समानता, स्वतंत्रता और बंधुत्व' जैसे ऊँचे नैतिक आदर्शों की धज्जियाँ उड़ा रहा है। लेकिन अफसोस की बात यह है कि आज राजनीतिक-आर्थिक विमर्श में नैतिक आदर्श हाशिए पर चले गए हैं और कभी भूल से भी गरीबी, भुखमरी, बेकारी, बीमारी, विषमता, अशिक्षा जैसे मुद्दे चर्चा में नहीं आते। प्रधान मंत्री से लेकर गुलाबी अखबारों तक की जुबान पर बस जीडीपी की वृद्धि दर का मुद्दा छाया रहता है, लेकिन इस पर भूले से भी कोई बात नहीं होती कि 7-8 प्रतिशत की ऊँची वृद्धि दर हासिल करने जितना ही महत्वपूर्ण मुद्दा विकास के फल का समान और न्यायपूर्ण बँटवारा भी है।

इसकी वजह यह है कि यह मान लिया गया है कि पूरा जोर विकास दर को बढ़ाने में लगाया जाना चाहिए और उसके वितरण का खयाल (बकौल एडम स्मिथ) बाजार का 'अदृश्य हाथ' रख लेगा। लेकिन बाजार का 'अदृश्य हाथ' कितना ध्यान रख रहा है इसका अंदाजा एक तथ्य से लगाया जा सकता है। संयुक्त राष्ट्र खाद्य एवं कृषि संगठन (एफ ए ओ) के मुताबिक भारत की 20 फीसदी आबादी भुखमरी से जूझ रही है यानी उसे भरपेट खाना नहीं मिलता। एफ ए ओ की एक रिपोर्ट के अनुसार 1990-92 में 21.45 करोड़ भारतीयों को भरपेट खाना नहीं मिल रहा था, जो संख्या 1995-97 में घट कर 19.47 करोड़ हो गई, लेकिन जी डी पी में लगातार बढ़ोतरी के बावजूद 1999-00 में दरिद्र नारायणों की संख्या एक बार फिर बढ़ कर 21.37 करोड़ हो गई।

साफ है कि बाजार का 'अदृश्य हाथ' भूखे लोगों को न्याय देने में नाकाम साबित हुआ है। लेकिन बाजार की नाकामी का यह न तो पहला और न एकमात्र उदाहरण है। दरअसल, बाजार की संरचना ही ऐसी है कि उसमें केवल विक्रेता और खरीददार के लिए जगह है। अगर आपके पास क्रयशक्ति नहीं है तो बाजार आपके लिए नहीं है। बाजार केवल खरीददारों को पहचानता है और उसके अंदर लाचारों, भूखों, विकलांगों, निर्धनों, बेसहारों, वृद्धों और बीमारों के लिए कोई सहानुभूति नहीं होती है। उसके पास वह 'नैतिक आत्मा' नहीं है जो किसी चीज को मानवीय बनाती है और कमजोर और जरूरतमंद लोगों की मदद के लिए हाथ

बढ़ाती है। इसलिए बाजार में राज्य को हस्तक्षेप करने की जरूरत पड़ती है। एडम स्मिथ से कीन्स तक की यात्रा में पूँजीवादी अर्थशास्त्र इस निष्कर्ष पर पहुँचा कि सब कुछ बाजार के अदृश्य हाथ के भरोसे नहीं छोड़ा जा सकता है और राज्य को वे जिम्मेदारियाँ उठानी होंगी जहाँ बाजार विफल साबित हो रहा है।

लेकिन एक बार फिर से दुनिया में मुक्त बाजार और राज्य के न्यूनतम हस्तक्षेप की नव उदारवादी आर्थिक सैद्धांतिकी फैशन में है और इस प्रक्रिया में आम जनता द्वारा बीसवीं शताब्दी में जन संघर्षों से हासिल अनेक अधिकारों और उपलब्धियों को छीनने की कोशिश की जा रही है। ऐसे अधिकारों और उपलब्धियों को खत्म करने का अभियान-सा छेड़ दिया गया है, जिन्हें मानवता की उपलब्धियाँ माना जाना चाहिए, जिन्होंने गरीबों, कमजोर वर्गों, मेहनतकशों, महिलाओं, अल्पसंख्यकों और बेसहारों को मनुष्य की तरह जीने का अधिकार दिया और जिन्होंने 'समानता, स्वतंत्रता और बंधुत्व' के उच्चतम नैतिक आदर्शों की ओर बढ़ने के लिए प्रेरित किया।

एक तरह से कहा जाए, तो पूँजीवादी आर्थिक नैतिकता के मूल (कोर) पर हमला किया जा रहा है। यह व्यक्ति बेईमानी, घोटाला, भ्रष्टाचार और चोरी की तुलना में आर्थिक नैतिकता का बड़ा हनन है। आखिर जनता के पैसे से खड़े किए गए सार्वजनिक प्रतिष्ठानों को विनिवेश या निजीकरण के नाम पर निजी हाथों में बेचने के फैसले को नैतिक कैसे माना जा सकता है? आश्चर्य नहीं कि ऐसे हर सौदे के साथ अनियमितताओं और भ्रष्टाचार की कहानियाँ जुड़ी हुई हैं।

सामाजिक न्याय और नई नैतिकता

प्रज्ञा

'सदा सत्य बोलो', 'चोरी मत करो', 'निर्धनों पर दया करो', 'निर्बलों को न सताओ', 'ईमानदार रहो', 'बड़ों का आदर, छोटों से प्यार करो'—ऐसे न जाने कितने कथन हैं जिन्हें बचपन से ही घुट्टी में घोल कर पिलाया जाता है। ये नीतिवाक्य सदियों से परंपरा और संस्कारों का हिस्सा बने हुए हैं। वर्षों पूर्व आचार संहिताओं से लेकर नीति ग्रंथों तक का हिस्सा बने इन कथनों का अस्तित्व मिटा नहीं है। आज के समाज में यदि हम बच्चों को यह शिक्षा दें कि झूठ बोलो, चोरी करो, बेईमान बनो, निर्धनों-निर्बलों के उत्पीड़न में भागीदार बनो इत्यादि तो लोग हमें मूर्ख कहेंगे, असामाजिक प्राणी मानेंगे और धीरे-धीरे हम अपनी ही नजरों में खुद को गिरा हुए पाएँगे। ऐसा इसलिए होगा कि समाज में रहने के कुछ नियम-कायदे हैं जिनके अनुरूप हमें व्यवहार करना है। कुछ ऐसे आधारभूत मूल्य हैं, जिनके अनुसार एक सामाजिक व्यवस्था में रहते हुए हमें विविध कार्यों का संचालन करना है। लोकाचार की कुछ ऐसी पद्धतियाँ हैं जिनका अनुसरण कर हमें अपने जीवन को बेहतर बनाते हुए यह भी ध्यान में रखना है कि हमारे व्यक्तिगत हित सार्वजनिक हितों से ऊपर न चले जाएँ। ये नियम-कायदे, सिद्धांत, पद्धतियाँ नैतिकता के वे जरूरी हिस्से हैं जिनसे हम एक बेहतर मानवीय समाज का सपना बुनते हैं।

अब एक प्रश्न उठता है कि क्या ये सभी सिद्धांत ऐसे हैं जिनका अंत वास्तव में सिद्ध हो चुका है? क्या समय की गत्यात्मक प्रक्रिया ने इनमें निहित संदर्भों में परिवर्तन का आधार नहीं दिया है? उदाहरण के तौर पर जब हम कहते हैं कि 'सदा सत्य बोलो' तो इसकी व्याख्या करते हुए यह भी कहना नहीं चूकते 'सत्यं ब्रूयात प्रियं ब्रूयात...' और अर्द्धसत्य जिस प्रकार के परिणामों को जन्म देता है, यह भी सब महाभारत काल के जमाने से जानते-समझते आ रहे हैं। 'हमेशा सच बोलो' के साथ जब 'अप्रिय सच न बोलने' की बात करते हैं, तो हम उस सच से पैदा हो सकनेवाली दुखद स्थिति से बचने का मार्ग खोजने लगते हैं। लेकिन

सही तथ्य उभरने पर वह झूठ ही सिद्ध होता है और इस स्थिति में सत्य पर पर्दा डालनेवाले को कुछ नैतिक कहेंगे तो कुछ अनैतिक। तब क्या परिस्थिति और संदर्भ के बदलने से नैतिक व्यवहार के तौर-तरीके परिवर्तित नहीं होते?

प्रेमचंद का कथा-साहित्य नैतिक और अनैतिक के बीच एक स्पष्ट विभाजन रेखा खींच कर पाठक पर नैतिक प्रभाव डालने के साथ उसे नैतिक उत्तरदायित्व से युक्त भी करता है। वह हमें आत्मोन्मुख से समाजोन्मुख बनाता है, तभी हम प्रेमचंद को 'आत्मा का शिल्पी' मानते हैं। उस आत्मा का शिल्पी, जो हर तरह के अन्याय-उत्पीड़न का डट कर विरोध करती है। इन्हीं प्रेमचंद के 'गोदान' का होरी भाइयों से प्रेम करते हुए भी उनके हिस्से के बाँसों की चोरी करता है, बेटी पर जान छिड़कते हुए भी उसका सौदा करता है। क्या तब होरी लेखक और पाठक की दृष्टि में अनैतिक सिद्ध हो जाता है? तब भी क्या हम उसे कथा-साहित्य में श्रमजीवी वर्ग के श्रेष्ठ नायक का पद नहीं सौंपते? किसे 'कफन' के घीसू और माधव का अनैतिक नाच याद नहीं होगा? कफन के पैसों से मौज उड़ाना और मुर्दा स्त्री का घर में पड़े रहना गहन अर्थों में त्रासदीय है। फिर भी घीसू-माधव के कृत्यों को हम अनैतिक न कह कर परिस्थितियों को दोष देते हैं, जिन्होंने उन्हें ऐसा बनाया। यह एक नई नैतिकता है, जिसकी जड़ें सामाजिक-आर्थिक परिस्थितियों में दबी हैं और जिसका सिरा पारंपरिक धर्म या शास्त्र के सिद्धांतकारों से नहीं, बल्कि लेखक की प्रतिबद्धता और वर्गीय पक्षधरता से जुड़ा है।

पारंपरिक और स्थापित नैतिक दृष्टि के बरक्स हमें नई नैतिक दृष्टि भी मिलती है। प्रेमचंद से आगे के कहानीकारों में मैं मुक्तिबोध का उल्लेख जरूर करना चाहूँगी। मुक्तिबोध की कहानियाँ पारंपरिक नैतिक शिक्षा देने का प्रयास नहीं करतीं। उनकी शुरुआती दौर की कहानी 'खलील काका' में जरूर पुरानी नैतिकता की झलक है कि जिसने पाल-पोस कर बड़ा किया, बुढ़ापे और बीमारी में उसकी सहायता करो, लेकिन आगे की कई कहानियों में एक नई नैतिकता हमें दिखाई देती है। 'आखेट' का नायक मुहब्बत सिंह भूखी स्त्री से बलात्कार करने के बाद यह निर्णय लेता है कि वह उस स्त्री को 'अनाथिनी' नहीं रहने देगा—अपनी पत्नी बना कर रखेगा, चाहे समाज कुछ भी कहे। नौकरी, पैसा, सुख-सुविधा, सुरक्षा आदि के लिए अपनी अंतरात्मा के विरुद्ध समझौता करनेवालों को मुक्तिबोध नैतिक नहीं मानते, किंतु इस अनैतिकता के लिए वह व्यक्ति को नहीं व्यवस्था को दोषी सिद्ध करते हैं। 'एक दाखिल दफ्तर साँझ', 'जलना', 'अँधेरे में', 'पक्षी और दीमक' तथा 'क्लॉड ईथरली' ऐसी ही कहानियाँ हैं जिनमें नई नैतिक दृष्टि दिखाई देती है। मुक्तिबोध वर्तमान समाज के लिए आवश्यक नए नैतिक मूल्यों की बात करते हैं। 'विपात्र' में उन्होंने स्पष्ट लिखा है, 'हम कहते हैं कि फलाँ आदमी अच्छा है। सिर्फ इसलिए कि उसका हमारे प्रति अच्छा व्यवहार है! क्या उसकी अच्छाई का यह अंतिम और

निर्णायक प्रमाण माना जा सकता है? मेरे खयाल से जो व्यक्ति सत्यपरायण और न्याय-भावना से प्रेरित है, साथ ही जिसका व्यक्तिगत हित जनसामान्य के हित के ऊपर नहीं, उसके नीचे रहता है और जिसके हृदय में हमारी गरीब जनता के लिए एक नदी लहराती है, वही मेरे खयाल से अच्छा आदमी है; उसी में सच्चा सौजन्य है।' इस तरह जन विरोधी समाज व्यवस्था को बदलने के लिए मुक्तिबोध एक नई नैतिक दृष्टि की जरूरत पर बल देते हैं।

नैतिकता कोई जन्मजात गुण नहीं है। समाज में रह कर हम इसके गुणधर्म से परिचित होते हैं। दूसरे, यह कोई निरपेक्ष मूल्य भी नहीं है। धर्म, शास्त्र, समाज, विचार, संस्कृति, आर्थिक जगत, प्रौद्योगिकी, बाजार, राज व्यवस्था, वर्ग, वर्ण सभी की सापेक्षता में यह अपना अस्तित्व ग्रहण करती है। पुरानी और नई नैतिकता के बीच संशय बोध की अनिवार्य स्थिति मौजूद है जो समय के वस्तुगत आधारों पर पुराने का अस्वीकार और नए का स्वीकार करता है। इस तरह तभी नई नैतिकता उस गत्यात्मक प्रक्रिया का हिस्सा बनती है जिसमें जड़ का त्याग और चेतन का ग्रहण रहता है। जब हम नैतिकता के सामाजिक स्रोतों की बात करते हैं, तो यह तय है कि उसके कुछ मापदंड भी हैं। उदाहरण के लिए 1789 की महान फ्रांसीसी क्रांति ने जनवादी आधारों के रूप में स्वतंत्रता, समानता और बंधुत्व पर बल दिया। इन तीन आधारभूत सिद्धांतों द्वारा सामाजिक-राजनीतिक क्षेत्र में एक नई तरह की नैतिकता को स्वीकारा गया। ठीक इसी समय पुनर्जागरणकालीन चेतना से युक्त निर्भीक और भौतिकतावादी चिंतक मेरी वोल्स्टनक्राफ्ट ने इसमें एक नया आयाम जोड़ा। स्वतंत्रता, समानता और बंधुत्व जो नई व्यवस्था के आधार बनने जा रहे थे, उनमें स्त्री की स्थिति को ढूँढ़ने का प्रयास जब मेरी ने किया तो पाया कि आजादी के ये लाभ जब तक समान रूप से आधी दुनिया को नहीं मिलेंगे, तब तक ये मूल्य अधूरे रहेंगे। इसीलिए उन्होंने इन सिद्धांतों को आधी दुनिया पर भी ठीक-ठीक लागू करने की जोरदार अपील की और पहली बार स्त्री विमर्श और आंदोलन को सामाजिक न्याय के साथ सामाजिक क्रांति के बुनियादी मुद्दे के रूप में देखा। स्त्री संबंधी जड़ पूर्वाग्रहों और इनके तहत स्त्री को केवल पुरुष के लिए प्रीतिकर बने रहने और शिक्षा से दूर करने के षड्यंत्र पर तीखी प्रतिक्रिया देते हुए उन्होंने लिखा, 'समाज में और अधिक समानता स्थापित करना अभीष्ट है, अन्यथा नैतिकता कभी अपना आधार नहीं बना पाएगी और यह सद्गुणसंपन्न समानता दृढ़तापूर्वक जमी नहीं रह सकती, भले ही चट्टान की नींव प्राप्त हो, यदि मानव जाति का अर्द्धांश नियति द्वारा जकड़ी हुई रसातल में पड़ा हो, क्योंकि वे अज्ञान अथवा अहम्मन्यता के कारण इसकी जड़ें अनवरत रूप से खोदती रहेंगी।'

जहाँ तक स्त्री संबंधी नैतिकता का सवाल है, स्त्री की प्रत्येक अवस्था में एक पुरुष को उसके साथ चस्पा कर उसके जीवन के तमाम निर्णयों का उत्तरदायित्व

पुरुष को सौंप कर 'वशिष्ठ धर्मसूत्र' स्त्री की स्वाधीनता छीन लेता है। वर्तमान संदर्भ में यह नैतिकता पुरानी ही नहीं, शोषणयुक्त भी दिखाई देती है। स्त्री को समानता दिए जाने के सभी रास्तों को बंद करने का यह सोचा-समझा प्रयास है। ये प्रयास धर्म और साहित्य दोनों के माध्यम से हुआ। जहाँ कहा गया 'यत्र नार्यस्तु पूज्यंते तत्र रमंते देवताः' वहीं प्रसाद ने लिखा 'नारी तुम केवल श्रद्धा हो'—यह कहना सीधे-सीधे नारी को देवी का दर्जा दे कर उसे मानवीय और संवैधानिक अधिकारों से वंचित करना नहीं था क्या?

पितृसत्ता ने दैहिक शुचिता और मानसिक परनिर्भरता को स्त्री के नैतिक होने का एकमात्र मानदंड माना, पर इस पुरानी और अन्यायपूर्ण आचरण पर टिकी नैतिकता को समय-समय पर कड़ी चुनौतियाँ मिलती रही हैं। मीरा के स्वर में आज कितने स्वर मिल कर समवेत गा रहे हैं। इस क्रम में याद आती है कमलेश्वर की कहानी 'राजा निरबंसिया' और एस.आर. हरनोट की 'दारोश'। कमलेश्वर की कहानी दैहिक शुचिता संबंधी स्त्री नैतिकता के नए पहलू सामने लाती है। यह कहानी इस बात पर जोर देती है कि नैतिकता का मूल्यांकन अब पारंपरिक मानदंडों से नहीं किया जा सकता। राजा-रानी की लोक कथा के समानांतर चंदा-जगपति की कथा दरअसल पुरानी और नई नैतिकता का साफ-साफ अंतर पेश करती है। 'राजा निरबंसिया' की रानी के पास अपना सतीत्व सिद्ध करने की ईश्वरीय शक्ति है, पर चंदा आधुनिक युग में ईश्वरीय चमत्कार के बूते अपना सतीत्व सिद्ध करने में असमर्थ है। इस कहानी की लोक कथा नैतिकता की पारंपरिक अवधारणा की बात करती है, जिसमें स्त्री के लिए शारीरिक पवित्रता, एकनिष्ठा का मूल्य अनिवार्य था। लेकिन युग का बदलाव समूची स्थितियों और संदर्भों का बदलाव है और युग की नैतिकता भी इन्हीं बदलावों से संचालित है। कहानी में चंदा के वस्तुगत यथार्थ को देखते हुए उसे अनैतिक कह पाना आसान नहीं है। चंदा की स्थिति के लिए जगपति और उसकी आर्थिक बदहाली उत्तरदायी है जो चंदा के जीवन में बचनसिंह के हस्तक्षेप को खुला मौका देती है। कहानी में स्त्री नैतिकता संबंधी पुराने मानदंडों का अस्वीकार इस रूप में भी दिखाई देता है कि यौन नैतिकता को व्यक्तित्व के मूल्यांकन की अंतिम कसौटी नहीं माना गया है। कहानी के अंत में चंदा दोषी सिद्ध नहीं होती। लेखक, नायक और पाठक की मानवीय सहानुभूति उसके लिए जगती है।

'दारोश' का अर्थ है बलपूर्वक या जबरदस्ती। हिमाचल के जनजातीय अंचल में बोला जानेवाला यह शब्द वास्तव में एक कुप्रथा की ओर इशारा करता है, जिसमें लड़कियों को उनकी इच्छा के विरुद्ध जबरदस्ती उठा ले जाना, उनका भोग करना और इस पाप को पुण्य में बदलने के लिए बलात्कारी द्वारा लड़की से विवाह करना शामिल है। नायिका कानम के बचपन में उसकी जिंदादिल बहन इस कुप्रथा के

चलते बुत बन जाती है। इस दुर्घटना के बाद अंचल से दूर पढ़ी-लिखी, आत्मविश्वासी कानम अपने समाज द्वारा स्वीकृत अमानवीय कुप्रथा को तमाचा रसीद करती हुई न सिर्फ अपना अपहरण करनेवाले लड़कों की धुनाई करती है, बल्कि एक अन्य बलात्कृत लड़की की संवैधानिक लड़ाई का हिस्सा बनती है। अपने पिता से लोहा लेती कानम नई नैतिकता के प्रतीक के रूप में उभरती है।

नैतिकता की पारंपरिक दृष्टि स्त्री के संबंध में हमें बेमानी लग सकती है, पर परंपरा में जड़ताओं के साथ उपादेय तत्त्व भी हो सकते हैं। द्वंद्वात्मक रूप में देखें, तो इस पारंपरिक दृष्टि में भी बहुत कुछ ऐसा है जिसे आज भी हम मानवीय कह सकते हैं। बाजार के संदर्भ में देखें तो वहाँ भी नैतिकता अपने परिवर्तित और नवीन रूप में दिखाई देती है। पहले बाजार उत्पाद की गुणवत्ता पर बल देता था। 'दादा खरीदे, पोता बरते' जैसी कहावतें प्रचलित थीं। दर्जी की दुकान पर बोर्ड टँगा रहता था 'कपड़ा फट जाएगा, रंग उड़ जाएगा, सिलाई नहीं' पर आज बाजार की नैतिकता बदल गई है। उपभोक्तावाद में 'यूज एंड थ्रो' की संस्कृति विकसित होने पर हमें कपड़ों की दुकानों में प्लास्टिक के थैलों पर लिखा दिखेगा 'फैशन के जमाने में कपड़े और सिलाई की गारंटी की चाह न रखें।' पहले की गारंटी नीति के तहत ग्राहक को न सिर्फ आकर्षित करती थी, बल्कि उत्पाद पर लंबा भरोसा देने का दावा रखती थी। यह सकारात्मक गारंटी आज नकारात्मक रूप में परिणित हो गई है। पहले का दुकानदार मूर्त उत्पाद के साथ अमूर्त विश्वसनीयता भी ग्राहक को सौंपने का दावा करता था, पर आज विश्वसनीयता से ऊपर मुनाफा, अधिक मुनाफा काबिज है जो इस नए बाजार की नैतिकता है। 'उधार प्रेम की कैंची है' जैसी कहावतें पुराने बाजार में मौजूद थीं। बाजार की पुरानी नैतिकता में 'उधार' घृणास्पद शब्द तो था ही, ग्राहक की नीयत पर संदेह का कारण भी था, पर उदारीकरण, निजीकरण के चलते आज बाजार उधार देने को लालायित है। क्रेडिट कार्ड व्यक्ति की समृद्धि और विश्वसनीयता के द्योतक हो गए हैं। आज बाजार की पुरानी नैतिकता परिदृश्य से गायब हो रही है और नई नैतिकता की आड़ में उधार की समृद्धि के साथ कर्ज न चुका पाने की स्थिति में आत्महत्याओं के आँकड़ों में भी वृद्धि होती चली जा रही है।

बाजार की इस नई नैतिकता ने मानवीयता पर पक्की व्यावहारिकता को लागू कर दिया है। रमेश उपाध्याय की 'अर्थतंत्र' कहानी में परिवार के सदस्यों की अलग-अलग साबुनदानियाँ मनुष्य पर वस्तु की सत्ता हावी होने को प्रकट करती हैं। कहानी पुरानी और नई नैतिकता की पड़ताल मूल्यपरक अर्थतंत्र और आज के अर्थतंत्र की व्याख्या में करती है। कथानायक सतीश के माँ-पिता का आदर्शवाद और भाई की व्यावहारिकता को देखिए—'मैं तो अपना हिस्सा लेने को तैयार थी, पर तेरे बाबूजी ने ही मना कर दिया। बोले, हमें अपनी मेहनत की कमाई में आधे

पेट खा कर गुजर करना मंजूर है; मुफ्त में मिले रुपए से अपनी आत्मा का नाश करना मंजूर नहीं।...लेकिन भैया की व्यावहारिकता? ठोस दुनियादारी? बड़े लोगों की चापलूसी, जी-हजूरी, और दफ्तर में घूसखोरी को अनुचित या अनैतिक न मानना? आत्मा-वात्मा को बकवास मानते हुए अपना बैंक-बैलेंस बढ़ाते चले जाना...?'

बाजार की नैतिकता के साथ नैतिकता के बाजार पर गौर करना भी जरूरी है। आज समाज में कई संस्थाएँ सक्रिय हैं जिन्होंने नैतिकता और मूल्यों के प्रचार के माध्यम से एक बाजार खड़ा कर दिया है। हजारों-करोड़ों रुपए के नए उद्योग जिन्हें आप धर्म-प्रवचन उद्योग कह सकते हैं, नैतिक शिक्षा केंद्र कह सकते हैं, कुकुरमुत्तों की तरह उठ खड़े हुए। विश्व भर में इन उद्योगों ने गहरी पैठ बनाई है। इनका तंत्र है समाज की सभी विषमताओं, सामाजिक-आर्थिक समस्याओं का मूल नैतिकता का पतन है। कलयुग के पश्चात् सतयुग में समस्याओं का हल होगा, क्योंकि तब मनुष्य नैतिक जीवन जीना आरंभ करेगा। यह नैतिकता सामुदायिक, सांप्रदायिक और धार्मिक आस्थाओं से संचालित होती है और प्रचार माध्यमों के जरिए धर्म गुरुओं ने इसे निर्मित किया है। इसकी शाखाएँ-प्रशाखाएँ अमेरिका से ले कर सुदूर पूर्व एशियाई देशों, यूरोप से ले कर अफ्रीका तक फैली हुई हैं। सत्य यह भी है कि भले ही विभिन्न संप्रदायों, मठों और संस्थाओं के जरिए इनके आचार्य नैतिकता का ध्वज फैलाते रहें परंतु इनका निजी जीवन आर्थिक-नैतिक घोटालों के अंधकार से भरा पड़ा है। आज आलम यह है कि दिल्ली के किसी-न-किसी हिस्से में हर दिन नैतिकता के पाठ पढ़ानेवाले शिविर लगे रहते हैं। बावजूद इसके भ्रष्टाचार, अपराध और बलात्कार के आँकड़े बढ़ते ही जा रहे हैं।

नैतिकता का प्रश्न राजतंत्र और जनतंत्र से निरपेक्ष नहीं। पुरानी और नई नैतिकता की बात करते हुए राजतंत्र और जनतंत्र के चेहरों पर भी एक नजर डालनी होगी। राजतंत्र समाज की वह वर्चस्ववादी संस्था है जहाँ से एक व्यवस्था को चलाने के लिए नीतियाँ निर्मित की जाती हैं। जहाँ राजा ईश्वर का प्रतिनिधि है। जिस व्यवस्था के लिए तुलसी की पंक्ति सटीक है—*कोउ नृप होहिं हमहिं का हानि, चेरी छोड़ि न होहहिं रानी* पर आज के जनतंत्र में यह नैतिकता पुरानी है। आज राजा को बनाने-बिगाड़ने की शक्ति जनता के हाथ है। दूसरे आजादी के बाद लोक कल्याणकारी राज्य की नीति के तहत जन-कल्याण पर जोर दिया गया। धीरे-धीरे इस जनतंत्र में तंत्र जन को पीछे छोड़ बहुत आगे निकल गया। लोक कल्याण ढोंग में बदला और आज शिक्षा, स्वास्थ्य और जन-सेवाओं को हाशिए में डाल दिया गया है। लोक कल्याणकारी राज्य की अवधारणा मृतप्राय है। लोक के स्थान पर निज पर बल है। भूमंडलीकरण, उदारीकरण और निजीकरण के दौर में निजीकरण की नैतिकता के साथ नैतिकता का निजीकरण भी दिखाई पड़ रहा है। कारण यह

है कि नैतिकता को स्वयंभू और निरपेक्ष मूल्य के रूप में स्वीकार किया जाने लगा है। किशन पटनायक ने अपने लेख 'नैतिकता का स्रोत' में सत्य और भ्रातृत्व को नैतिकता के बुनियादी स्रोत मानते हुए लिखा है–'एक सीमा के ऊपर या नीचे विषमता को अस्वीकार करना, उसको बर्बरता मानना आधुनिक मनुष्य के लिए नैतिकता बोध का पहला कदम है।' इन पंक्तियों को जहन में रख कर जरा वर्तमान परिदृश्य पर दृष्टि डालें, तो समानता की बात एकदम बेमानी लगती है। व्यवस्था द्वारा अर्थ को अंतिम मूल्य बना दिया गया है और जिसके पास यह मूल्य है वही समाज में सम्मान का हकदार है। जिसके पास दाम चुकाने की क्षमता नहीं, वह तो इस समाज से अपने लिए इनसानियत की अपेक्षा भी नहीं रख सकता। इस स्थिति में समाज-व्यवस्था के नैतिक होने पर भी एक बड़ा-सा प्रश्नचिह्न लगा है।

मक्सिम गोर्की ने 'मेरे विश्वविद्यालय' में नैतिकता के लिए स्वतंत्रता और संयम को दो अनिवार्य तत्त्वों के रूप में रेखांकित किया है। पुरानी नैतिकता में स्वतंत्रता की जो परिकल्पना थी, वह कितनी बंधनकारी थी, यह हम सभी जानते हैं। इसीलिए नई परिस्थितियों में नैतिकता को नए दृष्टिकोण से देखने की जरूरत अनुभव की गई। अगर वह परिकल्पना बंधनकारी नहीं होती तो क्यूँकर पुरानी पड़ती। नैतिकता को जब हम सामाजिक जीवन से जोड़ कर देखते हैं, तो जन कल्याण, सामाजिक न्याय, विषमता का अस्वीकार, भ्रातृत्व जैसी बातें हमारे सामने आती हैं। पर सवाल है कि वैयक्तिक नैतिकता कैसे निर्मित होगी? जाहिर है यह नैतिकता को स्वयंभू और निरपेक्ष मूल्य मानकर तो होगी नहीं। यह तभी संभव है जब व्यक्ति में स्वाधीनता का विवेक और स्वाधीनता का संयम हो। इसके अभाव में उसकी नैतिकता आत्मपरक होगी। स्वाधीनता मनुष्य को एक विवेक प्रदान करे कि उसे क्या करना है क्या नहीं और समाज की बेहतरी के लिए काम करने का संयमित विवेक भी दे। यह कैसे पैदा होगा? गांधी का मंत्र यहाँ काम करता है कि हम जो भी करें देखें कि समाज के निम्नतम पर उसका क्या प्रभाव पड़ने जा रहा है। यह मंत्र वर्गीय दृष्टि तो देता ही है, साथ ही गंभीर जवाबदेही भी हम पर सौंपता है। शोषण के विरुद्ध आम आदमी के लिए सामाजिक न्याय की लड़ाई के औजारों में एक नई नैतिकता उद्घाटित होती है, जो सच्चे अर्थों में रंग, नस्ल, धर्म, जाति, लिंग, भाषा, क्षेत्र आदि के अंतर से रहित सभ्य, मानवीय समाज की कामना करती है।

स्त्रीत्व की नैतिकता

मैत्रेयी पुष्पा

तो आप हमसे आजिज आ गए हैं! इससे पहले तो सकते की हालत में थे। फिर भयभीत हुए...बताया कि 'कनक छटी-सी कामिनी' कैसी बातें कर रही है, उसके मुलायम मुख से कोई इचार-विचार शोभा नहीं देता। अपनी ही सुंदरता को बुद्धिविवेक से झुलसानेवाली स्त्री आकर्षण की मूर्ति कैसे हो सकती है? देवी दुर्गा की जो कल्पना की थी, क्या वह साकार होनेवाली है?

आप आतंकित हुए। और हम विस्मित। ऐसा क्या कर डाला हमने? कौन-सा चाँद माँग लिया आपसे?

—कुछ नहीं माँगा तुमने। तुम कुछ माँगती तो सही। जब-जब गहने-कपड़ों की फरमाइश की, हम यथा सामर्थ्य देने के लिए तैयार रहे। साज-सिंगार का आधार सुहाग दिया। घर-आँगन से ले कर कोठे-अटारी सौंपे। तुम कहीं घरवाली बनीं तो कहीं दिल की रानी बन कर रहीं। मगर इन दिनों तुम्हारे तेवर ही दूसरे हैं। हमारे दिए-लिए में संतोष नहीं। आखिर कितना चाहिए एक औरत को? कन्या को 'योग्य और बलिष्ठ' वर की आकांक्षा रही है, तो विवाहिता स्त्री के लिए पति और पुत्रों से भरा परिवार जिंदगी का अभीष्ट रहा।

—यही तो आज भी है। हमने आखिर कौन-सा कसूर किया? क्या तोड़ा?

—तुम कोमल-तन कोमल-मन, क्या तोड़ सकती हो? तुम्हारे तो पाँव भी इतने नाजुक हैं कि बिछिया पहनने से उँगलियों में लहू छलछला आता है। होठ ऐसे कि कठोर शब्द तो निकालते ही वे छिल जाएँगे क्योंकि अंगूर की झिल्ली तक उन्हें घायल कर देती है आह...तुम्हारा रूप वर्णन हमने किन-किन उपमाओं की नगीने जड़-जड़ कर किया है, तुम क्या जानो? निठुर, प्रेयसि, तुम हमारे सौंदर्य-पारखी हृदय को आज तक नहीं पहचान पाईं।

—तब क्या हुआ प्राण प्यारे?

—ओह! प्राण प्यारे न कहो, तुम्हारी इसी अदा पर हमारी जिंदगी निछावर रही है। ऐसे संबोधन दे कर ही तो तुम हमें उन तोतों की तरह भ्रांत करती रही

हो, जिन्होंने तुम्हारे अधर की कांति से लाल होते नाक में पहने मोती को देख कर दाड़िम का बीज समझा था और तुम्हारी नासिका को दूसरे तोते की छवि में देखा...सुमुखि! जाओ हटो बैरिन, अब तो हमें तुम्हारी परछाईं से भी डर लगता है।

—डर! वृषभस्कंध, वज्रवक्ष और बाहुबली को डर, भय, दहशत! सो क्यों मेरे सहचर साथी?

—अपने हृदय से पूछो प्रिये, जो हमें सहचर-साथी कह रहा है। प्राण-वल्लभ प्राणाधार, मेरे राजा, मेरे स्वामी जैसे संबोधन क्या हुए, बोलो तो। तुम्हारा मिजाज बदल गया है। स्त्री सुलभ भंगिमाएँ तिरोहित हो चलीं। भाव-अनुभावों में वक्रता का समावेश है। ऐसी औरत...

—कैसी औरत?

—न कहलवाओ, जुबान पर वे ही शब्द आ रहे हैं, जिनके डर से तुम अपने तन-मन को आदर्श नारी के गुणों में ढालती रही हो। क्या तुम अब इतनी निर्लज्ज हो गईं कि उन संबोधनों (गालियों) को सुन कर भी सामान्य रह सकती हो? कुलकलंकिनी, कुलटा, बदचलन जैसे शब्द ही अब तुम्हारे जीवन को परिभाषित कर सकते हैं, क्योंकि तुम पर-पुरुषों के बीच जाने से गुरेज नहीं मान रहीं। यही चलन तो तुम्हें वेश्या, प्रौस्टीट्यूट, मतलब रंडी बनाता है। तुमने मर्यादा तोड़ी है, डार्लिंग।

—टूट गई! चलो, टूटी तो सही। हजारों साल लग गए हमें इस काम में। और आप हैं कि हमारी जद्दोजहद को बदनामी के खाते में लिख रहे हैं। बदनुमा इतिहास बना रहे हैं। देखो हमारे जीवन के आसपास एक वैचारिक रोशनी पैदा हुई है, जिसकी सांस्कृतिक, सामाजिक और राजनीतिक व्याख्या आपको सकारात्मक रूप से करनी है। डरना नहीं है बिलकुल भी...अच्छा!

—हे राम! अरी बदमाश औरतो, डूब मरो चुल्लू भर पानी में। गंगा में ही समाधि ले लो कि तुम्हारा यह जन्म नहीं, तो अगला जन्म ही सुधर जाए। तुम्हारे पास था ही क्या, बस एक शील था, जिसकी चादर तले अपने शरीर को कसे बाँधे रहती थीं। वह चादर उतार कर फेंक दी। हम किस तरह देखें तुम्हें? उसी तरह जैसे एक गंदी मछली...गंदी मछली, हमारे पवित्र समाज के तालाब को गंदा न करो।

पता है पाठको, स्त्री ने क्या कहा?

कहा कि ओ उलूक बुद्धि आदमी, मछली और तालाब का किस्सा बहुत पुराना हुआ। हमें पवित्र-पावन/दकियानूस खयाल के आदमी भाते नहीं। गंगा में डूब मरने की बात कर रहा है, मगर पता भी है कि उसमें इतना पानी भी नहीं कि मछली जिंदा रह सके। यही तो नजर का फेर है, असलियतें दिखाई नहीं देतीं या

वास्तविकताओं को छिपाने की लत नहीं छूटती।

—तो तू हमें उलटे सीधे तर्क सुझा-समझा कर गुलाम बनाना चाहती है।

—गुलाम? शराफत से कह रहे हैं कि हम न कमजोर हैं न आलसी, जो अपने कामों के लिए गुलामों की जरूरत पड़े। हम बराबरी के दर्जे में विश्वास करते हैं और यह आधुनिकतावादी रौशन खयाल है। इसे अब संसार नए अर्थों में देख रहा है। लद गए वे दिन जब सौंदर्य के नाम पर चीन में लड़कियों के पाँव लोहे के जूतों में कस दिए जाते थे, ताकि वे विकसित न हो सकें। और स्त्री समाज चुपचाप इस जुल्म को सहता रहता था। सुन्नत के रिवाज पर मुस्लिम देशों में सवाल उठ रहे हैं, इस दर्दनाक, भयावह और अन्यायकारी यौन दमन से औरतें इनकार करती हैं। यहाँ भी प्राचीन मंत्र श्लोकों के हथियार चलाने की पुरजोर कोशिश रहती है। रूढ़ियाँ शास्त्रों के रूप में पल रही हैं, जिन्हें नैतिकता के रूप में पेश किया जाता है कि स्त्री जानवर की तरह खूँटे से बँधी रहे। इसके पीछे का रहस्य हम जान गए हैं कि पुरुष सत्ता इतनी डरी हुई है कि औरतों को कमजोर बनाने के लिए धार्मिक, मगर पुराने संस्कारों के पीछे छिप कर वार करती है। नारी विमर्श का मुद्दा, जिसे भारतीय आदर्श स्त्री की परंपरा को विकृत विद्रूप कर—का कारण माना जा रहा है और आयातित कहकर पश्चिम से जोड़ा जाता है, वह पश्चिम से ही आया है, क्योंकि फ्रांस, अमेरिका, इंग्लैंड और रूस जैसे देशों में स्त्री चेतना की हवा ने भारत से पहले अपने पंख खोले थे। आधुनिकता की दुहाई देनेवाले देशों में भी औरत के लिए इनसाफ न था। मेरी बुल स्टोन क्राफ्ट, वर्जीनिया वुल्फ, सिमॉन दा बोउआ, ने साहसपूर्ण आवाज उठाई और उन विद्वानों को कठघरे में खड़ा किया, जो समाज की बातें करते हुए स्त्री को यथास्थिति में रखना चाहते थे—गेटे और ज्यां जाक रूसो जैसे विद्वान।

भारतीय समाज में औरत की जिंदगी उस नैतिकता से बँधी है, जिसकी डोर पिता, पति और पुत्र के हाथ में है। स्वतंत्रता बंधक है, क्योंकि स्त्री को झूठी, मक्कार, धूर्त, कुटिनी और चुगलखोर माना गया है। विश्व के महान चिंतक नीत्शे फरमा गए हैं कि औरत के पास जा रहे हो तो अपना कोड़ा साथ ले जाना न भूलना। इसी के समर्थन में प्रतिष्ठा-शिरोमणि तुलसीदास ने मत दिया—*ढोल गँवार शूद्र पशु नारी/ये सब ताड़न के अधिकारी*। कबीरदास पहले ही कह गए थे—*तिय सुंदरि ना सोहई, सनकादिक के साथ। कबहुँक दाग लगावहि, कारी हांड़ी हाथ*। या *विकट नारि पाले परी, काटि करेजा खात*। वात्सल्य की कोमल धारा बहानेवाले सूरदास की सुनिए—*नारी नागिन एक सुभाइ*।

इन संत कवियों का रवैया मनुष्यता पर प्रश्नचिह्न लगाता है। सोचिए, बचपन से ही हम इनकी रचनाओं को पढ़ने के लिए बाध्य हैं। इनके द्वारा दिए गए संस्कार स्त्री के प्रति या तो भय जगाते हैं, या घृणा। आश्चर्य नहीं कि समाज

में व्याप्त रामायण ग्रंथ-रामचरित मानस हो या कबीर के लोक प्रचलित दोहे अथवा सूर की लीला, वे औरत की छवि को दूषित करते रहे हैं। पुरुष को डराते हैं। डरा हुआ आदमी औरत को डराता है। यही मान कर मैंने साहित्य के जरिए उन दृश्यों की आस्था सँजोई थी, जो कथा साहित्य के वर्चस्व के केंद्रीयकरण को हिलाने और खंडित करने की स्थिति से बनते हैं क्योंकि मर्दवादी अहंकार कथा-लेखिकाओं को वश में रखने का माहौल उपस्थित करता रहता है। इस अहंकार के खिलाफ अपील करना लाजिमी है। रचनाकार मनुष्यता में विश्वास तो जरूर रखते हैं, मगर स्त्री को मनुष्य के रूप में बराबरी का हकदार नहीं मानते। औरत के दुख-दर्द से द्रवित हो कर तरस और दया की धाराएँ प्रवाहित कर देते हैं, करुणा का जाप करते रहते हैं, मगर उसकी सामाजिक, राजनीतिक और साहित्यिक भागीदारी मर्यादा, नैतिकता और आदर्शपरकता पर कुठाराघात लगती है। अतः वह स्त्री के पालतू रूप की गौरवगाथा सुनाने लगते हैं। पालतू, जिसमें भय और प्यार का समावेश रहे–*भय बिन होइ न प्रीति...*शिकार करने का कारगर तरीका।

सच में क्या स्त्री ऐसी अजेय ताकत है? उसे बंधक न बनाया गया, तो वह अहल्या से मेनका हो जाएगी। उसे पूतना बना कर मारना होगा, शूर्पनखा कह कर अंगभंग करने होंगे, रावण की सीता बता कर देश निकाला देना होगा और पांडवों (पाँच पुरुषों) की पत्नी द्रौपदी को भरी सभा में नंगा करना होगा। स्त्री के लिए समय परिवर्तन का विधान नहीं। उसे आज भी त्रेता और द्वापर युग की स्त्रियों के रूप में देखा जाता है और माना जा रहा है कि रस्सा ढीला होते ही वह उच्छृंखल, स्वच्छंद और जंगली हो जाएगी। कहीं पुरुष की तरह सत्ता संचालक हो गई तो? उसकी हैसियत अपने काबू में रखनी है, तभी वह मर्द के स्वाद की वस्तु बनी रह सकती है। अतः घूँघट का सौंदर्यबोध, हिजाब की नकाब के कसीदे, सस्ती महँगी धातुओं के गहने, घर-आँगन की सुरक्षा और असुरक्षा का अहसास दे कर डरे हुए पुरुष ने औरत को चालाकी के बरीक तारों में उलझा लिया कि वह अपने स्व को विसरा दे। मनुष्य की नस्ल में पैदा होनेवाले व्यक्ति को औरत बनाया गया, जिसका ठोस आधार बना 'सुन्नत' यानी एक शल्यक्रिया, जो स्त्री को अपनी यौनिगत स्वाभाविकता में निष्क्रिय कर देती है। यही मानसिक धरातल पर लज्जा है, जो उसे 'सुन्नत' का भाव देती है। इसी के अधीन हो कर वह मनुस्मृति और कामसूत्र के विधानों से बँधी, जैसे वे सूत्र उसे बाँधने के लिए रस्से हैं, और उसकी आत्मा (चेतना) को इस तरह निकाल फेंकने में पुरुष व्यवस्था कामयाब हुई जैसे जानवर को वश में करने के लिए उसे खस्सी कर दिया जाता है। अब यह स्त्री शरीर ऐसी गठरी बना, जिसके सेक्स को मर्द ही खोल सकता है, वह अपने आप नहीं खुल सकती। वियाग्रा, शिलाजीत और कुश्तों की आजमाइश इस सेक्स की पोटली पर ही सुविधापूर्वक होती है।

इस करतब पर हमें सख्त एतराज है। हमारे हिसाब से स्त्रीत्व से ही मर्दानगी जिंदा है, वरन पुरुष है क्या? हिम्मत है तो श्रम और सेक्स के मैदान में बराबरी से उतरो। अपने अनुभवों को पुरुषों ने ही लोकोक्तियों में दर्ज किया है—

साँच बात कैसे कहें, पुरिख नारि से हीन
सत्रह विश्वे इस्तिरी, पुरिख है विश्वे तीन

तो तीन विश्वे के मालिक महोदय वृषभकंध, बज्र वक्ष और बाहुबली नामकरण के तहत ही ताकत के स्वामी बने हुए हैं। साहित्य में स्त्री को क्षीणकटि, मंदोदरि, बिल्वस्तनी बता कर कमजोर बना रहे हैं। हाय शरतचंद्र, भगवती चरण वर्मा जैसे लेखको, आपने स्त्री पात्रों, चित्रलेखाओं का कैसा विमर्श रचा! महादेवी वर्मा को क्या इसलिए ही 'नीर भरी दुख की बदली' को छोड़ कर 'शृंखला की कड़ियाँ' में उतरना पड़ा? कवयित्री आपके डर से ही तो प्रिय को रहस्य के पर्दे में छिपाती रही, वह गद्य में अपने तेवर बदलने के लिए बाध्य हुई तो इसलिए कि दमनकारी मान्यताओं ने उसे कलम खोलने को मजबूर किया। जैनेंद्र कुमार ने त्यागपत्र के बहाने मृणाल के लिए प्रायश्चित्त तो किया, लेकिन यह प्रश्न त्रिशंकु की तरह लटका रह गया कि स्त्री के लिए प्रायश्चित्त की जरूरत नहीं, उन प्रस्तावों की आकांक्षा है, जिससे कि वह केंद्र में आ सके।

'दिव्या' स्त्री विमर्श का सशक्त उपन्यास है। अपनी स्वतंत्रता के लिए यहाँ औरत सती नारी नहीं, वेश्या होना ही मंजूर करती है और उस बौद्ध धर्म पर थूकती है, जिसने उसे नन्हे शिशु के साथ विहार में घुसने नहीं दिया क्योंकि वहाँ आने के लिए स्त्री को पिता की, पति की, या पुत्र की अनुमति चाहिए। मगर वेश्या बिना किसी की अनुमति के आ सकती है। यानी औरत को आजादी हासिल करने के लिए चरित्रहीन बन कर बहिष्कृत क्षेत्रों में जाना पड़ेगा।

यह नैतिकता! यह विद्रूपता!

क्या यह मनोभाव कृष्णा सोबती का भी रहा कि कुलीन परिवार की बहू को स्वतंत्रता तभी मिली जब वह अपने पूर्व रूप 'वेश्या की बेटी' को ग्रहण कर सकी और उसके बाद 'आपका बंटी' अपनी मर्यादा में शकुन को स्वतंत्र व्यक्तित्व त्यागने तथा दूसरे पति की मर्दानगी के अधीन होने के लिए यहाँ तक विवश करता है कि वह अपनी वात्सल्य भावना को सुखा दे। बच्चे को पहले पति को सौंप दे। मेरे कहने का मतलब यह है कि समाज में जिन नैतिक मर्यादाओं ने जाल फैला रखा है, उन मर्यादाओं के जंजाल से स्त्री छूटते छूटते भी कहीं बाँध ली जाती है। और वह मान्यता हावी रहती है कि वर्जनाओं से छूटी स्त्रियों के स्वाभाविक क्रिया-कलाप अपराध के रूप में दर्ज हों और खतरे माने जाएँ। फिर क्या ताज्जुब कि ईश्वर का बहाना-सहारा खोजती हुई स्त्रियाँ ईश्वर-पुरुषों को खुश रखती हैं।

इस इतिहास को जानने के बाद हम अपने संकल्प को कौन-सी ताकत दें

कि हमारी नस्ल आबाद और आश्वस्त हो और यह मान कर चलें कि अब परंपरा के बहाने जिन मजबूरियों और दबावों को हमने आदत में शुमार कर लिया है और उनसे इनकार करने की मुद्रा विद्रूप दिखती है, इस धारणा को त्यागना होगा। हमारी चुप्पी ही हमें सलाह देती है कि विद्रूप मुद्रा कितनी जरूरी है। हमने पढ़ा-गुना है कि सबसे खामोश क्षणों में पैर के नीचे जमीन धँसी, और व्यक्ति सपनों में जा गिरा। खामोशी ने कहा—बोल सकते हो तो बोलते क्यों नहीं!

निश्चित ही बोलने की छटपटाहट हमारी भाषा को अधिक मुखर बनाती है। इस्मत चुगताई की 'लिहाफ' कहानी दर्ज होते ही तहलका मचाने लगी। सदियों का पिया जहर नीली लपट में पैदा हुआ, ढके-मुँदे संसार के दरवाजे खुल पड़े। साहित्य की साफ शफ्फाक चादर सलवटों भरी दिखाई दी। कोर्ट-कचहरियाँ हाँका लगाने लगीं। मुल्लों की दाढ़ियाँ जो झुलस रही थीं। इस्मत चुगताई ने धार्मिक समाज का विद्रूप किया या तथाकथित नैतिकता का मारा साहित्य अपनी विद्रूपताओं को ढक-मूँद कर उपदेश झाड़ रहा था। बहरहाल लेखिका ने अफसोस के साथ लिखा—मेरा तमाम लेखन फिर 'लिहाफ' से जोड़ कर देखा जाने लगा।

हम जैसे लोग इस्मत चुगताई को देख कर साहस पाते हैं और उन आरोपों को झेलते हैं, जिनमें बेबाक होने का अर्थ है बोल्डनेस और बोल्डनेस का अर्थ निकाला जाता है सेक्स प्रसंगों की मनमानी। स्त्री के फैसले व्यभिचार के खड्ड में पटक दिए जाते हैं, जिन्हें सामंती मानसिकता के लोग गिद्ध की तरह खोंट-खोंट कर खा जाते हैं। और प्रभु से प्रार्थना के स्वरों में कहते हैं—

हे परमात्मन्, इस वधू को सुयोग्य पुत्र वाली तथा सौभाग्यवती बनाओ इसके गर्भ में दस पुत्र स्थापित करो। इसके पास दस पुत्र और ग्यारहवें पति, सब मौजूद रहें।

साध्वी नारी, तुम नीचे देखा करो। पाँवों को परस्पर मिलाए रहो। (टाँगें फैलाकर मत बैठो) वस्त्र इस प्रकार पहनो कि तुम्हारे होठ तथा कटि के नीचे के भाग पर किसी की दृष्टि न पड़े।

आपका यह अंदाज था और मैं 'चाक' नाम का उपन्यास लिख बैठी। नायिका मन से ही नहीं तन से भी गतिशील रहना चाहती है। उसका वजूद घर की शोभा नहीं, चौखट के बाहर भी कार्यरत है। अपनी सक्रियता में वह श्रम और सेक्स को सकारात्मक रूप देती है, तो आप श्रम के मामले में चुप रहते हैं, मगर जैसे ही सेक्स का फैसला लेती है, हंगामा होने लगता है। ऋषि मुनियों से ले कर समाज सुधारकों को बीच में ले आते हैं। यदि प्राचीन मनीषियों ने या आधुनिक समाज सुधारकों ने किसी मुद्दे को नजरअंदाज किया है या उस मुद्दे पर बात करना अनैतिक माना है, तो उसमें सुधार होना चाहिए न? बड़े अचरज की बात है कि स्त्री को शरीर के आधार पर ही घेरा जाता है और यदि वह कुछ बोले तो अशील

अमर्यादा का लांछन तैयार है। सारा कुछ पुरुष सत्ता का किया धरा है, किसी विदुषी नारी से पूछ कर शास्त्र नहीं रचे गए न नैतिकता के मानदंड बने। तभी तो पुरुष से नतनेत्र और घूँघट में रहने के लिए नहीं कहा जाता। मर्यादा वाली स्त्री के पक्ष में बयान देते हुए पाश्चात्य विद्वान मैकडॉनल क्या कहते हैं, सुनिए—ऋग्वेद (10/188-9) और अथर्ववेद में कई जगह सहमरण का संकेत है। तैत्तरीय संहिता औख्य शाखा का मंत्र देखिए, अर्थ है—अग्निदेव, तुम संपूर्ण व्रतों के व्रतपति हो। मैं पति के साथ अनुगमन (सहमरण) का व्रत करूँगी। ऐसी कृपा करो जिससे मैं यह व्रत पूर्ण कर सकूँ।

शतपथ ब्राह्मण का कथन है, पत्नी के बिना पुरुष स्वर्ग नहीं जा सकता। इसलिए स्वर्ग की कामना से किए जानेवाले यज्ञ में पत्नी की उपस्थिति आवश्यक है। वह स्वर्ग लोक पर आरूढ़ होते ही पत्नी को संबोधित करता है—जायें, चलो, स्वर्ग चलें। वह पत्नी को इसलिए पुकारता है, क्योंकि जाया (पत्नी) उसका अर्द्धांग माना गया है।

यह है हमारा वैदिक अनुशीलन। शास्त्रों में नारी सम्मान। भारतीय सभ्यता का आदर्श। तभी तो सुहागवती स्त्री को अन्य स्त्रियों के मुकाबले प्रथम स्थान पर रखा जाता है। वही तो सतीत्व की वाहिका बनती है। मैं अपनी नायिका को ऐसी पति-प्रिया नहीं बना सकी। मुझे परिणीता के वजूद को दासत्व के हवाले करने का हुनर नहीं आया। वह नतनेत्र और सलज्ज स्त्री की भूमिका अदा नहीं कर पाई। मुझे पतिव्रत-धर्म से भय हुआ, क्योंकि वह स्त्री के लिए बर्बर सजा है। आजीवन अपने तनमन को दमित रखने की मजबूरियाँ पैदा करनेवाला...पति की मृत्यु के बाद सती होने के लिए बाध्य करनेवाला...

मैं यहाँ साहित्य की उन पवित्रात्माओं से पूछना चाहती हूँ कि मैं स्त्री विमर्श में देह विमर्श घुला देती हूँ, तो क्या बुरा करती हूँ ? यदि पति की चिता के पास खड़ी स्त्री कहे—मेरा मन पति की देह के साथ जल रहा है, और फिर सामान्य जीवन जीने लगे तो क्या आप उसे सती कहेंगे? जब तक कोई स्त्री पति को अपनी देह समर्पित नहीं करती, वह सती तो क्या, पत्नी भी नहीं मानी जाती। पुरुष का रिश्ता स्त्री देह से है, इसमें लेशमात्र भी संदेह नहीं और इसीलिए वह स्त्री के शरीर का नियंता बनता है। अपनी मृत्यु के बाद भी चाहता है कि पत्नी की देह उसी के चंगुल में रहे, अतः सती होना स्त्री धर्म बताया गया है। यदि वह बच जाती है, तो परिवार के पुरुष उसका जीना मुहाल कर देते हैं। विधवा की पवित्रता की परीक्षा देते रहने से अच्छा है कुएँ में छलाँग लगाना, नदी में डूब मरना, रेल से कट जाना, विष खा लेना...

स्त्री शरीर विषघट माना गया है, जब पुरुष उसे छूता है तो अमृत घट बन जाता है, नहीं तो वह शरीर पुरुषों की ठोकर ही खाता है। क्या कभी पुरुष ने सोचा

कि इस शरीर को प्रदूषित किसने किया? या स्त्री का शरीर प्रदूषित है तो पुरुष का क्यों नहीं? धर्म की परंपराओं के मर्दवाद ने, समाज की मान्यताओं के पुरुष वर्चस्व ने, साहित्य के नैतिक सिद्धांतों की व्याख्या ने स्त्री आकांक्षाओं को रौंदने के सिवाय किया क्या है? पुरुष ने सदा अपनी पसंद की स्त्री चुनी है, भले उसके लिए खून-खराबे से ले कर अपहरण और अत्याचार से क्यों न गुजरना पड़े, लेकिन अपनी पसंद दिखाने का अधिकार स्त्री को वह हरगिज नहीं देता। स्वकीया परकीया के खाँचे में स्त्री को बाँटना पुरुषों की साजिश है। मेरी सारंग अपने अधिकार का मूल्य जानती है। सांस्कृतिक मनोभूमिकाओं में वह किसी पुरुष से ऊपर है। अपमान-घृणा-उपेक्षा, जो पति से मिलती है, उसका निदान हम खयाल मित्र के साथ अपने लक्ष्य की ओर बढ़ने में है। उसे पति नहीं, साथी चाहिए। साथी मन का भी, तन का भी। कारण कि वह शारीरिक, मानसिक, आर्थिक और सामाजिक यातना ही पति से पाती रही है। अब आप अपनी राय में गुर्राहट जारी रखें, तो इसमें हमारा क्या दोष? आपका भी दोष नहीं, आदत की लाचारी है कि दिल खौल उठता है—स्त्री की यह हिम्मत कि वह अपने शरीर के फैसले ले! आपको उसकी नैतिकता पर शक होने लगता है और पवित्रता की चिंदियाँ आपकी आँखों के सामने उड़ने लगती हैं। इस विनाश के लिए आपको तैयार नहीं किया गया था।

समाज के स्तर पर औरत पाखंडपूर्ण रिवाजों के सामने पूरी ताकत से खड़ी हो जाती है और साहित्य में लेखिका के परखचे उड़ाने के लिए लोग कमंध साधे बैठे हैं। वे ऐसा मान कर चल रहे हैं कि साहित्यिक प्रमाण-पत्रों की फाइलों पर उन्हीं का कब्जा है, अतः उनकी राय ही सर्वोपरि होगी और कोई स्त्री उनसे बिना पूछे नहीं लिखेगी, या आँख का इशारा ही समझ लेगी। क्या इस मुगालते का असर स्त्री रचनाकारों पर भी है? या इसी भ्रम में कतिपय कहानियों, उपन्यासों के स्त्री पात्रों का रूप धुएँ के जाल-सा बिखर जाता है?

अभी कुछ दिन पहले एक मासिक पत्रिका ने स्त्री विमर्श पर संवाद के लिए मुझे बुलाया। मैं उस आमंत्रण को स्वीकार कैसे करती? मेरे पास विमर्श के लिए 'चाक' जैसा उपन्यास और सारंग जैसी नायिका थी। बदनाम सारंग ने मेरी जितनी ले-दे कराई है, मुझे उतनी ही ताकत भी दी है। माना कि उसके चरित्र ने हजारों साल के स्त्री-संस्कारों पर पानी फेर दिया, मगर उसने अपनी संस्कृति का निर्माण भी खुद किया है। किसान पत्नी की तरह मजबूत मेहनती औरत अपनी मनोभावना को खुद अंजाम देने का दम-खम रखती है। मैंने उस पत्रिका की गोष्ठी से सविनय क्षमा माँगना चाहा, क्योंकि मेरे पास स्त्री विमर्श के अलावा तथाकथित 'देह विमर्श' का ही सरोकार है। लक्ष्य के बरक्स टैबू का मामला है। पतिव्रता के सिंहासन को ठुकराने का अपराध है। यह उपभोग संस्कृति में प्रतिरोध की ऐसी पेचीदा इकाई है, जिसे पुरुष कभी 'माया महा ठगिनी' और कभी 'नारी विष की खानि' कह कर

उलझता और निकलने का उपाय खोजता है। साहित्य का माफिया तो कमाल है, कभी औरत को गाली दे कर डराता है, कभी किसी पुरुष की चेली कह कर चिढ़ाता है। बहरहाल, अपने ही मुखौटे नोचने के सिवा अब उसके पास चारा क्या है?

यदि है, तो वह है एक अमोघ अस्त्र कि औरतें ही औरत को लांछित करें। पुरुष मानसिकता की शिकार परिवार की खूँखार बुढ़िया की तरह साहित्य में पढ़ी-लिखी खंखाएँ तैयार हो गई हैं। इसके अलावा जवानी के मुगालते में घूमती विगतयौवनाएँ पुरुष सत्ता की खाँटी ब्रांड के रूप में काम कर रही हैं। वे पुरुष व्यवस्था से कोड़ा उधार माँग कर निकलती हैं और स्त्री अनुभवों, शब्दों तथा भाषा को लहूलुहान करती हुई चर्चा में आने की कोशिश जारी रखती हैं। सत्ताधारी हँस रहे हैं, बिलकुल उसी तरह जैसे रोमन गुलाम रूपी मनुष्यों के मांस खून को छितराते हुए देख कर पीड़ा का आनंद उठाते थे। घोषित किया जाता है—ये स्त्रियाँ क्या लिखेंगी? पुरुषों से और पुरुषों द्वारा पीटी गई स्त्रियाँ लिख नहीं सकेंगी। लिखेंगी तो हमारे मन मुताबिक, हमारी संपादित किताबों के लिए, हमारी पत्रिकाओं के रुझान को देखकर।

सच में, क्या हम वही औरतें हैं, जो 'स्त्री-अवज्ञा' के खिलाफ आंदोलन चलाने की चाह में घर से निकले थे? ओह नहीं...हम तो पतियों को छोड़ साहित्य पतियों की शरण में आ गए। क्या हमने इन आकाओं, सेनापतियों और साहित्यिक सेना को बताया नहीं कि हम तो किसी आकर्षण, किसी निमंत्रण और किसी नियंत्रण से खुद को कब का मुक्त कर बैठे। बचपन से सीखे संस्कारों का मुलम्मा तोड़ बैठे। गीतांजलिश्री का उपन्यास 'तिरोहित' हो, सोना चौधरी का 'पायदान' और तो और छोटी-सी लड़की शिल्पी की जबरदस्त कहानी 'पापा तुम्हारे भाई' हो या अनामिका की कविताएँ, सबका सब कुलीतना में पालतू बनाई गई स्त्री, दहशत खानेवाली औरत होने से इनकार के स्वर में हैं। वेश्या-कुलटा-बदचलन जैसे शब्द हमने नहीं बनाए। रंडी जैसा संबोधन आपने ही अपने बाहरी आनंद को दिया है, इन शब्द और संबोधनों से हम क्यों लज्जित हों? 'रखैल' और पत्नी का विभेद पुरुषों के दायरे से निकला है। वैधता-अवैधता के चक्कर आप जानें। हम चेतना संपन्न स्त्रियाँ अपनी वैधता, नैतिकता, मर्यादा, सांस्कृतिक दक्षता खुद निर्मित कर रहे हैं, पता है कि यह आपकी मान्यताओं पर भारी पड़ेंगी। आप कहेंगे हम विद्रूपता के कारण हैं, प्रतिरोध नाम की संक्रामक बीमारी लिए फिरते हैं।

बेशक आप साहित्य में शाइस्तगी और सजावट के साथ मर्यादा पसंद करते हैं, मगर हम भी तो अपनी जिंदगी तबाह होने देने की नैतिकता ले कर जीवित रहने नहीं आए। आप साहित्यिक मुकदमे की कोई अनकही दफा लगा देते हैं और हमारी अभिव्यक्ति को जुर्म की तरह घेर लेते हैं, मगर तब क्या कथाएँ रुक जाती हैं? या वे रहस्यमय षड्यंत्र छिपे रहते हैं, जिन्हें बड़े आहिस्ते से उतारा गया? हम

सती की पहचान से फिर इनकार करते हैं, बस इसलिए ही मानते हैं कि गिरफ्तारी, देश निकाला जैसी सजाएँ हमारे 'इनकार' से ज्यादा प्रभावकारी नहीं। समझ में आ गया है कि मृत्यु की सजाएँ उन कुलांगनाओं को आसानी से दी जा सकती हैं, जो आज भी पतिव्रताओं के खोल में रहने का ढोंग पालती हैं। यह बात तो सरेआम मणिपुर की महिलाओं ने उजागर कर दी कि अब इस खतरनाक, साजिशपूर्ण समय से सुलह नहीं करनी। अपनी नैतिक मर्यादाओं के बरक्स स्त्रियों का निर्वस्त्र हो कर जुलूस निकालना देखते जाइए और अक्कू यादवों को चाकू से गोद-गोद कर मार डालने का स्त्री निर्मित कानून अपने न्यायालयों तक पहुँचा दीजिए।

लड़ाई लड़ने का चुनाव क्या होगा, यह स्त्री पक्ष ही तय करेगा कि हमारी ओर से यही है नारीवाद की नैतिकता। यही है पुरुष व्यवस्था के तंग रास्तों को खोलने का रास्ता और यही है सत्ता के किले को ढहाने का उपाय। इसमें ही तय होना है कि संचार माध्यम, प्रिंट मीडिया और सूचना के साधनों को कैसा होना होगा। क्रूर कारनामों को राजनीति का नाम दे कर राजनीति का असली चेहरा बदलने का अर्थ क्या है? यही कि स्त्री डरी रहे। धर्म और आस्था के नाम पर आतंक का मतलब क्या है? आधी दुनिया को कामुक और व्यावसायिक उन्माद का साधन और शिकार बनाना किस आधुनिकता में कौन-सी प्रगति मानी जाएगी? स्त्रियों को भी सावधान रहना है, गहने, कीमती कपड़े, उपहार, प्रशंसाएँ ऐसे जरिये हैं, जिनसे सबसे पहले जो चपेट में आता है, वह स्त्री समाज है।

परिवार की जगह

सविता सिंह

मेरा मानना है कि परिवार और जनतंत्र की जो अवधारणाएँ हैं, वे एक ऐतिहासिक प्रक्रिया में हैं और अभी इनको समय के संदर्भ में अस्थायी और अनिश्चित ढंग से ही परिभाषित किया जा सकता है। स्त्रीवादी हलकों में परिवार की बातचीत इस अर्थ में होती रही है कि यह एक इकाई है, जिसको 'हाउसहोल्ड' कहते हैं और जिसको मुख्यतः दो लोग मिल कर बनाते हैं—स्त्री और पुरुष। अतः परिवार में जनतंत्र का अर्थ यह होगा कि स्त्री-पुरुष के बीच समानता के संबंध हों, दोनों के व्यक्तित्व के विकास की संभावना और गुंजाइश हो और घर-गृहस्थी से संबंधित निर्णयों में साझेदारी हो। मसलन, बच्चों के बारे में, घर के खर्चों के बारे में, घर में किए जानेवाले काम के बँटवारे के बारे में और इसी तरह के अन्य घरेलू मामलों में स्त्री-पुरुष मिल कर निर्णय लें। जनतंत्र की बूर्जुआ समझ के अनुसार परिवार में समानता, स्वतंत्रता और न्याय के मूल्यों के अनुसार जीने का जो एक ढंग हो सकता है, उसी को जनतांत्रिक कह सकते हैं। लेकिन 'पारिवारिक जनतंत्र' जैसी किसी चीज को अभी तकनीकी शब्दावली में परिभाषित नहीं किया गया है।

परिवार में जनतंत्र की बात को हम आज के अपने पूँजीवादी विकास के संदर्भ में भी समझने की कोशिश कर सकते हैं। यानी जब समाज में टेक्नोलॉजी का विकास होता है, उत्पादन बढ़ने लगता है, आर्थिक संवृद्धि होने लगती है, तो यह विकास अपने साथ कुछ मूल्य भी ले कर आता है, जिनको समानता, स्वतंत्रता और भाईचारे के मूल्य कहते हैं। लेकिन इस विकास की ऐतिहासिक सीमा है। यह पूँजीवादी ढंग का विकास है, जबकि इसके आगे समाजवादी या साम्यवादी ढंग का विकास भी हो सकता है। लेकिन आज परिवार में जनतंत्र की जो बात हो रही है, वह पूँजीवादी विकास और पूँजीवादी जनतंत्र के संदर्भ में ही हो रही है, जो ऐतिहासिक रूप से सीमित है।

परिवार आज भी वही परिवार है, जो अठारहवीं-उन्नीसवीं शताब्दियों में बना था, जब समाज में उद्योगीकरण हुआ और पूँजीवादी उत्पादन प्रणाली शुरू हुई। एंगेल्स

ने अपनी पुस्तक 'परिवार, व्यक्तिगत संपत्ति और राजसत्ता का उदय' में कहा है कि पूँजीवादी उत्पादन की इस प्रणाली से ही एकल परिवार पैदा हुआ, क्योंकि संयुक्त परिवार की ऐतिहासिक भूमिका समाप्त हो गई थी। इसलिए आज जिस परिवार की बात हम कर रहे हैं, वह एकल परिवार ही है। लेकिन स्त्रीवादी यह नहीं चाहते कि परिवार समाज में किसी स्थायी रूप में रहे, क्योंकि वे परिवार में जनतंत्र चाहते हैं, जो न तो संयुक्त परिवार में था और न एकल परिवार में ही कभी रहा। परिवार ही वह पहली जगह है, जहाँ से स्त्री-पुरुष में भेदभाव शुरू होता है। अतः इस भेदभाव को समाप्त करना चाहनेवाले स्त्रीवादी परिवार के इस रूप या ढाँचे को ही बदलने की बात करते हैं। स्त्री-पुरुष में भेदभाव का मतलब है स्त्री पर पुरुष का आधिपत्य। इसके चलते समानता परिवार में हो ही नहीं सकती। मार्क्स ने भी कहा है कि परिवार वर्ग-विभक्त समाज का 'न्यूक्लियस' (नाभिक) है और एक तरह से असमानता का प्रतीक है। इतना ही नहीं, वहाँ असमानता की नींव डाली जाती है। इसीलिए स्त्री-पुरुष की समानता चाहनेवाले स्त्रीवादी परिवार की जगह किसी और तरह का परिवार नहीं, बल्कि उसकी जगह कोई और ही चीज चाहते हैं, जिसमें स्त्री-पुरुष में कोई और ही संबंध बने, जो समानता और स्वतंत्रता पर आधारित हो।

हालाँकि समानता और स्वतंत्रता बूर्जुआ मूल्य हैं, लेकिन किसी दूसरी उत्पादन प्रणाली में, जैसे समाजवादी उत्पादन प्रणाली में, इनका विकास हो सकता है और इन्हें एक नया अर्थ मिल सकता है। अर्थात समाजवादी समाज में इन्हीं मूल्यों के साथ हम एक दूसरे ही ढंग से जी सकते हैं। उदाहरण के लिए पूँजीवादी समाज में स्वतंत्रता का इस्तेमाल पूँजी की जरूरतें पूरी करने के लिए किया जाता है, जबकि समाजवाद में स्वतंत्रता मानवीय आवश्यकताओं की पूर्ति के लिए होगी। हमारी बुनियादी जरूरतें दरअसल निजी नहीं, बल्कि सामाजिक जरूरतें होती हैं। मार्क्स ने चीजों के 'यूज वैल्यू' (उपयोगी मूल्य) और 'एक्सचेंज वैल्यू' (विनिमय मूल्य) का फर्क बताते हुए कहा था कि हमारी सामाजिक जरूरतें कोई विनिमय मूल्य नहीं हैं; उनके लिए हम जो काम करते हैं, उनसे पैदा होनेवाला मूल्य उपयोगी मूल्य होता है। अतः उत्पादन का समाजीकरण हो जाने पर मनुष्य उस स्वतंत्रता का अनुभव कर सकता है, जो मुनाफे के लिए किए जानेवाले पूँजीवादी उत्पादन में वह अनुभव नहीं कर सकता। मालिक-मजदूरवाला रिश्ता समाज में खत्म हो कर बराबरी के रिश्ते में बदल जाता है, तो पारिवारिक या निजी संबंधों में भी समानता आ जाती है, या प्रयास करके लाई जा सकती है। ऐसी ही व्यवस्था में स्त्री की वास्तविक मुक्ति और स्त्री-पुरुष संबंधों में सच्ची जनतांत्रिकता संभव है।

आज इस सवाल पर सबसे ज्यादा ध्यान स्त्रीवादी सिद्धांतकार दे रहे हैं। मेरा मानना है कि स्त्रीवादी चिंतन का आना एक बहुत बड़ा 'ब्रेकथ्रू' है। इसने स्त्री-पुरुष

संबंधों के सवाल को समाज की उत्पादन प्रणाली के सवाल से जोड़ दिया है और इस संबंध में मार्क्स, एंगेल्स, लेनिन और त्रात्स्की के स्त्री-मुक्ति से संबंधित विचार नए ढंग से उभर कर सामने आ रहे हैं। अब यह बात भी स्पष्ट हो गई है कि रूस में समाजवादी क्रांति से जो स्त्रीवादी उपलब्धियाँ हुई थीं, उन्हें 1930 के बाद किस तरह समाप्त किया गया; किस तरह एक समाजवादी राज्य ने स्त्री-विरोधी रुख अपनाया; किस तरह स्तालिनवाद ने पितृसत्ता को बचाया; किस तरह त्रात्स्की जैसे लोगों ने स्तालिनवाद का विरोध किया और उनकी हार हुई और किस तरह समाजवाद के विरोधियों को यह कहने का अवसर मिला कि समाजवाद में भी पितृसत्तात्मक परिवार बना रहता है, जिसमें जनतंत्र नहीं होता।

इस तरह देखें, तो परिवार एक परिवर्तनशील संस्था है। वह प्राकृतिक या शाश्वत नहीं है कि उसके बारे में यह कहा जा सके कि वह सदा से इसी तरह चली आ रही है और सदा इसी तरह चलती रहेगी। आदिम समाजों में परिवार का रूप कुछ और था, सामंतवादी समाज में कुछ और, पूँजीवादी समाज में कुछ और। समाजवाद में उसका रूप क्या होगा या होना चाहिए, यह हमें सोचना है। सोवियत संघ में—और खास तौर से लेनिन के बाद स्तालिन के जमाने में—जो कुछ हुआ, उसको हम परिवार के प्राकृतिक या शाश्वत होने का प्रमाण नहीं मान सकते। केट मिलेट ने 'सेक्सुअल पॉलिटिक्स' में लिखा है कि रूस में क्रांति के बाद स्त्रियों की समानता और स्वतंत्रता के लिए जो नियम बने थे, स्तालिनवादी दौर में उन्हें उलट दिया गया। लेकिन तब वहाँ समाजवाद भी कहाँ रहा? सोवियत संघ एक औद्योगिक राज्य बनता गया। वहाँ परिवार को बूर्जुआ ढाँचे में ही रखा गया, इसलिए वहाँ परिवार का कोई नया, जनतांत्रिक और समाजवादी रूप सामने नहीं आ सका। लेकिन इसकी संभावना थी और वह संभावना उस राज्य के खत्म हो जाने से खत्म नहीं हो गई है। भविष्य में कोई ऐसा राज्य और समाज बन सकता है, जिसमें पूँजीवादी उत्पादन प्रणाली और उस पर आधारित बूर्जुआ ढंग के परिवार की जगह समाजवादी उत्पादन प्रणाली और समाजवादी जनतंत्र पर आधारित परिवार हो अथवा परिवार के बदले किसी और तरह से मिल-जुल कर जीना संभव हो।

पूँजीवादी व्यवस्था में परिवार न तो खत्म हो सकता है और न सही मायनों में जनतांत्रिक बन सकता है, क्योंकि वह पूँजीवादी उत्पादन प्रणाली का अंग है। वह पूँजीवाद के लिए काम करनेवाली मानव-शक्ति के—या आज की भाषा में कहें तो मानव संसाधन के—पुनरुत्पादन की जगह है। वहाँ श्रमिक पैदा किए जाते हैं। पाल-पोस कर बड़े किए जाते हैं, उनको जिंदा और तरोताजा रखा जाता है और पूँजीवादी मूल्यों के अनुसार रहना-सहना सिखाया जाता है। इसलिए पूँजीवादी राज्य परिवार में बूर्जुआ जनतंत्र के कुछ मूल्यों को—जैसे व्यक्तिवाद को—तो पनपने दे सकता है, लेकिन सच्चे जनतांत्रिक या समाजवादी मूल्यों का पनपना बर्दाश्त नहीं

कर सकता। इसलिए परिवार में जनतंत्र की बात करते समय हमें बूर्जुआ जनतंत्र की नहीं, समाजवादी जनतंत्र की बात करनी चाहिए। दोनों के बीच की एक अवस्था 'पीपुल्स डेमोक्रेसी' (जनता का जनतंत्र) की मानी जा सकती है, लेकिन इसका कोई निश्चित रूप अभी तक हमारे सामने नहीं है। इसकी बात चीन के संदर्भ में की जाती थी, लेकिन हम देख रहे हैं कि चीन धीरे-धीरे एक पूँजीवादी राज्य में तब्दील हो रहा है और यह बात मेरी समझ में नहीं आती कि वहाँ 'जनता का जनतंत्र' है। हालाँकि इस समय दुनिया में कोई राज्य ऐसा भी नहीं है, जिसे हम ठीक-ठीक समाजवादी जनतंत्र वाला राज्य कह सकें, लेकिन समाजवादी जनतंत्र के बारे में इतनी बातचीत हो चुकी है कि हम सैद्धांतिक स्तर पर उसे परिभाषित कर सकते हैं और उसमें यह संभावना देख सकते हैं कि उसके अंतर्गत या तो परिवार की जगह कोई और चीज आएगी या उसका रूप इस प्रकार बदल जाएगा कि उसमें स्वतंत्रता, समानता और सहयोग के मूल्य अथवा आदर्श साकार हो सकें।

पूँजीवादी उत्पादन प्रणाली के बदल जाने पर यह संभावना साकार हो सकती है, इतना मानने में—और इस दृष्टि से मार्क्सवाद को स्वीकार करने में—किसी स्त्रीवादी को आपत्ति नहीं हो सकती। लेकिन मार्क्स, एंगेल्स या लेनिन जैसे लोग यह नहीं सोच पाए कि सामाजिक रूपांतरण के बारे में स्त्रीवादी दृष्टिकोण से भी सोचा जा सकता है, या कोई ऐसा राज्य बन सकता है, जहाँ जेंडर की वैसी समानता हो, जैसी स्त्रीवादी चाहते हैं। कारण यह है कि उनकी सारी चेतना वर्ग से संबंधित चेतना थी, जिसमें जेंडर की चेतना के लिए अलग से कोई जगह नहीं थी। उसमें स्त्रियों का सवाल वर्ग के सवाल का ही हिस्सा था। इसीलिए आज के बहुत-से मार्क्सवादी यह मानते हैं कि स्त्रीवाद भी एक खास किस्म की बूर्जुआ विचारधारा है, क्योंकि यह वर्ग की सर्वप्रधानता को नहीं मानती है या समानता-असमानता का निर्णय करने में वर्ग विश्लेषण को ही सर्वोपरि आधार नहीं मानती है। स्त्रीवादियों का कहना है कि समानता-असमानता का निर्णय करने का एक दूसरा आधार भी है और वह है स्त्री और पुरुष के बीच का संबंध। यानी यह वर्ग का ही सवाल नहीं है, जेंडर का सवाल भी है। मार्क्सवादी लोग स्त्रीवादियों की इतनी बात मान लें, तो शायद किसी स्त्रीवादी को स्वयं को समाजवादी स्त्रीवादी या मार्क्सवादी स्त्रीवादी कहने में दिक्कत नहीं होगी।

उत्पादन की प्रणाली में जैसी अहमियत वर्ग की है, वैसी ही जेंडर की भी है। यह बात सही है कि विभिन्न वर्गों में स्त्रियों का शोषण और दमन अलग-अलग ढंग से होता है, लेकिन इस तथ्य को नकारा नहीं जा सकता कि उनका शोषण होता है। यह मार्क्सवादियों का पूर्वग्रह ही कहा जा सकता है कि श्रमिक वर्ग की स्त्रियों को स्त्रीवाद नहीं चाहिए, क्योंकि श्रमिक होने के नाते दोनों सर्वहारा हैं, मुक्त हैं और समाज को बदलने में दोनों की समान भागीदारी है। वे कहते हैं कि

स्त्रीवाद तो बूर्जुआ स्त्रियों के लिए है, क्योंकि उनके श्रम का कोई मूल्य नहीं है; वे घर में जो काम करती हैं, उसका कोई मूल्य नहीं होता; इसलिए उन्हें ज्यादा उत्पीड़न महसूस होता है और वे स्त्रीवादी बनती हैं। लेकिन मेरा कहना यह है कि श्रमिक स्त्रियों का अनुभव हो या कम्युनिस्ट आंदोलन में आई स्त्रियों का अनुभव, वह यही रहा है कि स्त्री-पुरुष कहीं भी बराबर नहीं हैं और पुरुषों जैसी स्वतंत्रता उन्हें कभी प्राप्त नहीं होती। यह समानता और स्वतंत्रता उन्हें तभी मिल सकती है, जब समाज में वर्ग के आधार पर ही नहीं, जेंडर के आधार पर भी भेदभाव न हो। अगर जेंडर के आधार पर भेदभाव होता रहेगा तो वर्ग-विहीन समाज में भी स्त्री को पुरुष के समान नहीं माना जाएगा और उसका शोषण तथा दमन होता रहेगा। स्त्री उस समाज में भी स्वतंत्र नहीं होगी और परिवार यदि तब भी बना रहा, तो उसमें जनतंत्र नहीं होगा, तानाशाही ही होगी।

परिवार में तानाशाही क्या है? यह बुनियादी तौर पर पुरुष का प्रभुत्व है और परिवार जब तक है, उसमें पुरुष का प्रभुत्व होगा। श्रमिक वर्ग की स्त्रियों ने ही नहीं, मध्य वर्ग की कामकाजी स्त्रियों ने भी, जो कमा कर लाती हैं—और कुछ मामलों में तो पुरुषों से अधिक कमाती हैं—परिवार को जनतांत्रिक बनाने के प्रयास किए हैं। ऐसी कई संघर्ष-कथाएँ मेरे सुनने में आई हैं कि स्त्रियों ने अपने घरों में ऐसा माहौल बनाने की कोशिश की है कि पुरुष स्त्री पर अधिकार और धौंस जमाना भूल जाए और एक जनतांत्रिक संबंध में अपने-आपको आश्वस्त पाए। लेकिन यह हो नहीं पा रहा है। उन मजदूर स्त्रियों के घरों में भी नहीं हो पा रहा है, जिनमें उनकी स्वतंत्रता की संभावना अधिक है। मार्क्सवाद के मुताबिक तो श्रमिक स्त्री और श्रमिक पुरुष में समानता का संबंध होना चाहिए, लेकिन वास्तव में ऐसा है नहीं। कारण यह है कि स्त्री-पुरुष के बीच जो लैंगिक संबंध है, वह पुरुष के प्रभुत्व का एक अलग ही आधार है। इसीलिए रेडिकल स्त्रीवादियों का कहना है कि अपने शरीर पर हमारा अधिकार और अपनी लैंगिकता पर हमारा अपना नियंत्रण होना चाहिए। उनका कहना है कि ऐसा करके ही हम एक नया समाज बना सकते हैं। मेरे विचार से मामला इतना सीधा नहीं है। जब तक उत्पादन का तरीका नहीं बदलता, यानी पूँजीवाद समाप्त नहीं होता, तब तक केवल इसी आधार पर एक नया समाज बना सकने की कल्पना एक यूटोपियाई कल्पना है—एक ऐसा सपना, जो कभी साकार नहीं हो सकता। लेकिन उत्पादन के तरीके को बदलने की बात के साथ-साथ अगर अपने शरीर पर अपने अधिकार तथा अपनी लैंगिकता पर अपने नियंत्रण की बात की जाए, तो इसे खारिज नहीं किया जा सकता।

स्त्री का अपने शरीर पर अधिकार हो जाए तो सबसे पहले वह पुरुष से अपने संबंध को फिर से परिभाषित करेगी। और जब ऐसा होगा, परिवार नहीं रहेगा। परिवार का आधार है स्त्री पर पुरुष का प्रभुत्व, और मेरे विचार से ऐसा परिवार

ऐतिहासिक रूप से किसी भी तरह बना नहीं रह पाएगा। स्त्रीवादी चेतना के आ जाने पर उसको बनाए रखना बड़ा मुश्किल है। यदि परिवार किसी रूप में रहा भी, तो उत्पादन के साधनों के समाजीकरण की तरह उसका भी समाजीकरण होगा; स्त्री-पुरुष संबंधों का भी समाजीकरण होगा। तब तलाक और पुनर्विवाह बहुत आसान हो जाएँगे। विवाह किए बिना भी स्त्री-पुरुष साथ रह सकेंगे। और-और, नए-नए रिश्ते भी बनेंगे और बार-बार नए ढंग से परिभाषित होते रहेंगे। लेकिन यह सब तभी होगा, जब पूँजीवाद और पितृसत्ता, दोनों ही नहीं रहेंगे। इसलिए आज अगर हम परिवार को जनतांत्रिक बनाने की सोचते हैं, तो इन दोनों के विरुद्ध साथ-साथ संघर्ष करना जरूरी है।

कुछ लोग, जो पूँजीवाद और पितृसत्ता तो नहीं चाहते, लेकिन समाजवादी भविष्य में भी विश्वास नहीं रखते, अतीत की ओर देखते हैं, और किसी आदिम समाज में जनतंत्र के होने की कल्पना करके आज के आदिवासी समाजों में जनतंत्र देखते हैं। मुझे लगता है कि आदिवासी समाज या लोक-जीवन के प्रति यह ललक, या ऐसे जीवन को अपनाने की आकांक्षा, बहुत ही रूमानी है। ऐसे जीवन को चुनना ऐतिहासिक रूप से संभव भी नहीं है, क्योंकि ऐसा समाज एक खास किस्म की बहुत ही आदिम अर्थव्यवस्था वाला समाज होगा। मैं तो ऐसे जीवन को ठीक भी नहीं समझती, क्योंकि पहले चाहे जो स्थिति रही हो, आज वहाँ गरीबी और भुखमरी है, जिसके कारण लोग अपने बच्चों तक को बेचते हैं। ऐसे समाज और ऐसी जिंदगी को किसी भी तरह 'आदर्शीकृत' नहीं किया जाना चाहिए।

इसलिए मैं यह मानती हूँ कि हमें अतीत की ओर नहीं, भविष्य की ओर देखना चाहिए, और वहाँ से बात शुरू करनी चाहिए, जहाँ आज हम खड़े हैं। आज हम एक खास किस्म के जनतंत्र में रह रहे हैं, जो बूर्जुआ जनतंत्र है। इस जनतंत्र में बहुत सारी खामियाँ और खराबियाँ हैं, लेकिन इसको यहीं छोड़ कर पीछे की तरफ कहीं लौट जाना संभव नहीं है। इसलिए इसी को आगे बढ़ाने की बात होनी चाहिए। इसके समाजवादी रूपांतरण की बात होनी चाहिए। इसके लिए हमें दो काम एक साथ करने होंगे—एक तो पूँजीवादी उत्पादन प्रणाली से जो भौतिक समृद्धि पैदा हुई है, उसको पूँजीपति वर्ग के नियंत्रण से मुक्त करके उसका समाजीकरण करना होगा, और दूसरा यह कि स्त्रियों पर पुरुषों के प्रभुत्व को समाप्त करना होगा। इसी प्रक्रिया में परिवार को जनतांत्रिक बनाना संभव है और इस संभावना को साकार करने का प्रयास हमें हर हालत में करना चाहिए। लेकिन साथ ही यह बात भी हमारे ध्यान में रहनी चाहिए कि इस प्रक्रिया में परिवार का आज जो एक निश्चित अर्थ या पारिभाषिक रूप है, वह यथावत नहीं रह पाएगा। परिवार का जनतंत्रीकरण होगा, तो उसकी संरचना भी बदलेगी और बहुत संभव है कि वह इतनी बदल जाए कि परिवार आज जिस रूप में है, उसका वह रूप कहीं रहे ही नहीं; या वह कोई

नई ही चीज बन जाए, जिसे परिभाषित करके हमें कोई नया ही नाम देना पड़े। हमें इसके लिए तैयार रहना चाहिए। मसलन, इस बात के लिए कि स्त्री-पुरुष कुछ समय के लिए साथ रहें, फिर अलग हो जाएँ। इससे स्थायी रूप से घर बसा कर एक ही जगह रहने का तरीका तो बदलेगा ही, संपत्ति और उत्तराधिकार के संबंध भी बदलेंगे। बच्चों के पालन-पोषण का ढंग बदलेगा और उन पर माता-पिता के प्रभुत्व की अथवा उनको अनुशासित रखनेवाले की भूमिका में पिता की जरूरत नहीं रहेगी। उत्पादन के साधनों का समाजीकरण होगा, तो उत्तराधिकार वगैरह का प्रश्न ही नहीं रहेगा, जिसके कारण आज स्त्रियों को पतिव्रता बनाकर नियंत्रण में रखना जरूरी होता है। मेरा मतलब है कि भविष्य में ये सब चीजें बदलेंगी।

परिवार एक सामाजिक संस्था है। विवाह भी एक सामाजिक संस्था है। विवाह से परिवार बनता है। लेकिन विवाह का रूप क्या होना चाहिए? वह दो व्यक्तियों के परस्पर प्रेम और साथ रहने की इच्छा के आधार पर होना चाहिए। लेकिन इसके बीच में आ जाता है धर्म, जात-पाँत, रोब-रुतबा, दहेज का लेन-देन वगैरह; क्योंकि अब ज्यादातर विवाह यह देख कर किए जाते हैं कि लड़के का परिवार कैसा है, कितना पैसेवाला है, लड़का कितना कमाता है वगैरह-वगैरह। इस तरह लड़की की शादी उसके माँ-बाप करते हैं कि लड़की 'सुखी' यानी आर्थिक रूप से पति या ससुराल पर निर्भर तथा 'सुरक्षित' यानी नियंत्रण में रहे। फिर, पूँजीवादी समाज में स्त्री स्वयं एक संपत्ति होती है। उससे कैसा भी काम लिया जा सकता है, उसे पशु की तरह मारा-पीटा जा सकता है, भूखा-प्यासा रखा जा सकता है, यहाँ तक कि मार भी दिया जा सकता है। यही नहीं, उसका जीवन एक वेश्या की तरह होता है। उसे कुछ सुविधाओं के बदले अपनी इच्छा के विरुद्ध भी पति को अपना शरीर देना पड़ता है। ऐसी स्थिति में प्रेम की तो कोई संभावना बचती ही नहीं। अखबारों में आए दिन खबरें छपती हैं कि अमुक गाँव में लड़के-लड़की ने जाति के बंधन तोड़ कर प्रेम-विवाह कर लिया और पंचायत ने दोनों को मौत की सजा दे दी। इस प्रकार जब प्रेम के आधार पर विवाह नहीं होगा, तो परिवार किस तरह का बनेगा? वहाँ स्त्री का हर तरह का शोषण, दमन और उत्पीड़न होगा। इसलिए जब परिवार को जनतांत्रिक बनाने की माँग उठेगी, तो सामाजिक संस्थाओं को भी जनतांत्रिक बनाने की माँग उठेगी और उन्हें बदलने के लिए समाज को भी बदलना होगा। अच्छी बात यह है कि अब विवाह और परिवार की संस्थाओं से लोगों का मोहभंग होने लगा है और यह जरूरी भी है।

यहीं पर एक मान्यता यह सामने आती है कि समाज का रूप बदल कर चाहे कुछ भी हो जाए, परिवार का रूप कभी नहीं बदलेगा और उसमें पितृसत्तात्मक संबंध हमेशा बने रहेंगे। इसके बारे में मेरा कहना यह है कि ये संबंध अभी तक तो बने रहे हैं और जब तक पूँजीवादी उत्पादन प्रणाली बनी रहेगी, तब तक समाज

में शिक्षा, तकनीक, उद्योग, व्यापार, नौकरी-चाकरी की नई जरूरतों के अनुसार समाज का रूप थोड़ा-बहुत बदल जाने पर भी ये संबंध बने रहेंगे। लेकिन जिस तरह पूँजीवादी उत्पादन प्रणाली शाश्वत नहीं है, उसी तरह पितृसत्ता भी शाश्वत नहीं है। जब यह पूँजीवादी उत्पादन प्रणाली बदलेगी और इसकी जगह एक नई समाजवादी उत्पादन प्रणाली आएगी, तो ये संबंध भी अवश्य बदलेंगे। कैसे बदलेंगे, यह मैं नहीं बता सकती; लेकिन पूँजीवादी समाज में ये संबंध क्यों नहीं बदल सकते, यह बता सकती हूँ।

बात यह है कि पूँजी के लिए पितृसत्तात्मक संबंधों वाला परिवार बहुत जरूरी है। पूँजी का अगर कोई 'जेंडर' हो सकता है, तो वह 'मेल' है। इसलिए पूँजीवाद के अंतर्गत तो पुरुष का प्रभुत्व रहेगा ही। इसके अंतर्गत मुनाफा कमाने के लिए शोषण की जो व्यवस्था है, वह केवल पुरुषों की श्रमशक्ति को बाजार के भाव पर खरीद कर केवल उसी के शोषण के बल पर न तो चल सकती है, न टिक सकती है। उसे चाहिए ऐसी श्रमशक्ति, जो उसे बहुत सस्ती मिले या जिससे काम लेने पर उसे कुछ न देना पड़े। यह उन स्त्रियों की श्रमशक्ति होती है, जो घरेलू स्त्रियाँ कहलाती हैं; जिन्हें बाकायदा नौकरी पर नहीं रखा जाता, लेकिन उनसे उनके घरों में ही बहुत ही कम मजदूरी दे कर या पुरुष-आधिपत्य के जरिए मुफ्त में ही काम कराया जाता है। दरअसल, इसी श्रमशक्ति के शोषण पर पूँजीवादी व्यवस्था जिंदा रहती है। दूसरे शब्दों में, स्त्रियों से दासों की तरह बिना कुछ दिए कराया जानेवाला श्रम ही पूँजीपतियों के मुनाफे का सबसे बड़ा और मुख्य आधार है। इसीलिए पितृसत्तात्मक संबंधों वाला परिवार बनाए रखना और तरह-तरह से उसका आदर्शीकरण करना पूँजीवाद के लिए आवश्यक है। अगर आज दुनिया भर की स्त्रियाँ यह माँग करने लगें कि परिवार को चलाने में वे अपना जो श्रम लगाती हैं, उसका भुगतान उन्हें मिलना चाहिए, तो यह व्यवस्था संकट में पड़ जाएगी। अब चूँकि स्त्रीवाद ऐसी बातें करता है, इसीलिए पूँजीवाद को स्त्रीवाद फूटी आँख नहीं सुहाता।

यहाँ मैं अपना एक निजी अनुभव बताती हूँ। मैं दिल्ली विश्वविद्यालय में पढ़ी हूँ। रणधीर सिंह मेरे शिक्षक थे। उन्होंने मार्क्सवाद बहुत अच्छे ढंग से पढ़ाया और मेरे मन में समाजवाद के लिए एक मोह-सा भी पैदा किया। उन्होंने हमें सब चीजों को 'क्लास' (वर्ग) की नजर से देखना सिखाया, लेकिन 'जेंडर' के सवाल पर वे खामोश रहे। लेकिन जब मैं मौंट्रियल गई, तो वहाँ एक फिल्म देख कर मेरी चेतना में एक बदलाव आया। फिल्म का नाम था 'दि फॉल ऑफ अमेरिकन एंपायर'। उसमें एक स्त्रीवादी प्रोफेसर का इंटरव्यू लेनेवाली पत्रकार पूछती है कि अमरीकी साम्राज्य का पतन कैसे होगा, तो वह प्रोफेसर कहती है—"दि राइज ऑफ फेमिनिज्म विल लीड टु दि फॉल ऑफ अमेरिकन एंपायर।" (स्त्रीवाद के उदय

से अमरीकी साम्राज्य का पतन होगा।) कितनी बड़ी बात थी! इसका विश्लेषण किया जाए, तो स्त्रीवादी लोग जो नीतियाँ चाहते हैं, उन्हें लागू करने पर अमरीकी साम्राज्यवाद का ही क्या, पूँजी के संपूर्ण साम्राज्य का पतन भी संभव है। अर्थात, परिवार की व्यवस्था दास-श्रम से मुक्त हो जाए, तो पूँजीवादी उत्पादन प्रणाली ढेर हो जाएगी।

लेकिन यह चेतना अभी स्त्रियों में बहुत कम है। कारण यह है कि परिवार को तथा उसमें मुफ्त ही खट कर पूँजीवादी व्यवस्था का पुनरुत्पादन करनेवाली स्त्रियों में स्त्रीवादी चेतना या तो उत्पन्न ही नहीं होने दी जाती, या उत्पन्न होती भी है, तो दबा दी जाती है। पूँजीवाद एक बहुत ही जटिल उत्पादन प्रणाली है। यह पहले ही उत्पादन प्रणालियों को—जैसे दासता और सामंती युग की उत्पादन प्रणालियों की कई चीजों को—साथ लेकर चलती है। अगर पूँजीवाद की अपनी ही मान्यताओं के हिसाब से देखा जाए, तो दास प्रथा और सामंतवाद के लिए उसमें कोई जगह नहीं होनी चाहिए, लेकिन वह स्वयं से पहले की इन समाज-व्यवस्थाओं तथा अर्थव्यवस्थाओं की कई चीजें अपने लाभ के लिए साथ ले कर चलता है। उनको कायम रखने के लिए वह पिछड़ी हुई और प्रतिक्रियावादी विचारधाराओं का प्रचार भी करता है, नई चेतना को उभरने न देने के अनेक तरीके अपनाता है, जिनमें से एक तरीका धर्म, संस्कृति, परंपरा आदि के नाम पर लोगों को पीछेदेखू बनाने का है और दूसरा अपवर्जन तथा सीधी हिंसा का।

ये दोनों तरीके आज हम अपने यहाँ संप्रदायवादी राजनीति और उससे जुड़ी धार्मिक-सांस्कृतिक गतिविधियों में तथा हिंसक कार्रवाइयों में देख सकते हैं। उदाहरण के लिए, जो हिंदू या हिंदुत्ववादी लोग इस राजनीति का समर्थन करते हैं—और उन लोगों में बहुत-सी स्त्रियाँ भी शामिल हैं—वे समझते हैं कि हम हिंदू हैं और हिंदुत्ववादियों का साथ दे कर अपने धर्म की सेवा कर रहे हैं, लेकिन वे यह नहीं सोच पाते कि हिंदुत्व की मदद करना वास्तव में पूँजीवाद की मदद करना है और आज के संदर्भ में वह भूमंडलीय पूँजीवाद और एक नए ढंग के साम्राज्यवाद की मदद करना है, चाहे वह हिंदू राष्ट्र के नाम पर ही की जाए! जब वे हिंदू धर्म और भारतीय संस्कृति के नाम पर परिवार के मौजूदा ढाँचे का आदर्शीकरण करते हैं, या परिवार में शोषित-उत्पीड़ित स्त्री को दया, क्षमा, करुणा, त्याग आदि की प्रतिमा बना कर प्रस्तुत करते हैं, तो वे समझते हैं कि वे समाज, देश और मानवता के लिए बहुत अच्छा काम कर रहे हैं, लेकिन वास्तव में वे अपने देश में शोषण, दरिद्रता, अन्याय, अत्याचार और हिंसा को बढ़ाते हैं, जिसकी सबसे बुरी मार स्त्रियों पर पड़ती है। इसीलिए हम स्त्रीवादियों को जिस तरह पूँजीवाद के विरुद्ध लड़ना है, उसी तरह हिंदुत्ववाद जैसी चीजों के विरुद्ध भी लड़ना है।

कुछ लोग परिवार में जनतंत्र का मतलब यह समझते हैं कि पुरुष यदि घर

के काम में थोड़ा हाथ बँटाने लगें, या घर के मुखिया मनमानी करने के बजाय स्त्रियों और बच्चों से राय-मशविरा करके काम करने लगें, तो परिवार में जनतंत्र आ गया। यह बात 1960 के बाद से, जबसे स्त्रीवादी आंदोलन का उभार हुआ और बूर्जुआ संस्कृति पर एक संकट-सा आया, तबसे शुरू हुई। उस संकट को समझने और उससे पार पाने के लिए बहुत-से लोगों ने यह सब सोचना शुरू किया। राज्य भी इस बात के लिए राजी हो गया कि वह कामकाजी स्त्रियों की सुविधा के लिए दिन भर बच्चों की देखभाल करनेवाले 'क्रेच' बना देगा और उन्हें कुछ दूसरी सुविधाएँ मुहैया करा देगा। लेकिन मैं यह नहीं मानती कि ऐसी चीजों से जनतंत्र आ जाता है। इससे यह बात जरूर समझ में आती है कि पितृसत्तात्मक सोच संकट में है, लेकिन यह समझना सही नहीं है कि इससे जनतंत्र आ जाएगा। मेरे विचार से परिवार में जनतंत्र तब तक संभव नहीं है, जब तक आर्थिक स्तर पर पूँजीवाद और सांस्कृतिक स्तर पर पितृसत्तावाद की समाप्ति नहीं होती। ऐसा होने पर परिवार या तो समाजवादी अर्थों में जनतांत्रिक बन जाएगा, या समाप्त हो जाएगा और उसकी जगह उससे बेहतर कोई व्यवस्था आ जाएगी।

कुछ लोग यह भी मानते हैं कि स्त्रियों के शोषण और दमन का मुख्य कारण उनका 'घरेलूकरण' है, इसलिए यदि वे नौकरी-चाकरी करने के लिए घर से बाहर निकलें, तो परिवार में जनतंत्र आ जाएगा। मैं इससे भी सहमत नहीं हूँ। दरअसल, पूँजीवादी उत्पादन प्रणाली में ऐसे उतार-चढ़ाव आते रहते हैं कि उसमें कभी तो स्त्रियों के घरेलूकरण की जरूरत पड़ती है और कभी उनको घरों से बाहर के कामों पर लगाना जरूरी हो जाता है। इसीलिए कभी तो यह नारा दिया जाता है कि "स्त्री का कार्यक्षेत्र घर ही है" और कभी यह कि "स्त्रियों को घरों से निकल कर सामाजिक जीवन में आना चाहिए"। लेकिन ऐसा कभी नहीं होता कि सारी स्त्रियाँ घरेलू बना दी जाएँ, या सारी स्त्रियाँ बाहर के कामों में लगा दी जाएँ। यथार्थ यह है कि ज्यादातर स्त्रियाँ घर-बाहर दोनों जगह काम करती हैं, जैसे छोटे किसानों की स्त्रियाँ अथवा स्वयं कोई मजदूरी या नौकरी करनेवाली स्त्रियाँ। पूँजीवाद में कई प्रक्रियाएँ एक साथ चलती हैं, जिनमें से कुछ परस्पर-विरोधी भी होती हैं। उसमें कहीं स्त्रियों का घरेलूकरण होता है, तो कहीं उनका सर्वहाराकरण। कभी पुरुष श्रमिकों को ही श्रमिक माना जाता है और स्त्रियों को या तो काम पर लगाया ही नहीं जाता, या बहुत कम मजदूरी पर लगाया जाता है; तो कभी 'फेमिनाइजेशन ऑफ लेबर' (श्रम के स्त्रीकरण) की जरूरत पड़ जाती है। कभी बड़े-बड़े कारखाने बना कर, उनके आसपास मजदूर-बस्तियाँ बसा कर, मजदूरों को उनके गाँवों से निकाल कर शहरों में लाया जाता है, तो कभी नई टेक्नोलॉजी के सहारे कारखानों को छोटा करके बहुत-से मजदूरों की छँटनी कर दी जाती है। आजकल स्थिति यह है कि नौकरियाँ खत्म की जा रही हैं या कंप्यूटर की मदद से तीन-चार कामों को

मिला कर एक काम बनाया जा रहा है और वह काम किसी घरेलू स्त्री को निजी कंप्यूटर पर करने के लिए दिया जा रहा है, ताकि उसे और भी कम पैसा देना पड़े और मालिकों का मुनाफा कई गुना बढ़ जाए। अतः ऐसी तमाम प्रक्रियाओं को एक साथ देखने और समझने की जरूरत है।

मैंने अब तक जो कहा है, उससे ऐसा लग सकता है कि जब तक पूँजीवाद है, तब तक परिवार में जनतंत्र की कोई जगह या संभावना नहीं है। लेकिन मेरा यह मतलब नहीं है। मैं पूँजीवाद और पितृसत्ता के गठजोड़ से बने आज के बूर्जुआ परिवार की आलोचना भविष्य के समाजवादी जनतंत्र के दृष्टिकोण से कर रही हूँ और यह बता रही हूँ कि पूँजीवाद में सच्चा जनतंत्र संभव नहीं है और जब वह संभव होगा, तब शायद परिवार नामक संस्था की जरूरत ही नहीं रह जाएगी। जहाँ तक बूर्जुआ जनतंत्र का सवाल है, उसमें भी स्त्रियों के हित की कई चीजें हैं। अतः परिवार में पुरुष की तानाशाही की जगह अगर बूर्जुआ जनतंत्र भी—मूल्यों के स्तर पर ही सही—आता है, तो अच्छी बात है।

आज हम 'लेट-कैपिटलिज्म' (आज के पूँजीवाद) के दौर में जी रहे हैं, जो पूँजीवाद का एक दूसरा दौर है। इसमें भूमंडलीकरण के साथ पश्चिमीकरण की जो प्रक्रिया चल रही है, उसके कारण हमारे सामाजिक और पारिवारिक जीवन में बहुत-से परिवर्तन हो रहे हैं। ये सारे परिवर्तन जन-विरोधी और स्त्री-विरोधी ही हों, ऐसा नहीं है। उदाहरण के लिए, मध्यवर्गीय घरों में देखें, तो बहुत-सा काम मशीनों से होने लगा है और जिन परिवारों में पति-पत्नी दोनों शिक्षित हैं, नौकरी करते हैं, उनमें रहन-सहन पश्चिमी ढंग का-सा हो गया है। घर का काम दोनों मिल-बाँट कर करने लगे हैं। इससे स्त्रियों को जो थोड़ी फुरसत मिलती है, उसका उपयोग वे अपने लिए कर सकती हैं। थोड़ी स्वतंत्रता उनको मिलती है। कुछ काम, जो पहले पुरुष करते थे, अब स्त्रियाँ करने लगी हैं। मसलन, बच्चों की पढ़ाई-लिखाई का जिम्मा पहले पिता का होता था, अब माँ का हो गया है। पहले बच्चों को घर में पढ़ाने या उनका होम वर्क कराने का काम पिता का था, अब माँ का हो गया है। स्कूल में शिक्षकों-अभिभावकों की मुलाकात के समय पहले अकसर पिता जाया करते थे, अब माँएँ जाती हैं। इससे माँ के अपने व्यक्तित्व का कुछ-न-कुछ विकास होता है और बच्चों के साथ उसका संवाद भी बढ़ता है, जिसका कुछ प्रभाव परिवार पर, स्त्री-पुरुष संबंध पर भी पड़ता है। इससे एक प्रकार का जनतांत्रिक वातावरण बनता है। इसमें स्त्रीवादी, प्रगतिशील, जनवादी विचारों और आंदोलनों का भी कुछ हाथ हो सकता है। इस प्रकार मेरा कहना यह है कि परिवार में जनतंत्र की बात करते समय हमें पूरे संदर्भ को ध्यान में रखना चाहिए।

लेकिन यह बात मैं फिर कहूँगी कि ऐसे छोटे-मोटे परिवर्तनों को ही परिवार का जनतंत्रीकरण मान लेना और उससे संतुष्ट हो जाना ठीक नहीं है। पूँजीवाद

में वास्तविक जनतंत्र कभी हो ही नहीं सकता। इसमें जनतंत्र की बातें बहुत होती हैं, लेकिन काम जन-विरोधी और जनतंत्र-विरोधी किए जाते हैं। परिवार में जनतंत्र लाने में सबसे अधिक सहायक स्त्रीवाद है, लेकिन स्त्रीवाद का जिस तरह विरोध किया जाता है, वह पूँजीवाद की नीति को स्पष्ट कर देता है। यह विरोध अनेक प्रकार से और अनेक रूपों में किया जाता है। उदाहरण के लिए, स्त्रीवाद के उभार के बाद दुनिया में हर जगह स्त्रियों का शोषण बढ़ा है, दमन बढ़ा है, उनके साथ की जानेवाली हिंसा बढ़ी है, बलात्कार जैसे अपराध बहुत बढ़े हैं। पश्चिम में स्त्रीवादी आंदोलन की प्रतिक्रिया में एक नए ढंग के 'मैचोइज्म' (मर्दवाद) का जन्म हुआ है, जिससे 'पोर्नोग्राफी' का यानी अश्लील किस्म के लेखन और प्रकाशन का धंधा इतना बढ़ गया है कि वह एक बहुत बड़ा उद्योग ही बन गया है। इस पर 'दिस इज नॉट अ लव स्टोरी' नाम से एक किताब भी लिखी गई और उस पर एक फिल्म भी बनी है। इसी के साथ-साथ भूमंडलीकृत अर्थव्यवस्था में स्त्रियों का आर्थिक शोषण और राजनीतिक दमन बहुत बढ़ गया है। स्पष्ट है कि पूँजीवाद के लिए जनतंत्र नहीं, मुनाफा सर्वोपरि है। मुनाफे के लिए जनतंत्र को नष्ट करने में भी पूँजीवाद कोई संकोच नहीं करता। अपने मुनाफे के लिए वह लूट-मार, हत्या, हिंसा, जनसंहार, दूसरे देशों पर आक्रमण वगैरह कुछ भी कर सकता है।

सवाल उठता है : इस सबका जवाब क्या है? जवाब यह है कि हम अपनी स्त्रीवादी चेतना को तेजी से राजनीतिक चेतना में बदलें और आज के पूँजीवाद के संकट को तथा उससे उबरने के लिए उसके द्वारा अपनाए जानेवाले तौर-तरीकों को समझते हुए उनका प्रतिरोध करें। यह तभी हो सकता है, जब स्त्रीवाद को हम कोई अलग-थलग चीज न मानकर इस दौर की सबसे महत्वपूर्ण विचारधाराओं में से एक मानें और अपने आंदोलन को सशक्त बनाएँ। छोटे-मोटे सुधारों के लिए भी काम करें, पर अपनी मुक्ति के बड़े लक्ष्य को हमेशा ध्यान में रखें। स्त्री-पुरुष की समानता और स्वतंत्रता का सवाल वर्तमान व्यवस्था में ही कुछ हेर-फेर कर देने से हल होनेवाला नहीं है। इसमें हमें यह भी ध्यान रखना होगा कि समानता और स्वतंत्रता के बीच यदि प्राथमिकता तय करनी हो, तो हम स्वतंत्रता को प्राथमिकता दें।

मेरे विचार से स्वतंत्रता का सवाल समानता के सवाल से ज्यादा बड़ा है। मार्क्सवादी लोग इस पर आपस में लड़ते रहे हैं कि पहले आर्थिक समानता जरूरी है या सामाजिक स्वतंत्रता। एक विचार यह है कि स्वतंत्रता तो एक बूर्जुआ धारणा है, समाजवादी मूल्य है समानता, और वही प्राथमिक है। लेकिन मुझे लगता है कि समानता के आ जाने पर भी स्वतंत्रता का सवाल बाकी रह जाता है। इसलिए हमें चाहिए कि हम अपनी मुक्ति के सवाल को प्राथमिकता दें और सोचें कि हमारे जीवन का प्रमुख लक्ष्य क्या है, उसको पाने की हममें कितनी क्षमताएँ और संभावनाएँ हैं

और उन्हें साकार करने के लिए हमें क्या करना है। इसके लिए हमारी रणनीति यह होनी चाहिए कि हम पूँजीवाद और पितृसत्ता से एक साथ लड़ें। तब पुरुष भी हमारे आंदोलन में हमारे साथ आ सकते हैं, क्योंकि पूँजीवाद से मुक्ति उन्हें भी चाहिए। कम्युनिस्ट आंदोलन अलग चले, स्त्रीवादी आंदोलन अलग चले, पर्यावरणवादी आंदोलन अलग चले, और दूसरे भी तमाम आंदोलन अलग-अलग चलते रहें, तो उनसे कुछ नहीं होगा। जरूरत है पूँजीवाद से मुक्ति के लिए किए जा रहे तमाम आंदोलनों को जोड़ कर एक बड़ा और व्यापक आंदोलन खड़ा करने की।

मुक्ति का साझा चूल्हा

अनामिका

एक

दुनिया के दो आदिम दुख हैं : भूख और अपमान! लात पेट पर पड़े या पीठ पर—तकलीफ बराबर होती है! महापंडित सिखाते हैं—दुधारू गाय की लथाड़ भली, पर जो ऐसा सिखाते हैं उन्हें फेंक कर रोटी दी जाए, उनके अधिकार उन पर कृपा की तरह बरसें, तो उनको कैसा लगेगा? फिर हम तो ऐसी व्यवस्था में जी रहे हैं जहाँ प्रशासन की गौमाताएँ बिसुखी पड़ी हैं—लात मारती हैं और दूध भी नहीं देतीं! कितनी औरतों-लड़कियों, कितने दलितों-आदिवासियों को दिन-भर की खटनी के बावजूद दो बार चाय भी मयस्सर होती है? मयस्सर होती भी जाती है तो कृपा भाव से—टूटे गिलासों, बिना कान के कपों में! बिना कान के वे कप सांकेतिक हैं! बिना कान की तो यह पूरी व्यवस्था है! पहली औंटन की चाय वे पीते हैं, दूसरी औंटन की चाय हम! सामंती परिवारों में तो अब तक एक बड़ी थाल में मालिक का खाना परोसा जाता है—इतना ज्यादा परोसा जाता है कि उसकी जूठन पर पल जाएँ पत्नी और कामगार दलित! जब तक वह अंकशायिनी है, पत्नी पर थोड़ी कृपा यह होती है कि यदि उसको कटहल की सब्जी या मछली या तिलोड़ी पसंद है, तो उस एक व्यंजन की परसन उसके स्वामी जरा ज्यादा ही लेते हैं, ताकि वह भरपूर छूटे और मन भर खा-पी कर कमरे में पैर दबाने समय से पहुँच जाए पत्नी।

पैर दबाने या सेवा कर देने में कोई हर्ज नहीं, मगर तब तक जब तक सेवा पारस्परिक हो! कभी जब पत्नी बीमार हो तो उसके भी दबा दिए जाएँ न हाथ-पैर! प्रेम का कोई व्याकरण नहीं होता, किंतु प्रशासन का होता है! और ज्यादातर स्त्रियों को अपने पतियों से और दलित/आदिवासी कामगारों को अपने अधिपतियों से ये ही तो मूल शिकायत है कि वे प्यार नहीं करते, उनकी तो सारी कारयित्री ऊर्जा पत्नी और अन्य मातहतों के नियंत्रण में ही खर्च हो जाती है। वे न प्यार देते

हैं, न पगार! दिन-भर खटनी का हासिल क्या? डाँट-मार, फटकार, गाली-गलौज, यौन शोषण और गहरी उपेक्षा!

अस्मिता की लड़ाई मुख्यतः स्वाभिमान की लड़ाई है! महापंडित कहते हैं, भूखे भजन न होहिं गुपाला। स्वाभिमान, लेकिन, भजन की तरह कोई लक्जरी नहीं है कि पेट भरा रहने पर ही सूझेगी! क्या होता है स्वाभिमान, यह उन स्त्रियों, उन दलितों से पूछिए जो मान में कई-कई दिन भूखे रह जाते हैं और फिर थक कर, बिन मनाए काम पर लौटते भी हैं, तो एक नए रूप में, प्रतिघात के उपयुक्त अवसर की ही प्रतीक्षा में, एक नए संकल्प के साथ–*अब लौं नसानी अब ना नसैहों/इक दिन ऐसा आएगा मैं रूँदूँगी तोय!*

वर्ग संघर्ष से जुड़े लोग लिंग-चेतना या जातीय चेतना की बात करनेवालों से गुस्सा हैं! उन्हें लगता है कि आर्थिक साम्य लिंगगत और जातिगत कुटिलताएँ स्वयमेव ध्वस्त कर देनेवाली जादुई घड़ी है! 'अपनी-अपनी डफली, अपना-अपना राग' संघ शक्ति का तन्वीकरण ही करते हैं। लंबी रेस का घोड़ा क्षुद्र स्वार्थ सिद्धि में पड़े अगर, तो उसकी वही गत होती है जो ऐटलांटा की हुई थी! अस्मिता आंदोलनों से उनकी नाराजगी का सार यदि एक कथासूत्र में व्यक्त करें तो यह कहेंगे कि वे ऐटलांटावाले लाभ-लोभ में पड़ गए हैं। ऐटलांटा पी.टी. उषा जैसी तेज धावक थी प्राचीन ग्रीस में! उसे जब जब सीधे नहीं हरा पाए उसके स्पर्द्धी, तो उसकी राह में सोने की खूबसूरत बॉलें बिखेर दीं! दौड़ती-दौड़ती वह सुनहरे गेंद चुनने को झुक पड़ती और स्पर्द्धी आगे बढ़ जाते!

अस्मिता का प्रश्न स्वर्णाभ है तो जरूर, लेकिन राहों में डुगर-डुगर करता-सा नहीं पड़ा है यह और सामाजिक न्याय या मानवाधिकारों के प्रश्नों की आसन्न प्राथमिकता आर्थिक मुद्दों पर छिड़े बृहत्तर जंग के प्रति कहीं कोई अनास्था नहीं व्यक्त करती। आज की तिथि में आर्थिक मुद्दों पर बहस भूमंडलीकरण पर बहस है! तीसरी दुनिया के वंचित जनों की पक्षधरता जब तक इस भूमंडलीकरण से नहीं सधती, तब तक इसके एक ध्रुवीय चरित्र पर शंका तो व्यक्त करेंगे ही, इसे अनुकूलित करने को जी-जान भी लगा देंगे। आर्थिक संबंधों का अंतरराष्ट्रीय विस्तार आज की स्थिति में रोका नहीं भी जा सकता, पर यह हम कैसे भूल जाएँ कि पैसों को खुदा मान लेने की इस मनोवृत्ति ने ही चाकचिक्य प्रधान इस हिप-हॉप कल्चर की नींव डाली है जिसके तहत सेक्स एक न्यूज बुलेटिन हो गया है, ब्यूटी क्वीन्स कहलाने लगी हैं सांस्कृतिक राजदूत, दुनिया हो गई है एक ध्रुवीय, अमेरिका की दादागिरी बढ़ती ही जाती है, बढ़ती ही जाती हैं ज्यादतियाँ एक तरफ तो दूसरी तरफ वर्चअल सेक्स का 'इरोटोइलेक्ट्रॉनिक्स', जो औरतों को एक बिकाऊ उपादान भर मानता है, 'यूज एंड थ्रो' की नियति झेलती, हमेशा ही हँसती रहने को मजबूर बार्बी गुड़िया/रिसेप्शनिस्ट/कंप्यूटर परिचालक और अन्य छोटे पदों पर कार्यरत

परेशान लड़की, जहाँ बॉस, गॉडफादर आदि ड्रैकुला हरदम ही देह सुड़क जाने को तैयार हों।

पर आर्थिक स्तर का साम्य भी औरत और दूसरे दलितों को अपमान की लंबी शृंखला से मुक्ति नहीं देता। ऐंगल्स ने ठीक ही कहा था, बूर्जुआ की सुविधाएँ जुटते ही सर्वहारा बूर्जुआ मूल्य भी आत्मसात कर लेता है। संपन्न दलित भी विपन्न और अन्य दलितों, अपनी और अन्य स्त्रियों के प्रति धुआँती हुई वाचिक-मानसिक और दैहिक क्रूरताएँ उसी तत्परता से निभाते हैं जिस तत्परता से सवर्ण पितृसत्ताक। यही हाल नेग्रीच्यूड आंदोलन की शानदार सफलता के बावजूद अश्वेत पुरुषों का है।

'खग जाने खग ही की भाषा' या 'जाके पाँव न फटी बिवाई सो का जानै पीर पराई' के तर्क से स्त्रियों के प्रति दलितों का रवैया दोस्ताना होना चाहिए था। करीब-करीब वैसा ही रिश्ता होना चाहिए था स्त्री आंदोलन से दलित आंदोलन का, जो भाव से अभाव का होता है या सीता से वाल्मीकि का था। मिथक और कुछ नहीं तो जातीय उपचेतना का हिस्सा जरूर होते हैं और कभी-कभी मौलिक प्रपत्तियाँ समझने में उनके दिए रूपकों का उपयोग कर लेना चाहिए। लव-कुश वाल्मीकि के आश्रम में पले थे—नए समाज की संकल्पना अपने गर्भ में धारे स्त्री आंदोलन को भी गुरु वशिष्ठों से कोई उम्मीद नहीं, जो उम्मीद है—वाल्मीकियों से है! नव-स्वतंत्र समूहों में आदर्शवाद की लहक ज्यादा होती है, वे खुद को अपने पारंपरिक शोषक से कुछ तो बेहतर सिद्ध करना चाहते ही हैं और सचमुच वे कितने बेहतर हो पाए हैं—इसका एक निकष यह होगा कि स्त्री-प्रश्न पर उनकी दृष्टि कितनी खुली हुई है, वे अपनी ही स्त्रियों पर कोड़ा बरसानेवाले दूसरे 'वीर' तो नहीं बनने जा रहे!

दो

वैसे तो सत्तर के दशक में ही न सिर्फ 'श्रम' के अध्येताओं का बल्कि विश्व बैंक आदि संस्थाओं का भी ध्यान श्रमिकों के तथाकथित सुविधाभोगी तबके के समांतर पनपे अकुशल और असंगठित कामगारों के बृहदाकार अनौपचारिक क्षेत्र की ओर जा चुका था, पर भूमंडलीकरण के बाद 'हायर एंड फायर' की व्यवस्थात्मक नीतियों के महत्तम प्रसार के कारण शहरों में, खदानों-मिलों-कारखानों के हाशिए पर न सिर्फ उसका अमीबा-पिंड बढ़ा है, बल्कि उसकी समस्याएँ भी गहनतर हुईं और जैसा कि हर नव-विस्थापित समूह के साथ होता है—यहाँ भी आर्थिक-भावनात्मक असुरक्षाओं से उद्भूत बहुस्तरीय दोहन का सबसे स्पष्ट शिकार उसकी महिलाएँ हुईं। कम पगार और उपभोक्तावाद के आग्रह से क्षण-क्षण आर्थिक महत्वाकांक्षाओं का समाधान 'अनौपचारिक' सेक्टर के मजदूर दो-दो पालियों का काम ढूँढ़ कर

करते हैं जिसके कारण उनका मन-शरीर थक कर दूह हुआ रहता है, कहीं भी लुढ़क जाने को तत्पर—प्लेटफॉर्म, फुटपाथों पर, वेश्यालयों में, ठर्रे की दुकानों पर। समय की भी इतनी कमी रहती है कि 'थकान' उतारने के नाम पर ज्यादातर तो इतना ही हो पाता है कि प्याली की चाय तश्तरी में डाल कर सुर्र-सुर्र पी गए या इसी लय में मिनट-दो मिनट अपनी या पराई किसी औरत का शरीर सुड़का और अगले ही क्षण उसे परे धकेल कर, मार-पीट कर, 'पंचिंग बैग' के रूप में उस पर अपनी खुदरा खुंदकें निकाल कर भाग गए काम पर वापस। कमाई का दूसरा आसान स्रोत मोटे आसामियों के हाथ नन्ही-नन्ही बच्चियों को बेच डालना भी है ही—नन्ही बच्चियाँ इसलिए कि उनके साथ मनमानी 'एड्स' के खतरों से उबारे रखती है।

भूमंडलीकरण ने दूसरा बड़ा बखेड़ा उठाया है 'उत्पादन' को 'बाजार' से काट कर—पण्यों का उत्पादन कहीं और होता है और उपभोग कहीं और, जिसका नतीजा यह है कि 'उत्पादकों' और 'उपभोक्ताओं' में नाम का भी संबंध नहीं रहता—कई बार तो उपभोक्ताओं की कल्पना में भी नहीं समाता कि 'उत्पादक' उनके उपभोग की चीजें तैयार करते हुए कैसी मारक स्थितियों से गुजरे हैं। एक प्रसिद्ध विज्ञापन के अनुसार 'हीरा है सदा के लिए', किंतु हीरा पॉलिश करनेवालियों का जीवन सूरत की तंग कोठरियों में तिल-तिल कर गलता हुआ उन मालिकों को भी नहीं दीखता जो वातानुकूलित कमरों में बैठे-बैठे वीडियो कैमरे की आँखें लगातार इन्हीं पर टिकाए रखते हैं, कि काम करते हुए हीरे की एक कणिका भी मार तो नहीं ली गई।

वैसे तो 1860 के दशक से ही 'सोशल डार्विनिज़्म' का 'सर्वाइवल ऑफ द फ़िटेस्ट' वाला नारा अपने रंग दिखा रहा है, इस क्रूर स्थापना द्वारा कि जो भी हाशिए पर हैं, किसी कारण जिनका आर्थिक-नैतिक-सांस्कृतिक-शैक्षिक विकास नहीं हो पाया—वे 'अनफिट' और फालतू हैं—पर भूमंडलीकरण के बाद तो इसके विद्रूपीकरण का कोई हद-हिसाब ही नहीं रहा। एक विडंबनापूर्ण बात इस संदर्भ में यह भी हुई कि भूमंडलीकरण ने पूँजी के पाँव में पंख बाँध दिए, वह तो लोकगीत की 'ललमुनियाँ' की तरह विश्व-भर में फुदकने-चहकने को स्वतंत्र हो गई, *उड़ि-उड़ि बैठि हलवैया दुकनिया* और *बर्फी के सब रस ले लिया रे*—पर बर्फी तो दूर, सूखी रोटी के लिए भी तरस गए मजदूर। आर्थिक और भावनात्मक—दोनों संरक्षणों के लिए अधिक-से-अधिक 'स्थानीय' वे होते चले गए। उनकी ओर उनकी हेल्पमेट्स की स्थिति खूँटे में बँधी गाय-गोरू की ही हो गई—एक निश्चित ही वृत्त में घूम-टहल कर वे चर सकते थे। कोल्हू का बैल बन गए वे और 'मोबिलिटी' उनके लिए आँख का धोखा हो गई।

'पूँजी' की तरह 'मजदूरों' को तो अंतरराष्ट्रीय क्षितिज का फ्री वीजा मिला नहीं...पर हाँ, उनकी औरतें और लड़कियाँ अरब शेखों और दूसरे अंतरराष्ट्रीय गिरोहों के हाथ बिकती चली जाने को स्वतंत्र हो गईं। उपभोक्तावाद क्षणवाद को बढ़ावा

देता गया—'टू मिनट्स प्लीज', 'फिल इट, शट इट, फॉर्गेट इट' आदि के कैप्शन अंतरंग मानवीय संबंधों पर भी घटित होते दीखने लगे। यह उस हृदयहीन उपयोगितावाद का ही नया रूप था जो औरत को 'पानी के एक गिलास' और 'लदे हुए एक गर्भ' के सिवा कुछ मानता ही नहीं था। और दलित कवयित्री सरूपारानी की पंक्ति नए-नए संदर्भों में खुलती चली गई—

घर में पुरुष-अहंकार एक गाल पर थप्पड़ मारता है
तो गली में वर्ण-आधिपत्य दूसरे गाल पर

पर जैसे बाढ़ की विभीषिका के साथ कुछ उपजाऊ मिट्टी भी किनारे आ लगती है, भूमंडलीकरण के मूलतः विनाशकारी वशीकरण मंत्र ने चाहते-न चाहते स्त्रियों की अस्मिता का विकास भी थोड़ा कर डाला है। निचले पदों पर ही सही, स्त्रियाँ रोजगार पा तो रही हैं, तरह-तरह की दुर्धर्ष स्थितियों से जूझने का आत्मविश्वास भी आ ही गया है, तरह-तरह के 'एक्सपोज़र' से।

हमने ऐशो-आराम के साधन बढ़ा लिए हैं, पर कुल मिला कर देखा जाए तो यह तकलीफ की बात है कि हम ऐसे समाज में जीने को अभिशप्त हैं जहाँ दूसरों का हक छीन कर शान से रहने में हमें शर्म नहीं आती, कभी मिनट-दो मिनट के लिए आती भी है तो रेड क्रॉस में चंदा दे कर, अनाथालयों, सुधारगृहों में आमदनी का थोड़ा हिस्सा डाइवर्ट कर या थोड़े-बहुत तात्कालिक पीसमील रिफॉर्म्स द्वारा परोपकारी पन्नालाल बन कर रहे-सहे अपराध-बोध से भी उबर लेते हैं हम! किसी का हक उसे 'कृपा-भाव' से दिलाना नवधनाढ्य वर्ग की वैनिटी संतुष्ट रखनेवाला ऐसा खतरनाक खेल है जिससे कम-से-कम हम स्त्रियों को तो उबरना ही चाहिए, क्योंकि जैसे हम स्त्रियों की कोई जात नहीं होती, हमारा कोई अलग वर्ग भी नहीं होता या कम-से-कम होना नहीं चाहिए। हम किसी भी समुदाय-जाति-वर्ण-नस्ल-वर्ग की हों—हमारी समस्याओं के सूत्र कहीं तो जुड़ते हैं और हमें हर सामाजिक अन्याय के बिंदु पर सम्मिलित प्रतिकार की शक्ति यहीं से मिलती है। रत्नाकर डाकू (वाल्मीकि) की पत्नी या माँ की मनःस्थिति में रहना तो, खैर, हमें बिलकुल छोड़ देना होगा। हमारे घर में पैसा कहाँ से आता है, किस स्रोत से आता है, अतिरिक्त पैसा आता ही क्यों है—इन प्रश्नों पर तो हमें सजग तो रहना ही होगा।

अपने 'रत्नाकर डाकुओं' से यह तो हम नहीं ही कह सकतीं कि हमारा पेट पालना तुम्हारा कर्तव्य है, तुम पैसे लूट कर लाओ या खसोट कर—इससे हमें कोई मतलब नहीं!! मतलब हमें भरपूर है, और क्यों नहीं होगा—आधे से ज्यादा तो घर और घर के बाहर का बृहत्तर परिदृश्य हमारा ही बनाया हुआ है!!

न हो किसी बड़ी क्रांति का स्कोप कहीं, लेकिन अपने छोटे-छोटे जीवन-वृत्तों में हम छोटे-छोटे सर्जनात्मक विस्फोट तो घटित कर ही सकती हैं और यह भी कम बड़ी बात नहीं होगी। उत्तर-औद्योगिक, पोस्ट-फोर्ड समाज की उठापटक में जो

दो मूलमंत्र हमने साधे हैं—'सार्वभौम भगिनीवाद' और 'पर्सनल इज पोलिटिकल'—वही शायद यूनीपोलर विश्व में विकसित राष्ट्र-राज्यों के आर्थिक दोहन, उनके वैश्वीकरण/वशीकरण मंत्र से हमें उबारे तो उबारे!!

तीन

एक युग के मूल्य अभी अपना बोरिया-बिस्तर बाँध न पाए हों, तब तक दूसरे युग के मूल्य अपनी धकमपेल के साथ हाजिर! यही है संक्रमण! संक्रमण अर्थात दो तरह की मूल्य-व्यवस्थाओं के सह-अस्तित्व से जन्मी एक ऐसी द्विधात्मक गहमा-गहमी और द्वंद्वपरायणता, जहाँ एक साथ ही कई स्थानिकताएँ और काल-बोध हम जीते हैं। अब प्रश्न यह उठता है कि हमें पुरानी दुनिया और नई दुनिया—दोनों के सारतत्त्व ग्रहण कर 'सारि-सारि को गहि लियो, थोथा देहि उड़ाय' का दर्शन चरितार्थ करना है या फिर सर्वोच्छेदनवादी उत्तर-आधुनिक मुद्रा अपनानी है : टू बी ऑर नॉट टू बी—दैट इज द क्वेश्चन।

इस संक्रमण काल में अंतर्जगत और बहिर्जगत के द्वंद्व और तनाव दरअसल पुरुषों पर उतने ही हावी हैं, जितने स्त्रियों पर, स्त्रियों की समस्याएँ और विकट हैं, क्योंकि जन्म-पूर्व की यौन-निर्धारक जाँचों प्री-नेटल अमिनोसिंथेसिस टेस्ट के आश्रय से तो आज उनके अस्तित्व पर ही प्रश्नचिह्न लग गया है। यह बात भी चर्चा में है कि बहुत जल्द विज्ञान पुरुषों को उस प्रविधि से भूषित करेगा, जिससे कि अपना एक्स-फैक्टर जज्ब कर सिर्फ बाइ-फैक्टर स्त्रियों के गर्भ में भेज सकें। न आएगा एक्स-फैक्टर, न पैदा होंगी बेटियाँ। न रहेगा बाँस, न बजेगी बाँसुरी। मगर सोचिए, बाँसुरी का बजना क्या इतना बुरा है? जरूरी है कि हर बाँस का फट्टा ही बन जाए?

अशिक्षा, अस्वास्थ्य, बेइंतिहा गरीबी, नून-तेल-लकड़ी तक न जुट पाने का विकट क्षोभ, प्रेमहीन, विवाह बंधन, असुरक्षित व भावहीन संभोग, अनचाहे गर्भ के अनंत सिलसिले, साफ-सुथरे प्रसव और गर्भपात तक की सुविधाओं का अभाव, मार-पीट, गाली-गलौज, यौन शोषण, घरेलू बेगार और कहीं-कहीं तो संयुक्त परिवार के तिगुने-चौगुने पुरुष-वर्चस्व का दबाव—इन सबके बीच अंतर्जगत अपनी हाजिरी लगा ही नहीं पाता, जता ही नहीं पाता कि वह है भी। घुटी हुई सिसकियाँ, पुँछे हुए आँसू उसकी हलकी-सी उपस्थिति दर्ज करते भी हैं तो उन्हें मजाक का पात्र बनाते हुए। औरतों को और आता ही क्या है? आदि। बच्चे तक ताना देना नहीं भूलते। और इसमें उनका दोष भी क्या? टेलीविजन के विज्ञापन बताते हैं कि सुपर मम्मियाँ तो वही होती हैं जो सुपर बायर्स हों—उन्हें तरह-तरह के उपहार खरीद कर दे सकनेवाली, साफ-सुथरी, मुस्कुराती, सदाबहार! जो माँ इस कसौटी पर खरी नहीं उतरती, वह भी कोई माँ है? उसे तो कुछ भी कहा जा

सकता है, कहीं भी लताड़ा जा सकता है, बराबरी में आँखें दिखाने पर आँखें निकालेगी भी नहीं वह, क्योंकि वह माँ है, पिता तो है नहीं, आर्थिक संरक्षण भी इससे हमें नहीं मिलता और अधिकार भी इसके सीमित ही हैं, आदि। इसी तरह आज के इस युग में भी लड़कों को हाइपर-मैस्कुलीन सुपरमैन, स्पाइडरमैन, ही-मैन, मैचो-मैन आदि और बच्चियों को हाइपर-फेमिनीन बार्बी गुड़ियाँ आदर्शीकृत करते देखना और भी दुखद है।

सोच कर हँसी आती है कि काटना-कूटना, गूँथना-दरकाना आदि कई क्रोधमूलक अभद्र क्रियाएँ चौके में भद्रता का कलेवर कैसे पा जाती हैं। यह मातृशक्ति का ही कमाल है कि क्रोधमूलक क्रियाओं का भी इतना सर्जनात्मक उपयोग वह कर लेती है—काट कर, पीस कर, गूँथ कर। कम-से-कम भारतीय संदर्भ में तो चौका ही होता है स्त्री की प्रयोगशाला, वेधशाला और टीकासन; उसका वह बेहद अपना कोना, जहाँ पसर कर वह कुछ भी कर सके। वर्जीनिया वूल्फ इसी बेहद अपने छोटे-से कोने को 'अ रूम ऑफ वन्स ओन' कहती हैं और उसे अस्मिता के विकास की एक अनिवार्य शर्त मानती हैं।

यह अकारण नहीं है कि अकसर चौके के एक शेल्फ पर ही स्त्रियों के छोटे-छोटे हनुमान जी, शिवजी तथा और देवता, पूजा-अर्चना की अन्य सामग्रियों के साथ सजे मिल जाते हैं। धनिया-जीरा-मिर्ची, बेलन-करछी, धूप-अगरु-शंख—सब एक कतार में। यहीं इसी कोने में उनकी अपनी टूटी-छूटी अस्मिता से कभी-कभी दुआ सलाम हो जाता है, कभी नहीं भी होता—पर इन मूर्तियों के सामने बहिर्जगत की कड़वी सच्चाइयों से आँख मूँद अंतर्जगत की दबी-ढकी आहटें सुनने-समझने की निश्चिंतता को सामाजिक सैंक्शन जरूर मिल जाता है।

वैसे, कौन बैठने देता है निश्चिंत? कौन खेलने देता है अपने एकांत से उस दुधकटूटू लड़की को, जिसे पंद्रह-बीस की उम्र में हल्दी-वल्दी पोतकर किसी अनजान-से टास्क-मास्टर के साथ हाँक दिया गया कि जाओ और इसके घर के एक-एक प्राणी के साथ सजल सामंजस्य स्थापित करने की अनवरत चेष्टा में खिलने और फूलने का अवकाश पाए बिना सीधी फल जाओ—गूलर की तरह—फलो, इतना फलो कि इसकी भूख तो मिटे ही, इसका घर भी भर जाए, इतना भर जाए कि उसमें खुद तुम्हारी ही जगह नहीं बचे। अकारण नहीं है कि पूजा का वह कोना औरतों का गुड़िया-घर, डाकघर, बैंक और जीवन बीमा कंपनी, ऑल-इन-वन होता है।

गुरु तेगबहादुर हाथ में अपना कटा हुआ सिर ले कर भी युद्ध-भूमि में कुछ देर दौड़ते रह गए थे। इसे लोकभाषा में कहते हैं—'बाई का झोंक।' और इस 'बाई के झोंक' में स्त्रियाँ अकसर रहती हैं—इधर से उधर लगातार दौड़ती हुई। इस श्रम की कोई ऐसी कद्र भी नहीं। यह 'अनपेड लेबर' है, पर इसके पीछे जो भाव है—वह

तो है सुंदर ही—स्नेह का, समर्पण का, सेवा का! फीके ये सब भाव तब पड़ते हैं, जब थालियाँ पटकी जाती हैं, मीन-मेख निकाला जाता है, यह भी देखने की जरूरत नहीं समझी जाती कि सबको खिला लेने के बाद खुद उसने कुछ खाया है कि नहीं और उँगली के इशारों पर उसे नचाने की कोशिश की जाती है, कुछ इस भाव से कि नाचेगी नहीं तो जाएगी कहाँ!

जाने को कोई और जगह न भी हो तो क्या! खुद अपने भीतर से लौटा जा सकता है। अपने भीतर लौटने के रास्ते तो कभी बंद नहीं होते! अपनी अस्मिता, अपने अंतर्जगत, अपनी सर्जनात्मकता तक लौटना हमेशा ही सार्थक और मुक्तिमूलक होता है। कम-से-कम जो स्त्रियाँ आर्थिक रूप से स्वावलंबी हैं, उनके तो शुद्ध 'च्वाइस' और 'गुडविल' का नतीजा है कि चौके चल रहे हैं, पालने झूल रहे हैं, गृहस्थियाँ चल रही हैं और सिर्फ उन्हीं के दम पर! अब लगातार विषम परिस्थितियाँ झेलते-झेलते जो हलका वैराग्य उतर आया है उनके मन में, वह भी स्वाभाविक ही है।

शांतनु का वरण करते हुए गंगा ने यह शर्त रखी थी कि यदि शांतनु को उनका कोई व्यवहार तर्कगम्य और युक्तिसंगत नहीं भी दीखे तो भी वे उन्हें टोकेंगे नहीं, उनसे कोई प्रश्न नहीं करेंगे, जिस दिन उन्होंने उनके व्यवहार की 'असंगति' का मुद्दा उठाया—वही दिन उनके दांपत्य का अंतिम दिन होगा। प्रश्न का उत्तर तो शांतनु पा लेंगे, पर गंगा उन्हें हमेशा के लिए छोड़ कर चली जाएगी।

मुझे यह कथा हमेशा मथती रही है। औरत के विवेक पर अकूत विश्वास के औचित्य की यह कथा छह नव-जातकों के चुपचाप गंगा में प्रवाहित हो जाने से शुरू होती है और सातवें (भीष्म पितामह) के जन्म के समय शांतनु का धैर्य टूट जाने पर खत्म। शांतनु का धैर्य टूटता है और वह गंगा का हाथ थाम कर पूछते हैं—"इतना अनर्थ क्यों कर रही हो? इसको तो जीने दो!" गंगा पलट कर देखती है। शांतनु का बच्चा शांतनु को सौंप देती है और जाने की तैयारी करती हुई शाप-विमोचन की वह कथा सुनाना नहीं भूलती कि जो हो रहा था, उसमें सबके कल्याण के बीज थे। एक और शिशु गंगा में बहता, फिर लंबे समय तक देश को सुखद भविष्य का आश्वासन देनेवाला दूसरा तेजस्वी बालक गंगा की ही कोख से शांतनु पा जाते और गंगा भी हमेशा के लिए शांतनु के आँगन में ठहर जाती।

पर गंगाएँ आँगन में ठहर कहाँ पाती हैं? शांतनुओं को कहाँ रह पाता है भरोसा कि गंगाओं के तथाकथित अनर्थ हैं बड़े अर्थवान। और अनर्थों में अनर्थ लगता है उन्हें यह स्त्रीवादी आंदोलन, जो किसी गूढ़ार्थ की रक्षा की खातिर शिशुओं को धार में बहाने या शांतनुओं को एक किनारे छोड़ जाने का औचित्य भी प्रतिपादित कर डालता है।

पर कई बार ऐसा भी होता है कि युगों-युगों की जो धूल खुद एक वाल्मीक,

एक आवरण बन गई है—उससे निकलना खुद स्त्री को ही गवारा नहीं होता। स्त्री में वह क्या है, प्रकृति की रहस्यमयता से मिलता-जुलता कौन-सा मूल तत्त्व, जो पोशीदा रहने में ही सुकून पाता है! कपड़े पहनने भर से मन नहीं भरता तो कई परतें अंगराग की भी, जिसे तीन दशक पहले लैक्टोकैलामिन, स्नो और पाउडर कहते थे और अब कहते हैं क्लीन्जर-मॉएस्चराइजर और सन-स्क्रीन! इतनी परतें आखिर क्यों? किसी तरह छुप कर रह जाने की इतनी अगाध साध कैसे? आत्मविश्वास की कमी? सहज संकोच? या पूर्णचंद्र दीखने की झिलमिल महत्त्वाकांक्षा, जो कहीं का कहीं छोड़ती और अंततः गटर में ला पटकती है या कॉफी हाउसों के आवारा कहकहों के बीच, जहाँ इनके कल्पित-अकल्पित वैयक्तिक संबंधों के किस्से अवतल दर्पणों की सारी विकृतियाँ झेलने को विवश होते हैं। क्या करता है अंतर्जगत, जब बहिर्जगत के दाँत भेड़ियों जैसे हो जाते हैं? या तो उसके भी गह्वरों से कोई लोमड़ी निकलती है—अपने बचाव में चालाकियाँ आजमाती हुई, या फिर भीतर कहीं एक सिंह-तत्त्व जगता है, जिसकी अकेली दहाड़ से भेड़ियों के रोएँ भी गिर जाते हैं!

आत्मशक्ति विकसित करने में स्त्रियों के आपसी संबंधों की भी बड़ी भूमिका है! दुनिया के मधुरतम रिश्तों में दो रिश्ते हैं—माँ-बेटी का रिश्ता और बहन-बहन अथवा सखियों का रिश्ता! एक-दूसरे की जुएँ निकालती हुई, कंघी-चोटी करती हुई, साथ कपड़े पछीटती हुई, सिलाई-बुनाई-कताई करती हुई दो स्त्रियाँ दुनिया की सबसे मगन प्राणी होती हैं। एक-दूसरे के अंतरंग क्षणों का साक्ष्य उन्हें एक-दूसरे का काउंसेलिंग-सेल और शॉक-ऐब्जॉर्बर—दोनों बना डालता है। दो अंतर्जगत मिल कर जहाँ एक होते हैं, उस बिंदु का इलैक्ट्रो-मैग्नेटिक फील्ड इतना शक्तिशाली होता है कि उसके भीतर पड़ना कभी सिद्धार्थ की मनोभूमि में होना है, तो कभी कबीर की : इन्हीं कुछ प्रसंगों के आश्रय! माता-पिता संपत्ति का हिस्सा बेटियों को शायद ही देते हैं, पर हाँ—इतना आत्मबल जरूर देते हैं कि दहेज की प्रताड़नाओं से जूझा कैसे जाए!

इस संक्रमण काल के साथ एक अच्छी बात यह हुई है कि इसने औरत से संबद्ध बहुत सारे मिथक तोड़े हैं। परिवार, जो औरत के जीवन की धुरी कहा जाता है, वह खुद ही बहुत सारी टूट-फूट से गुजर रहा है।

हमारी त्रासदी यह है कि हम आज तक अतिरेकों में जी रहे हैं, लेकिन हमारा जो आनेवाला कल है, वह विशेषकर स्त्रियों के संदर्भ में सारे प्रचलित मिथक ऐसे तोड़ेगा जैसे कभी निराला की नायिका ने पत्थर तोड़े थे। यह भी कम बड़ा परिवर्तन नहीं है कि पढ़ी-लिखी तेजस्वी स्त्रियाँ आज बहुधा अकेली रह जाती हैं। गए वे दिन जब बड़ी उम्र की कुँवारियों, परित्यक्ताओं, विधवाओं और माँ न बन पा सकनेवालियों के साथ डायनपने और कटखनी कटुता का मिथ जोड़ दिया जाता था। आज तो घर के, पड़ोस के अनादृत बूढ़े और बच्चे, बेसहारा स्त्रियाँ बतरस

का सुख और थोड़ा चाय-पानी भी अकेली स्त्रियों की गृहस्थी में ही पाते हैं—पक्के गृहस्थों के घर में तो 'हम दो हमारे दो' की संकीर्ण हृदय मतलबपरस्ती ही ज्यादा दीखती है क्योंकि 'काम से काम, बाकी सब हराम' वाला दर्शन उनका हो गया है। दूधवाले, सब्जीवाले, पंसारी, कबाड़ी, राह चलते परिजन, परजन तक जहाँ घर के सदस्य ही हों—यह अकेली स्त्रियों की गृहस्थी में आपको कहीं ज्यादा दीखेगा।

दूसरी तरफ यह हो रहा है कि बने-बनाए परिवार भी तेजी से टूट रहे हैं—कहीं अहं के टकराव से, कहीं मन में किसी और के आ बसने की बेचारगी के वशीभूत। अभंग साहचर्य और एकनिष्ठ समर्पण बड़े मूल्य हैं, किंतु जीवन का एकमात्र सच ये नहीं हैं। व्यक्तित्व की अनेक अंतर्धाराएँ हो सकती हैं और उन अलग-अलग धाराओं का जुड़ाव अलग-अलग बिंदुओं से हो सकता है मिथकों की सारी परकीया नायिकाएँ इस बड़े सत्य का संवहन करती दिखती हैं। उनका द्वंद्व आधुनिक जीवन का बड़ा द्वंद्व है, और राधा के साथ कृष्ण की पूजा भारतीय समाज की बड़ी स्थापना। राधा, ऐना केरेनिना और चेखव की 'डार्लिंग' आदि को किस छल-छद्म और 'फ्रेल्टी' के घेरे में बाँधा जा सकता है भला? पारिवारिकता के घेरे के बाहर पड़ते प्रेम की उन एमोरल (नैतिक-अनैतिक से परे) स्थितियों का ये प्रतिनिधित्व करती हैं, जिनमें उत्तरशती की स्त्रियों को बार-बार जूझना पड़ता है।

आधुनिकता के पहले दौर में संयुक्त परिवार टूटे, टूटने ही थे। आज आर्थिक कारणों से और विश्व ग्राम की अधुनातन स्थितियों के कारण न्यूक्लियर परिवार के एलेक्ट्रॉन, प्रोटॉन और न्यूट्रॉन (पति, पत्नी और बच्चे) भी अकसर तीन दिशाओं में छिटक गए-से दिखते हैं जो अपने आप में बहुत बड़ा विस्फोट है—बच्चे छात्रावासों या डे-केयर सेंटर्स में और अंततः सात समुंदर पार, माँ-बाप अलग-अलग नौकरियों पर, बहुधा अलग-अलग शहरों में। भारत में भी रिमोट-कंट्रोल विवाहों का प्रतिशत कुछ कम नहीं है, जहाँ महीने-दो महीने में एक बार दंपतियों का मिलना होता है और फिर अपनी-अपनी घरौंदा-गृहस्थी (एकल परिवार : सोलो फेमिली) में वे मग्न हो जाते हैं। भारतीय पुरुषों के लिए अकेले डेरे (भूत के डेरे) की बात कुछ नई नहीं—परदेशी पिया कलकत्ता में, रंगून में, बनारस में और पटना में अपनी एकाध कमरे की मर्दाना (कामचलाऊ) गृहस्थी बसाए हुए, बीच-बीच में गाँव-घर से चूड़ा-ठेकुआ-शकरपाड़े-चावल-अचार और तेल तक ढोते-ढवाते और फिर वापस सिंदूर-टिकुली-चूनर-जंपर-दिलरुबा-चोली-झुमके और चूड़ियाँ पहुँचाते हुए एक अर्से से दिखते रहे हैं (रेल-विभाग इन्हीं के आसरे जो चलता है), पर स्त्रियों का संयुक्त परिवार के संरक्षण के बाहर पति से वियुक्त रहते हुए नौकरी करना और पारिवारिक संबंधों की अंतर्व्यवस्था (इन्फ्रास्ट्रक्चर) निभाए चलना अपेक्षाकृत नई घटना है। समन्वयवादी (इंटिग्रेटेड) फेमिनिस्ट मॉडल का मिथ इसी स्थिति से आ कर जुड़ता है, पर यह स्थिति कब तक चल पाएगी, कहा नहीं जा सकता। नया मुल्ला बहुत

प्याज खाता है और तुरंत-तुरंत स्वतंत्र हुआ व्यक्ति बहुत ताव में रहता है। 'मैं सब सँभाल लूँगा' के आदर्श की चपेट में वह जी-धुन कर काम करता है, पर कब तक? आज तो ज्यादातर घरों में स्त्रियाँ नव-स्वातंत्र्य के उल्लास में तिहरे दायित्व निभा रही हैं। वे नौकरी करती हैं, गृहस्थी चलाती हैं और बच्चों को पढ़ा-लिखा कर बड़ा भी वे ही करती हैं। ऐसा नहीं है कि पुरुष निखट्टू हैं और नौकरी के सिवाय कुछ कर नहीं सकते, पर उन्हें चौका-चूल्हा चलाना और रोता हुआ बच्चा डुलाना हेय और उबाऊ दिखता है, और शरीर-बल के आधिक्य का दावा करने के बावजूद स्त्रियों की तरह वे खट नहीं पाते। जिन घरों में स्त्रियाँ नौकरी नहीं भी करती हैं, बिजली-पानी-टेलीफोन का बिल जमा करवाना, बैंक-पोस्ट ऑफिस-एल.आई.सी. के सारे काम, बच्चों के स्कूल आना-जाना, उनकी फीस भरना, आए-गए को देखना-भालना, सौदा-सुलुफ करना ज्यादातर उन्हीं के जिम्मे रहता है और इसके समर्थन में सीधा तर्क यह दिया जाता है कि अधिकारों के साथ कर्तव्य क्यों नहीं बढ़ें भला!

हो सकता है कि यह स्थिति बहुत दिन न चले और मातृत्व के मिथक पर शहीद होना स्त्रियाँ भी छोड़ दें, तो क्या पुरुष ये सारे दायित्व उठा लेंगे--नौकरी, गृहस्थी, बाल-बच्चे? फीमेल इनफैंटिसाइड (बालिका वध) जिस तरह बढ़ रहा है, उस हिसाब से वह दिन दूर नहीं कि एक स्त्री के कई-कई पति हों और सब मिल-जुल कर एक कम्यून-सा बना लें कि यह काम मेरा, यह तुम्हारा। ऐसा भी हो जाना असंभव नहीं कि रक्त संबंध परिवार को बाँधनेवाला तत्त्व न रह पाए और दोस्तों की तरह कुछ 'रिश्तेदार' भी साथ रहने के लिए चुन लिए जाएँ, जिसमें कुछ बच्चे भी शामिल हों--कुछ घर के, कुछ बाहर के परित्यक्त अकेले बच्चे! वर्किंग वीमेंस हॉस्टलों के सुखद परिवेश को देखते हुए कहा जा सकता है कि यह व्यवस्था वैसी बुरी भी न होगी। आज महानगरों में नई तरह के एक लॉज-बेस्ड परिवारों का विकास भी तेजी से हो रहा है, जिसमें गाँव या छोटे शहरों से पढ़ने या नौकरी व्यवसाय आदि करने आए नवयुवक-नवयुवतियाँ अच्छे सामंजस्य के साथ गृहस्थी चला रहे हैं। तेजी से फैलती हुई इस दुनिया में ऐसे कम्यून-सदृश परिवारों का चलन बढ़ेगा ही, जिसमें स्त्रियों की भूमिका किसी अलग 'श्रेणी' की मुखापेक्षी नहीं होगी, और बाबा मनु 'मनुस्मृति' की चेतावनियों के साथ अतल विस्मृति (ऐमनीशिया) के गर्भ में जा धँसेंगे। स्त्रियाँ वैसी ही होंगी--उतनी ही अच्छी या उतनी ही बुरी, जितने पुरुष, और कुछ दिन अधिकार कर्तव्य सब साझे चलेंगे। इससे जीवन का रस-तत्त्व कम भी हो सकता है--एकरूपता एकरसता को जन्म देती ही है, वैविध्य है, तभी सौंदर्य है, पर कुछ दिन ऐसा हो भी सकता है कि स्त्री-पुरुष के बीच किसी 'यूनिसेक्स मल्टीपर्सन' की धारणा बलवती हो उठे। ऐसा थोड़े ही है कि करुणा, क्षमा, ममता, प्रेम आदि मानवीय गुण सिर्फ स्त्रियों के ट्रेडमार्क हैं।

यदि वे धरातल पर आ गए, तो 'नई स्त्री' से समायोजन में पुरुषों को कष्ट न होगा और वे उतने ही संतृप्त रहेंगे, जितने मिथकीय स्त्रियों के पुरुष रहते थे।

नारीवाद के आग्रह से स्त्रियों का स्नेहत्व मर गया हो, यह भी गलत है। पहले की स्त्रियाँ संबंध निभाती थीं तो आर्थिक परतंत्रताजन्य विवशता उनके साथ रहती थी। पति आदि से विरोध भी है तो चुप रहना है, निभाना है—इसके सिवा उपाय भी क्या है। अब आर्थिक स्वतंत्रता है तो उपाय बहुतेरे हैं। ब्यूटी कल्चर आदि के जोर से और बच्चे कम होने के कारण भी स्त्रियों का दैहिक आकर्षण अधिक दिनों तक बरकरार रहता है, और पढ़ी-लिखी होने के कारण आत्मिक-बौद्धिक और नैतिक परिष्कार भी उनमें आया ही है। पति अनेक न भी हों, तो अकसर उनके प्रशंसक अनेक होते हैं। इसके बावजूद ज्यादातर स्त्रियाँ परिवार सँजो कर रखना चाहती हैं। क्यों? साहचर्यजन्य स्नेह के आग्रह से ही तो, और इस आरोपित चिंता के भार से भी कि पति-बच्चे उनके बिना गिर-पड़ जाएँगे। कोई किसी के बिना गिर-पड़ नहीं जाता, गिरता-पड़ता भी है तो कुछ दिन के लिए, पर हाँ, स्नेह का यह आग्रह अपने-आप में एक बड़ी उपलब्धि है कि साथ रहा जाए और एक-दूसरे के दोष-गुण और दुख-सुख, जहाँ तक संभव हों, झेल लिए जाएँ। वैसे, साल-दो साल की विवाह-शृंखलाओं (मैत्री-करार/चेन मैरेज) का चलन यहाँ भी हो सकता है, जिसके बारे में ब्लैक अमेरिकन सिविल राइट्स की एक कार्यकर्त्ता ने हाल में ही एक दिलचस्प वक्तव्य दिया है—'किसी हॉलीवुड सिनेमा के अंत की तरह विवाह गोरी चमड़ी वाले प्रतिष्ठित समाज की संभावनाओं का भी 'द एंड' होता है...अपने पूरे जीवन का वादा एक बार में कर देने की हिम्मत मुझमें नहीं। इस साल, हो सकता है मैं विवाहित रहना चाहूँ, पर अगले साल? ऐसा नहीं है कि विवाह नामक संस्था में मैं अनास्था व्यक्त कर रही हूँ, बल्कि यह दृष्टिकोण उसके प्रति मेरे विनम्र सम्मान का प्रतिफल है और सिविल राइट्स मूवमेंट की सीख का कि चीजों और पदों को अस्थायी समझो और उनसे तब तक ही जुड़ो जब तक तुम्हें लगे कि तुम इन्हें अपने व्यक्तित्व का सर्वोत्तम दे रहे हो।'

यह स्थिति और सब दृष्टियों से ठीक भी हो, पर बच्चों के समुचित विकास की दृष्टि से घातक है—ऐसा मानना ही होगा। और यह मुख्यतः बच्चों के प्रति जिम्मेदारी का एहसास ही है जो इंटिग्रेटेड फेमिनिज्म की धारणा ऐसी लोकप्रियता पा रही है। टिली ऑलसन ने बहुत मजेदार, किंतु सोच को उकसानेवाले ढंग से यह बात अपनी पहली कहानी में रखी थी! प्रसंग है कि स्त्री बहुत जल्दी में है, हजार काम उसके सिर पर सवार हैं और लोग हैं कि हर दिशा में उससे कुछ पूछते हुए ही प्रकट होते हैं; लंबी चुप्पी के बाद उसकी पहली पंक्ति है : "आइ स्टैंड आयरनिंग, एंड वॉट यू आस्क्ड मी मूव्स टॉरमेंटेड बैक एंड फ्रंट विद आयरन!" मैंने इसके अनुवाद की हिम्मत नहीं की, ज्यों का त्यों इसे उद्धृत कर दिया है इस

आशा के साथ कि स्त्री की गरम इस्तिरी युगों पर गठरिआए पड़े प्रश्नों की सिलवटें शायद कुछ सीधी कर पाए! आधुनिक स्त्री का दुर्भाग्य देखिए कि उसे अपनी लड़ाई खुली सड़क पर लड़नी पड़ रही है—इब्सन की नोरा की तरह न उसका कोई 'गुड़ियाघर' है, जिसका दरवाजा वह किसी के मुँह पर बंद कर सके, और न ही महाराष्ट्र की भक्त-कवि जनाबाई की तरह का कोई 'हरि' है उनके पास, जिससे वह मन खोल कर कह पाए :

हे माधव, देखो न—
कितने तो काम धरे हैं सिर पर,
इतना आटा गूँधना है अभी,
इतने कपड़े कूटने हैं
आओ भी, हाथ बँटा दो थोड़ा
या फिर तुम हेर दो जुएँ ही जरा
कुछ तो करो न, कुछ करो!

●●●